Mademoiselle Jeanne Moreau

Marianne Gray

Mademoiselle Jeanne Moreau

BIOGRAPHIE

Traduit de l'anglais par Odile Demange

nouveau monde
éditions

ISBN 2-84736-022-0

Pour John

Introduction

Elle entre, nimbée d'une aura de séduction, d'un nuage de fumée et d'une promesse d'excès. Elle réclame aussitôt une attention sans partage. Puis elle parle, ponctuant ses propos d'un rire rauque. Elle me regarde d'abord avec candeur de ses yeux cernés, semblant vouloir déchiffrer sur mon visage une réaction, quelque information qui lui tient à cœur et qui me laisse subitement désarmée. Mais j'ai dû dire quelque chose qui lui a déplu, car j'essuie la rebuffade agacée d'une moue qui me glace jusqu'aux os. Un de ses proches m'a parlé un jour de cette impression d'être « passé au napalm ». Elle sait vous mettre merveilleusement à l'aise ; mais elle sait aussi vous plonger dans un cruel embarras.

Quand j'ai annoncé à Jeanne Moreau que j'écrivais sa biographie, elle m'a envoyé un fax enthousiaste — imaginez *mon* enthousiasme ! —, de son écriture penchée, pour me dire combien cela lui faisait plaisir. Mais elle a ensuite changé d'avis et décidé de « ne pas interférer ». Elle souhaitait en effet mener à bien un projet personnel, écrire ses souvenirs, le guide des voyages de sa vie, un dessein auquel elle avait provisoirement renoncé, préférant continuer à *vivre* son autobiographie.

« C'est encore trop tôt », avait-elle dit, en tirant énergiquement sur une cigarette extra longue, avec, au fond des yeux, une infinité d'expériences dont nous ne saurons sans doute jamais tout.

Suivit une longue période de silence, au terme de laquelle elle fit une nouvelle volte-face et accepta de collaborer avec moi. Je ne lui ai jamais demandé la raison de ce revirement et nous nous sommes rencontrées à plusieurs reprises, pour quelques séances de questions-réponses réglées comme du papier à musique et menées avec un professionnalisme exemplaire. Une fois écoulé le temps qu'elle m'avait imparti, je me suis fait éconduire poliment mais fermement, et renvoyer à d'autres membres de son entourage.

Qui est cette femme ? Elle change de personnage comme un serpent de mue. Est-ce une grande diva qui n'aurait encore jamais quitté l'univers de la *belle époque* ? Ou serait-ce la dernière incarnation de la bohème, avec son sourire carnassier et son mode de vie fantasque ? Une Bette Davis, presque, mais avec l'élégance bourgeoise classique des Françaises des années cinquante ; ou peut-être simplement un bourreau de travail, mais habitée par une sorte de mystère inné, une présence hors du commun et une indicible séduction charnelle.

Pour la plupart des cinéphiles européens de sexe masculin âgés de plus de cinquante ans, elle a été, à un moment ou à un autre, un sex-symbol, la quintessence de la sensualité. Elle a aussi incarné les aspirations de bien des femmes d'un certain âge, elle a été la lumière qui les a guidées le long du tunnel de l'émancipation féminine, avec son je m'en foutisme, son haussement d'épaules et la folie dans laquelle elle semble devoir sombrer à tout instant.

Ses premiers films n'ont pas fait grande impression à leur sortie. Les techniciens se plaignaient : elle n'était pas photogénique. Ce n'était qu'une jeune fille joufflue comme tant d'autres, plutôt convaincante sur scène dans le répertoire classique et qui était, tout de même, la plus jeune actrice de la Comédie Française. C'est alors qu'à la suite d'une rencontre fortuite, Louis Malle décida de lui confier un rôle dans *Ascenseur pour l'Échafaud* puis un autre, en 1958, dans *Les Amants*. Ce film fit scandale. Elle avait trente ans quand on fit d'elle l'égérie de la Nouvelle Vague et qu'elle devint à l'écran la première femme à tout savoir sur « la » question.

Des trois icônes féminines du cinéma français de la seconde moitié du XXe siècle — la mutine Brigitte Bardot, la glaciale Catherine Deneuve et Jeanne Moreau — c'est cette dernière qui remporte incontestablement la palme. Tout lui réussit. L'âge, semble-t-il, n'a pas prise sur certaines grâces humaines et aujourd'hui, Jeanne Moreau n'a rien perdu de son charme impérissable.

Cette actrice possède une infinie palette de nuances expressives et transforme son visage au gré des désirs du réalisateur — ou des exigences de la situation. La pétulante Catherine de *Jules et Jim* côtoie Lysiane, la tenancière de bordel graveleuse de *Querelle* et Jeanne Tournier, la femme adultère des *Amants* qui a laissé les spectateurs pantois devant la première allusion cinématographique à un cunnilingus. On relève, çà et là, un vague écho de la religieuse du *Dialogue des Carmélites*, où elle est la bonté même, ou de l' « autre » religieuse, celle de *Cœur de Métisse* (*Map of the Human Heart*), qui respire la rigidité de la domination religieuse.

Dans la « vraie vie », Jeanne Moreau est une petite femme énergique, dont la personnalité semble aussi mobile et contrastée qu'à l'écran. Elle est sujette à de redoutables mouvements d'impatience et ne recule pas devant les règlements de comptes puérils. Elle peut se montrer terriblement versatile, extrêmement capricieuse, jurer comme un charretier quand elle est de mauvaise humeur et il lui arrive, disent ses amis, de piquer des colères homériques. Le lendemain, elle est évidemment bourrelée de remords et redevient absolument adorable. Elle est drôle, intelligente et charmeuse, mais elle a horreur des imbéciles. Elle mène sa carrière avec un grand professionnalisme car, si elle est sentimentalement dépendante des hommes, elle a appris très tôt à ne compter que sur elle. La maladie, la solitude et la mort l'inquiètent, mais elle se fiche pas mal de vieillir et croit passionnément au grand amour (et elle semble savoir de quoi elle parle) ou plus exactement à une succession de grands amours.

Ses idées sont si claires qu'il lui arrive de répéter presque mot pour mot des expressions ou des images utilisées lors de précédents entretiens, ce qui ne l'empêche de se lancer inopinément dans une libre improvisation. Une sexualité primordiale est constamment tapie derrière son esprit alerte, mettant les femmes sur leurs gardes et incitant les hommes à baisser la leur. C'est un curieux mélange de chic français — héritage paternel —, et de pragmatisme anglo-saxon — héritage maternel.

Née à Paris d'une mère anglaise, danseuse de revue, et d'un père restaurateur, Jeanne Moreau a passé son enfance dans la région de Vichy, d'où son père était originaire, dans le Paris en guerre et en Angleterre, dans la famille de sa mère. Elle parle un anglais irréprochable de sa célèbre voix éraillée, avec une logique typiquement française. Elle a joué en anglais avec plusieurs réalisateurs anglo-saxons, bâtissant en six décennies un impressionnant corpus international d'œuvres, qui a commencé avec *Dernier Amour* en 1948. En 1965, elle était l'actrice française la plus cotée au box-office. Elle gagne encore beaucoup d'argent, mais dans l'ensemble, elle s'intéresse davantage aux personnes qu'aux cachets. Elle préfère travailler sur des projets qui la passionnent, souvent avec de jeunes réalisateurs auxquels elle croit, plutôt que de participer à des productions de studio figées.

« J'aime bien avoir de l'argent, » dit-elle, « mais je préfère le plaisir. Ma plus grande passion a toujours été le travail. »

Jeanne Moreau a elle-même réalisé trois films (*Lumière, L'Adolescente* et *Adieu Bonjour*), elle a enregistré cinq albums de chansons, entrepris de longues tournées théâtrales à travers le monde et édité une revue. Elle a longtemps envisagé d'écrire un livre de cuisine et ce qu'elle appelle un *dictionnaire subjectif*.

Elle s'est mariée deux fois, d'abord avec Jean-Louis Richard, acteur et scénariste, la veille de la naissance de leur fils Jérôme, puis — une union éphémère —, avec le réalisateur de l'*Exorciste*, William Friedkin. Entre ces deux mariages, il y a eu une multitude de films et un certain nombre d'hommes, dont le couturier Pierre Cardin.

Chez elle, c'est-à-dire à Paris et pendant de longues années dans une vieille ferme de Provence, elle a été entourée d'un cercle d'amis où se côtoyaient des écrivains, des acteurs, des artistes, des musiciens et les plus grandes figures de la vie culturelle parisienne du XXe siècle. Elle a eu pour amis, à différentes époques, des gens comme André Gide, Pablo Picasso, Jean Renoir, Henry Miller, Anaïs Nin, Jean Genet et Jean Cocteau, mais elle n'a jamais cherché à se fondre dans un courant. « Je n'ai jamais pu faire partie d'un groupe, parce que je marche de mon côté, » m'a-t-elle expliqué un jour. « Je n'ai jamais voulu appartenir à une organisation ; c'est pour ça que je n'ai jamais été féministe. Je n'aime pas les étiquettes. J'ai toujours voulu affirmer ma différence. Disons, pour épaissir le mystère, que je suis une anarchiste isolationniste ! »

Un producteur voit en elle « la perversité faite femme » ; un autre a déclaré : « Elle ressemble peut-être à n'importe quelle femme, mais elle est *toutes* les femmes ». Cardin la décrivait comme une « simple paysanne ». Quant à Truffaut, il lui attribuait tous les attributs de la femme et les plus belles qualités des hommes, « sans leurs défauts ».

Jeanne a confié un jour qu'elle aimait les rides de son visage parce qu'elles dessinaient la carte de son existence, gravée par les acides de la vie. Le temps passant, ses traits semblent révéler de plus en plus de ce qui se passe en elle. Tout ce qu'a vécu cette femme insatiable mais toujours maîtresse d'elle-même, tout a laissé sa marque. « Comme tout être vivant, j'ai tout en moi — le meilleur comme le pire. Les gens qui savent ça possèdent un équilibre foncier qui leur permet de voir quelque chose de précieux dans tout. Je ne parle pas en termes de bien ou de mal. La nature humaine est comme ça, c'est tout. J'ai été mise sur cette terre pour exprimer tout ça. Plus le temps passe, plus j'en apprends sur l'espèce humaine et sur le reste du monde à travers ce que je découvre sur moi-même. »

Jeanne Moreau a fait un certain nombre de voyages intéressants, exotiques ou ordinaires. Perversité et pureté, tragédie et comédie, simplicité et complexité impossible : on peut lire tout cela sur son visage. Au repos, ses traits s'affaissent, suggérant le ressentiment, le danger. Un sourire, et ils s'illuminent comme un flambeau.

Pour aller au-delà de son visage public, j'ai parlé à ses amis, sa famille, ses collègues et ses collaborateurs, en France et en Grande-

Bretagne. Je me suis rendue à Montmartre où elle est née, et dans les différents lieux de France où elle a vécu pour me faire une image de sa vie. J'ai passé je ne sais combien de journées au fond de salles obscures où j'ai vu les deux tiers de ses films. Je l'ai regardée travailler, je l'ai contemplée tout à loisir, j'ai été témoin de ses sautes d'humeur fantasques.

Ce qui suit est le fruit d'observations objectives de la vie singulière et des bons moments de cette icône de notre temps, de cette femme unique et inclassable.

Marianne Gray

1

« Si ma mère avait quitté mon père plus tôt, j'aurais été une actrice anglaise. »

Le Montmartre de la fin des années vingt ressemblait encore au Paris peint par Toulouse-Lautrec et Matisse. Fourmillant de danseuses, d'écrivains, d'artistes, de proxénètes, de prostituées, de gens qui se levaient au crépuscule et se couchaient à l'aube, c'était un quartier qui réussissait encore à être d'une misère pittoresque.

Les Moreau habitaient un tout petit appartement de la place Blanche, une place insalubre et poussiéreuse du neuvième arrondissement, à deux pas de Pigalle, à l'angle de la rue du Moulin Rouge et tout près de Clichy, où Henry Miller, futur ami de Jeanne, coulait des « jours tranquilles ». Les années folles battaient leur plein aux accents canailles de Mistinguett et de Maurice Chevalier et, si le Paris des lendemains de la Grande Guerre était encore occupé à se refaire une beauté, les années trente décadentes pointaient déjà leur nez.

Les aléas de l'histoire ne troublaient certainement pas le bébé au regard brun éveillé de la place Blanche, mais ils permettaient sans doute à ses parents d'espérer une fabuleuse renaissance de Montmartre et un avenir familial sans nuage.

Son père, Anatole Désiré Moreau, avait quitté son Allier natal après la guerre, escomptant trouver dans la capitale une existence plus facile qu'à la campagne. Il connaîtrait la réussite en exploitant un café-restaurant avec son frère Arsène, rue Mansart. La Cloche d'Or était perchée sur les pentes de Montmartre, juste au sud du Sacré-Cœur. Ce n'était qu'un tabac quand les deux frères l'avaient acheté, mais ils en avaient fait un des bistrots favoris de la bohème, où les artistes cherchaient à recréer tant bien que mal l'atmosphère du Montmartre d'avant-guerre. Miller, Anaïs Nin ou Josephine Baker auraient certainement pu venir y prendre un verre.

Par une soirée pluvieuse de 1927, Anatole Moreau accueillit dans son restaurant une troupe de jeunes danseuses anglaises, les Tiller Girls. Elles logeaient au coin de la rue, dans un hôtel de la rue Duperré, et venaient souper à La Cloche d'Or après le spectacle. L'une des filles fit appeler le patron, un jeune homme à l'allure conquérante, pour se plaindre de la nourriture. Elle la trouvait trop riche pour son estomac, encore habitué aux repas plus frugaux du pensionnat.

C'était la dernière fois que la jeune Anglaise critiquerait sa cuisine. Deux mois plus tard, après que la jeune protestante eut fait sa communion catholique, ils se marièrent. Au moment où Kathleen Sarah Buckley Moreau d'Oldham prit son nouvel emploi, au bout de la rue, dans le chœur des Folies Bergères, elle était visiblement enceinte. « Ça a fait un scandale du diable », raconte Jeanne Moreau. « On savait évidemment qu'elle était enceinte. Pire encore, mon père était fiancé à la fille de la boulangère d'en face. Je sais que mon oncle Arsène a payé la noce, parce que ma mère était désespérée. Elle ne m'en a jamais parlé ouvertement, mais j'ai appris par un cousin que ma grand-mère française, qui se disait si pratiquante, avait demandé à ma mère d'essayer de se faire avorter. »

Le 23 janvier 1928, Mme Kathleen Moreau mit au monde son premier enfant. « Ma naissance n'a pas été accueillie comme un miracle, » reconnaît Jeanne Moreau. « Je n'étais pas prévue et en plus, ils voulaient un garçon. Mon père était tellement déprimé d'avoir une fille qu'il s'est saoulé et que des amis ont dû l'accompagner à la mairie pour déclarer ma naissance. »

Ses parents avaient déjà choisi le nom de Pierre. Ils envisagèrent de le transformer en Pierrette, mais l'employé d'État civil eut le bon sens de protester. « Quel nom affreux ! Ce n'est pas bien de traiter un bébé comme ça. Pourquoi ne pas l'appeler Jeanne ? » C'est ainsi, selon la principale intéressée, qu'on lui donna le nom de Jeanne — Jeannette pour la plupart, Nanette pour certains proches.

À vingt ans, Mme Moreau se trouvait ainsi au terme d'une carrière qui venait à peine de commencer. Mi-Anglaise mi-Irlandaise, elle avait dix-sept ans quand elle avait quitté le Lancashire pour venir à Paris danser aux Folies Bergères avec les Tiller Girls. Sa mère travaillait comme ouvrière dans les filatures du Lancashire, son père était pêcheur. Plus tard, il surnomma sa petite-fille française « chatterbox » (« moulin à paroles »). Kathleen se résigna à sa nouvelle vie, mais elle pleura des années durant la fin prématurée de sa carrière. Elle n'en parla qu'une fois à Jeanne, trois ou quatre ans avant sa mort. Elle lui confia alors qu'on lui avait proposé un jour d'aller danser aux États-Unis. « J'aurais pu faire carrière », avait regretté la vieille dame, pleurant en silence comme elle l'avait fait bien des années auparavant dans la salle à manger froide et sans lumière de La Cloche d'Or, pour ne pas réveiller le bébé.

Les origines d'Anatole Moreau étaient encore plus rurales que celles de Kathleen. Les Moreau n'étaient ni ouvriers ni paysans. C'étaient des forains, des marchands ambulants qui négociaient le produit des récoltes, l'huile du pressoir, qui vendaient des articles d'épicerie et fabriquaient des outils agricoles. Traditionalistes jusqu'à la moelle, ils n'acceptèrent jamais tout à fait cette bru étrangère, danseuse de surcroît. On ne pouvait pas faire confiance aux gens du spectacle.

Élevée par son père dans l'amour de la campagne, Jeanne considérait la grande ville avec des yeux de provinciale. D'emblée, et malgré de profonds désaccords qui se manifestèrent bien plus tard, Anatole l'autoritaire entretint avec sa fille des liens extrêmement étroits, non dépourvus pourtant d'une certaine hargne. Elle avait pitié de sa mère, mais elle était la fille de son père. Après tout, ils étaient Français tous les deux.

Jeanne avait un an et demi quand son père et son oncle se séparèrent et vendirent La Cloche d'Or. Le restaurant existe toujours, couvert de panonceaux de recommandation rouillés, et sa carte se flatte, m'a-t-on dit, de proposer le meilleur lapin de tout Paris. Arsène reprit une autre brasserie à Paris et Anatole partit avec sa famille pour Vichy, où il ouvrit un café-hôtel-restaurant, l'Hôtel de l'Entente. Il était originaire de Mazirat, un village des environs de Vichy, où des Moreau vivaient, et vivent toujours, depuis des générations. « Quand les deux frères se sont séparés, ma grand-mère est venue avec nous et j'ai eu l'impression — j'étais pourtant encore toute petite —, que c'est à partir de là que les choses ont mal tourné », m'a confié Jeanne bien des années plus tard, à Paris.

Vichy est une élégante ville thermale dont la réputation a un peu pâti depuis qu'elle a servi de siège pendant la guerre au gouvernement collaborationniste de Pétain. Elle se trouve dans le Bourbonnais, à 345 kilomètres au sud de Paris ; elle est entourée de forêts de chênes et de montagnes. Le temps semble s'être arrêté dans ce distingué paradis de joueurs depuis les années 1930, au moment où Jeanne fut en âge d'entrer à l'école.

Aujourd'hui, devant l'école confessionnelle qu'elle a fréquentée, des petites filles en uniforme bleu et blanc gloussent toujours en se racontant leurs secrets, et courent pour ne pas arriver en retard à leur cours de danse, comme elle l'a sans doute fait autrefois. Sous les catalpas de la place, des messieurs minces et séduisants venus des départements d'outre-mer déambulent après avoir bu, comme il se doit, à cinq fontaines différentes pour purifier leur organisme des comprimés antipaludéens. Pendant ce temps, des vieilles dames ratatinées en tailleurs Chanel d'origine et en escarpins bicolores prennent le thé à la terrasse du Rabelaisien, en attendant l'heure des cocktails. La nostalgie qu'inspirent à certains les derniers jours de l'Empire britannique n'arrive pas à la cheville des souvenirs vichystes du passé colonial.

Au cours du séjour que j'y ai fait en 1993, le plus grand cinéma de la ville projetait *Madame Bovary* de Claude Chabrol, avec Isabelle Huppert. Le documentaire controversé du même Chabrol, *L'Œil de Vichy*, truffé de bandes d'actualités officielles et de courts métrages réalisés par le gouvernement de Vichy entre 1940 et 1944, a peu de chances d'être diffusé dans cette ville foncièrement bourgeoise. Et il semble peu probable qu'on y organise un jour un festival Jeanne Moreau. En effet, aucune des personnes que j'ai interrogées ne semblait savoir qu'elle avait passé une partie de son enfance dans « la ville d'où vient l'eau. »

Ses plus belles journées de l'époque furent sans doute celles qu'elle a vécues à Mazirat, un hameau isolé et oublié d'une vingtaine de maisons de pierre gris miel, situé entre la Loire et le Cher, à l'endroit où la Sioule suit la vallée conduisant vers l'Auvergne. Le cimetière est rempli de tombes qui portent le nom de Moreau. Sur des photos d'enfance, prises pendant les vacances, on la voit assise, heureuse, dans les collines des environs en compagnie de son père, un sourire identique éclaire leurs deux visages. Elle se défend pourtant de lui ressembler.

Elle dit avoir vécu une enfance très gaie à Vichy. Elle charmait tout le monde, racontait d'interminables histoires sorties tout droit de son imagination, jouant tous les rôles en prenant des accents différents. C'était un vrai garçon manqué, qui capturait les serpents venimeux pour les vendre au pharmacien, grimpait aux arbres et tombait de la bicyclette blanche qui était arrivée un jour de la ville, sur le toit d'un autocar de campagne bringuebalant. « Quand j'étais petite, j'étais faite comme un garçon. Je passais mon temps à courir, j'avais tout le temps les genoux couronnés. »

Elle connut sa première émotion violente quand, malgré les eaux minérales qui coulaient gratuitement dans la ville, sa meilleure amie mourut du croup, à huit ans. Aller à l'école sans elle était l'enfer et Jeannette se réfugia de plus en plus dans un univers à elle. Pour elle, l'âge de raison se situa vers sept ans, le moment où, dit-elle, elle se sentit pour la première fois exilée de la vie. « J'ai commencé à percevoir une incroyable tristesse dans les choses qui m'entouraient. C'est la période où je voulais devenir bonne sœur. Pour une élève d'une école catholique, qui allait à la messe tous les dimanches, la vie des religieuses faisait l'effet d'un monde enchanté par rapport à ce qui se passait à l'extérieur, et à tous les problèmes des adultes. »

Elle avait déjà conscience que la vie des femmes qui l'entouraient était souvent violente et sombre, que les hommes étaient remplis d'amertume et de frustration. Ses parents se disputaient derrière les portes closes, excluant leur fille. Vers huit ans, elle eut, comme beaucoup d'enfants, le sentiment d'être mal aimée. Elle chipa une partie de l'argent du ménage, prit sa bicyclette et s'enfuit de la maison. On la rattrapa six ou sept heures plus tard.

Un peu plus tard, sa mère la prit dans ses bras et chuchota à son oreille : « Sois courageuse, nous allons bientôt quitter tout ça, toi et moi. » Jeanne se rappelle l'orgueil que lui inspira l'idée de comploter avec sa mère, de préparer leur fuite. Mais voilà qu'assez peu de temps après cet incident, sa sœur, Michelle, naquit. « Je me suis sentie trahie. Je savais que ma mère avait cédé à mon père. Il y avait soudain la naissance tardive de ma sœur. J'avais été fille unique pendant près de dix ans, et ça ne me déplaisait pas. La naissance de ma sœur a été une horreur pour moi. Je me suis repliée sur moi-même, hors d'atteinte de mon père. En fait, j'en étais venue à le détester profondément. Alors il s'est mis à adorer ma petite sœur. »

Michelle est née neuf ans et neuf mois après Jeanne. L'attention accordée au nouveau bébé heurtait de toute évidence l'aînée, qui raconte une terrible histoire : elle avait envisagé de tuer sa petite sœur en l'enfermant dans l'horloge vitrée. Mais par la suite, quand sa mère fut obligée de prendre un emploi, ce fut Jeanne qui resta à la maison pour laver le bébé, le nourrir et s'occuper de lui. Peu à peu, un attachement fondé sur le puissant instinct protecteur de Jeanne s'est développé entre les deux sœurs, qui sont restées des amies et des alliées très proches.

Kathleen se rendit plusieurs fois en Angleterre pour présenter ses enfants à sa famille. Elle y emmena d'abord Jeanne tout bébé, et y retourna avec elle quelques années plus tard. Ce fut à cette occasion qu'à Oldham, l'enfant prononça ses premiers mots en anglais, ce qu'elle fit avec l'accent du Lancashire, si l'on en croit la légende familiale. Les liens de Jeanne Moreau avec l'Angleterre, plus lâches certes que ceux qui l'unissent à la France, ont pourtant résisté à l'épreuve du temps. Bien qu'elle soit fondamentalement Française, certains éléments anglais de son passé se manifestent régulièrement — elle prend du thé (avec du lait et du sucre), à toute heure de la journée, adore les crumpets beurrés, elle a un ours en peluche et elle est encore capable de fredonner le thème de *L'Heure des Enfants* de la BBC dans les années 1930, « Goodnight Children », que lui chantait l'Oncle Mac.

« On reste tellement attaché aux choses de l'enfance », remarque-t-elle. « Je rêve encore d'une soupe que ma mère faisait avec du fromage du Lancashire dans du lait. Je sens encore l'odeur du détergent que ma grand-mère anglaise utilisait pour récurer la maison. Je me souviens que, quand j'étais toute petite, j'ai traversé la rivière de Littlehampton avec mon grand-père dans un petit bateau, le *Wagtail*. Nous avons rejoint un yacht qui s'appelait le *Windswept*, qu'il louait à d'autres gens pour des excursions. Soixante ans plus tard, tout cela est encore parfaitement présent à mon esprit.

Il y a tant de choses que j'aime en Angleterre — la nourriture, le thé, le savoir-vivre, les programmes de jardinage à la télé. Et bien sûr, les traditions — c'est un appui sûr. Quand tout va bien pour le Royaume Uni, je suis fière. Quand ça va mal, je suis malheureuse. Je suis très fière d'être à moitié anglaise et je trouve que le temps passant, mes qualités anglaises les plus précieuses apparaissent de plus en plus. Je suis contente de pouvoir être extravagante comme seuls les Anglais savent l'être ! »

En 1938, Jeanne avait alors dix ans, sa famille dut quitter Vichy pour regagner Paris. C'était, note-t-elle, quelques jours avant le séjour du roi George VI et de la reine Elizabeth dans la capitale. « Mon père avait tout perdu dans la crise économique de 1936 et nous étions dans un état, sinon de mendicité, du moins d'indéniable pauvreté. Il était de retour à la case départ. Il a trouvé du travail à la brasserie du coin, mais comme serveur cette fois. Nous habitions de nouveau rue Mansart, mais dans une chambre d'hôtel meublé, avec des prostituées et tout ça. Notre chambre était au cinquième étage. Je me souviens qu'il faisait très chaud. Je dormais par terre sur un petit matelas et quand, dans mon sommeil, je posais la jambe ou la main par terre, elle était noire de mouches, ou de ces terribles punaises. J'ai cru que ma mère allait devenir folle. Ma sœur était encore toute petite, et c'était comme si la famille avait explosé. Ma grand-mère n'était plus là ; mon oncle n'était pas là. Nos liens avec cette région de France étaient très lâches. »

Jeanne allait à l'école rue Chaptal, juste à côté, mais des problèmes de santé l'obligèrent à manquer souvent la classe. Elle passa beaucoup de temps alitée, accumulant les maladies infantiles. Pour la persuader de manger, sa mère dansait pour elle — un battement par bouchée. La lecture était son seul divertissement pendant ces périodes de convalescence, pesantes d'ennui et de solitude : elle lisait à s'en « user les yeux ». Quand elle était trop malade pour lire, elle comptait les fleurs du papier peint et écoutait les bandes-son des films que projetait le cinéma d'à côté en imaginant les images qui les accompagnaient.

Sa mère ne pouvait recourir à des remèdes aussi simples. Malheureuse en ménage, l'ex-danseuse se sentait de plus prisonnière d'une vie qui ne lui convenait pas, coincée à Paris avec deux jeunes enfants, un mari qui buvait et refusait d'apprendre l'anglais, et des ressources financières très limitées. L'école de danse ne l'avait pas préparée à cela. « La vie a dû être très dure pour elle, » reconnaît Jeanne. « Au début, elle ne parlait pas un mot de français — plus tard, elle l'a parlé couramment, mais elle a toujours conservé un adorable accent anglais. Tout le monde ne l'aimait pas, dans sa belle-famille. C'était une étrangère, elle venait d'ailleurs, elle était danseuse. »

Kathleen Moreau essaya tant bien que mal de se faire à la vie parisienne, mais vaincue, elle se résigna à repartir pour l'Angleterre avec ses filles et retourner chez ses parents en attendant de prendre une décision. Le 3 septembre 1939, au moment où la France et l'Angleterre déclarèrent la guerre à l'Allemagne, les trois Moreau, mère et filles, se trouvaient chez les Buckley, qui vivaient désormais à Southwick, une station balnéaire proche de Brighton, dans le Sussex.

À l'annonce de la déclaration de guerre, Mme Moreau se persuada qu'il fallait rentrer en France immédiatement, mais le début des hostilités l'en empêcha et elle passa finalement les quatre mois suivants avec ses filles sur un yacht, en compagnie de son père et de sa mère. Le bateau appartenait à un oncle originaire de l'île de Wight ; ne trouvant pas de maison à louer, toute la famille y vécut ensemble.

Pendant ces mois passés au large de Littlehampton, Hove et Southwick, Jeanne réussit à fréquenter une école des environs de Brighton. Les gens du coin n'ont pas oublié la plus jolie des « Bumble Bees » de sa meute de jeannettes et, si elle était restée, elle serait entrée chez les guides. Mais le 1er janvier 1940, les trois Moreau, deux à pied et la dernière en poussette, quittèrent Newhaven pour rentrer à Paris. À cause de la guerre, le voyage, qui aurait dû prendre deux jours, dura presque deux mois.

Le 14 juin, quelques mois après leur arrivée à Paris, la capitale fut occupée par les Allemands. Elles virent la croix gammée flotter sur la Tour Eiffel et sur l'Arc de Triomphe, et les troupes allemandes victorieuses défiler sur les Champs-Élysées. Les clauses de l'Armistice prévoyaient que la France serait coupée en deux zones, l'une, au Nord, occupée par les Allemands, et l'autre, au Sud, gouvernée par Pétain. Les Allemands venant de lancer une offensive de grande envergure contre la Grande-Bretagne, les Anglais qui se trouvaient en France étaient désormais considérés comme ressortissants d'une puissance ennemie. Mme Moreau se vit ainsi refuser un permis de travail ainsi que l'autorisation de quitter la zone occupée. Entre-temps, Anatole Moreau avait été mobilisé dans sa région natale et n'avait pas le droit, quant à lui, de quitter la zone « libre ».

Kathleen Moreau devait se présenter tous les jours à la Gestapo. Sa fille aînée l'accompagnait souvent. Jeanne se souvient encore de leur chambre dans cet *hôtel de passe* sordide de Montmartre dont, une fois de plus, la plupart des pensionnaires étaient des prostituées. Jeanne traversait en courant des couloirs qui empestaient le graillon, dévalait l'escalier et, dans la rue, dépassait de longues files de soldats allemands qui attendaient leur tour pour monter chez les filles. Pour elle, c'était un monde rempli de « gens avides d'argent et de sexe ».

« Je ne savais rien de la sexualité. Nous avions vécu à quatre dans une seule pièce. Ma mère ne me parlait pas de sexe. J'avais eu la chance de grandir dans l'Allier, et de passer beaucoup de temps dehors. J'étais consciente de la sensualité, de choses comme le changement des saisons, du chaud et du froid, du beau et du laid. Mais je ne savais rien du sexe. »

Elle pense que la fin de son enfance sous l'Occupation lui a inspiré une certaine peur des autres. Encore trop jeune pour suivre correctement l'actualité et ne comprenant pas vraiment où était son père, elle se rendait compte que son attitude à l'égard des autres était empreinte d'une certaine « disharmonie ». Aujourd'hui, il lui semble qu'elle a, en quelque sorte, passé le reste de sa vie à essayer d'apprendre à faire confiance à autrui, à aimer les gens. « Je pense que dès l'âge de douze ans à peu près, j'ai su que je n'aimais pas ce qu'étaient les gens, ni ce qu'était la vie. Je n'aimais pas du tout les adultes. J'étais décidée à échapper à cet univers de sexe, de cupidité, de marché noir et de prostitution. Chacun sait que sous l'Occupation, beaucoup de gens n'ont pas été des héros. » Jeanne s'est inspirée de ces années dans le deuxième film qu'elle a réalisé et dont elle a écrit le scénario, *L'Adolescente* (1978), qui raconte l'histoire d'une toute jeune fille à la campagne, pendant la guerre.

La guerre et la lutte quotidienne pour survivre en l'absence d'homme ont endurci Jeanne précocement. « J'allais encore à l'école, et ça a été un terrible choc de découvrir que des élèves manquaient, après un bombardement. Et plus tard, certaines sont venues à l'école avec une étoile jaune cousue sur leur manche. Il y avait des filles qui étaient dans la Résistance ou aux Jeunesses Communistes, mais j'ai toujours détesté appartenir à une organisation. Plus tard, j'ai distribué pendant quelque temps des tracts du Parti Communiste. Mon père l'a appris et il a été tellement furieux qu'il m'a flanqué une gifle. Mais je n'étais pas, je ne suis pas, militante. Ce n'est pas dans mon caractère.

Peut-être que si j'avais été plus âgée, je me serais engagée davantage, mais à douze ans, on ne comprend pas grand-chose. J'ai la nostalgie de mon enfance, pourtant elle n'a pas été privilégiée. J'étais relativement heureuse, je crois. La guerre n'était pas si mal pour les enfants par certains côtés, surtout parce que les pères qui commandaient toujours étaient partis se battre. Tout était en suspens, on jouissait d'une sorte de liberté. Mais je crois que j'étais une sale gosse. » On a pu s'en faire une image dans *Le Divan*, une émission de télévision d'Henri Chapier, quand elle a raconté en riant qu'un jour, elle avait porté plainte contre ses parents parce qu'ils l'avaient giflée.

Jeanne raconte que, sans argent ni travail, sa mère décida de partir avec ses deux filles, de s'enfuir de Paris pour rejoindre son mari. Avec Michelle qui était encore en poussette, Jeanne et une valise, elle réussit à traverser une partie de la France. Elles franchirent cent cinquante kilomètres sous les bombardements et arrivèrent jusqu'à Orléans ; là, elles passèrent la Loire juste avant que le pont ne s'effondre. Il leur avait fallu trois jours pour accomplir ce périple. Mais les Allemands les arrêtèrent et les renvoyèrent à Paris.

« À la Libération, nous sommes allées place Vendôme. Les officiers d'état-major anglais avaient établi leur quartier général au Ritz. Nous traînions dans les parages quand soudain, quelqu'un a poussé un cri de surprise. C'était mon cousin — le neveu de ma mère, d'Oldham. C'était tellement bizarre de nous retrouver comme ça, chacun dans un camp différent. »

Pendant la guerre, Jeanne avait réussi à oublier la réalité. Elle en avait assez d'être elle-même dans ce monde difficile. Elle éprouvait le besoin de s'évader, d'échapper aux ténèbres pour mener une vie totalement différente de la sienne et de celle de ses parents. Elle voulait avoir de la classe. « Comme ma mère, qui est devenue danseuse pour quitter le Lancashire, j'ai toujours voulu être quelqu'un. J'ai su très tôt que je ne voulais pas ressembler à mes camarades de classe et faire ce que font d'ordinaire les enfants. Je voulais être ballerine. J'aurais adoré mener la vie de Margot Fonteyn. Mon oncle Arsène m'a payé des cours de danse classique. À sa mort, quelques mois avant la naissance de ma sœur, j'ai dû arrêter. Alors à la place, j'ai lu, j'ai dévoré trop de livres, trop tôt. Voilà pourquoi j'ai ces grands machins sous les yeux !

J'apprenais des textes entiers pour le plaisir. À treize ans, j'avais lu Zola et Gide, j'étais fascinée mais terrifiée par la noirceur de leurs romans, persuadée que la vie était un lieu sombre et sauvage. »

Après la guerre, la vie de Jeanne resta presque aussi solitaire que sous l'Occupation. Anatole Moreau avait rejoint sa famille et faisait régner une discipline de fer. Il devint de plus en plus tyrannique, ne supportant pas d'entendre ses filles parler anglais avec leur mère et se mettant dans une colère noire quand il surprenait Jeanne en train de lire des romans ou des journaux. La liberté d'esprit n'était pas de mise pour une jeune femme.

Elle n'avait pas le droit d'aller au théâtre ni au cinéma. Il le lui avait interdit parce qu'il estimait en savoir long sur les comédiens. Pour un homme simple comme lui, le métier d'acteur dégageait évidemment un puissant parfum de scandale — jouer la comédie n'était pas plus honorable que la prostitution. Jeanne se rappelle que son père ne l'a emmenée au cinéma qu'une fois, pour voir un film de Jean Renoir, un homme qui allait devenir son ami bien des années plus tard. C'était *La Bête Humaine*, un film sur la vie des cheminots inspiré du roman d'Émile Zola, avec Jean Gabin. La censure l'avait interdit au début de la guerre, le déclarant « déprimant, morbide et immoral. » Anatole Moreau s'endormit dès le début, mais sa fille sortit du cinéma ravie.

Il est vrai que comme elle avait habité un moment à côté d'une salle de cinéma, les films n'avaient rien de mystérieux pour elle. Quand elle était petite, son père l'envoyait porter un bol de potage au projectionniste. Dans sa petite cabine, elle avait regardé des extraits d'innombrables films depuis la fenêtre de projection, pendant que le vieil homme avalait sa soupe de légumes et mastiquait bruyamment sa baguette de pain. Un rai de lumière, reflet du grand écran, jouait sur le visage de Jeanne.

C'est alors que par un jour d'automne de 1943, elle se laissa entraîner par des amies du lycée Edgar-Quinet enragées de théâtre à sécher un cours de latin. Avec trois camarades, elle assista à une représentation d'*Antigone* de Jean Anouilh. « J'étais ébahie de voir que dans *Antigone*, la fille se rebelle. Elle résiste à l'autorité. Elle n'a pas peur du temps. J'avais envie de lui ressembler. » L'adolescente de quinze ans en fut transportée. Deux jours plus tard, elle passa une après-midi à la Comédie Française et vit Marie Bell dans *Phèdre* de Racine.

« C'était de la passion. Assise dans les rangs du public, j'ai senti, dès la première fois, que ma place n'était pas là, dans le noir. Je n'avais pas envie d'être celle qui regarde. Je n'étais pas née pour l'obscurité. Ça a été un coup de foudre, Paul sur le chemin de Damas. J'ai su immédiatement que je voulais être actrice. Ce n'était pas une question d'argent ni de gloire, c'était un moyen d'échapper à la vraie vie. Au théâtre, j'ai trouvé la pureté et la réalité, qui coexistaient. J'ai perdu tout intérêt pour l'école. Pendant que mes parents me croyaient en classe, j'étais au théâtre. »

Quelques jours plus tard, elle vit une autre pièce, *Le Voyage de Thésée* de Georges Neveux, avec la grande Maria Casarès (qui fut plus tard la maîtresse d'Albert Camus). Cette expérience fut un tournant dans sa vie. Après le spectacle, elle rentra chez elle, la tête dans les étoiles, et annonça qu'elle voulait devenir comédienne. « Mon père était saoul et le premier mot qui est sorti de sa bouche a été « putain ». Une actrice, c'était une putain. » Il lui donna une bonne gifle et déclara qu'il ne voulait plus entendre pareilles sornettes. *Sa* fille devait être une femme respectable et avoir un bon métier — employée des postes ou professeur d'anglais.

« En fait, il aurait voulu que j'épouse un propriétaire de restaurant. J'aurais passé mon temps derrière la caisse avec des bébés à mes pieds. J'aurais fini en prison parce que j'aurais fini par tuer ce type ! »

Sa mère comprenait mieux sa fille, ce qui ne l'empêchait pas de s'inquiéter. Elle confia à un voisin le terrible secret de la vocation artistique de Jeanne. Ce voisin, un certain M. Laurençon, lui-même acteur à l'Odéon, allait lui recommander un professeur d'art dramatique. Contre l'avis de son mari, Mme Moreau prit donc le parti de sa fille.

En octobre 1946, après avoir quitté le lycée, passé son premier bachot et suivi une courte préparation, Jeanne auditionna au Conservatoire d'Art Dramatique, dans une pièce de Daudet, *Le Curé de Saint Cucugnan*. Elle fut admise dans la classe préparatoire dirigée par l'un des plus grands professeurs d'art dramatique de Paris, Denis d'Inès. « Quand le Conservatoire m'a dit oui, ma mère a été enchantée, mais mon père a réagi violemment. Il était furieux. Il ne comprenait pas que je puisse faire ça, alors qu'une vie de femme honnête, avec un bon métier, m'attendait. De toute ma carrière, il ne m'a pas fait un compliment. J'ai pourtant tout fait pour essayer de lui faire plaisir, pour qu'il soit fier de moi. Quand j'ai eu la Légion d'honneur, tout ce qu'il a trouvé à dire a été : “Mais pourquoi est-ce qu'ils t'ont donné ça ? Qu'est-ce que tu as fait ?”

Il a passé les dix dernières années de sa vie chez moi, dans le midi ; nos relations ont toujours été très étroites et très violentes affectivement. Ça me maintenait en forme. Jusqu'au bout, il y a eu de l'agressivité entre nous. Il n'a jamais compris ce que je faisais. Quand il me voyait chez moi, en train de faire la cuisine et de préparer des choses pour mes invités, il estimait que ça, c'était du vrai travail. Ça voulait dire quelque chose. Tout le reste n'était que du vent. »

Anatole Moreau est mort en 1975, sans avoir jamais admis le métier de sa fille. Elle avoue sentir encore sa présence, parfois, comme une sorte d'incitation à la révolte. « Étrangement, il m'a finalement été utile, en raison même de sa réaction, de son opposition. Avec moi, il a toujours eu l'impression d'être une poule qui aurait couvé un œuf de canard. »

2

« Jouer n'est pas un métier, c'est un mode de vie. Les deux se complètent. »

Selon un de ses condisciples, Jean-Louis Richard, la nouvelle recrue de la classe du Conservatoire avait peut-être seize ans, mais on ne lui en aurait pas donné plus de quatorze. Quand elle montait sur scène, elle avait encore l'air d'une enfant. Pourtant, ses camarades devinaient déjà en elle les premiers frémissements d'une expressivité hors du commun.

« Ils sentaient l'énergie fondamentale de cette fille libre et solide, qui dissimulait visiblement une force étonnante sous une certaine douceur. Je n'ai pas douté un instant de son avenir d'actrice », déclare Richard en se remémorant cette époque. « Elle montait sur scène, un point c'est tout, et elle était transformée. Elle possédait déjà l'élément décisif — ce qui distingue l'efficacité de la stérilité — avec son visage et ses yeux ténébreux derrière lesquels il se passait presque trop de choses. »

Richard allait tomber amoureux de Jeanne et deviendrait même son mari, mais avant cela, le jeune espoir du théâtre avait encore bien du chemin à parcourir pour devenir quelqu'un.

Sa sœur, qui avait alors sept ans, se rappelle qu'elle arpentait leur minuscule appartement en récitant les vers qu'elle devait apprendre. Michelle était parfois chargée de lui donner la réplique. Apparemment, le talent de sa sœur ne lui fit pas forte impression, jusqu'au premier spectacle de fin de trimestre où elle découvrit Jeanne avec émerveillement. « Voir Jeanne sur scène, c'était excitant pour une petite sœur, » raconte Michelle Moreau. « J'adorais la splendeur du théâtre, mais ce qu'il y avait de mieux, c'était sa crinoline, un immense machin de taffetas noir et blanc, qui éclipsait de loin les rideaux de dentelle que je prenais pour me déguiser. »

Il ne faisait pas de doute qu'elle mènerait une carrière d'actrice. Le Conservatoire lui avait montré la voie : elle était assez grande pour choisir son avenir.

Une fois sa décision prise et ses parents s'étant finalement séparés, Jeanne préféra rester chez son père à Paris, et loger dans une chambre de bonne de l'hôtel où il travaillait. Sa mère, après avoir passé vingt-quatre années pénibles en France, regagna l'Angleterre avec Michelle. Les deux époux ne se reverraient plus, mais Jeanne et Michelle restèrent très proches et rencontrèrent régulièrement leurs deux parents jusqu'à leur mort.

« Quand je parle à ma sœur de ma mère, de mon père et de leurs amis, elle ne connaît pas les mêmes personnes que moi. Comme je suis née bien avant elle, je les ai connus quand ils étaient encore pleins d'énergie et d'optimisme. Au moment où elle est née, leurs relations étaient tendues, leur situation financière épouvantable et très vite, il y a eu la guerre. Elle ne peut évidemment pas avoir les mêmes souvenirs que moi. Elle est devenue Anglaise, elle a grandi avec son beau-père anglais, a épousé un Anglais, a eu des enfants anglais.

Bien des années plus tard, j'ai appris que quand ma mère était rentrée chez elle avant la guerre, elle avait l'intention de quitter mon père et de ne plus revenir en France. Mais la guerre les a rapprochés. Si elle avait quitté mon père plus tôt, j'aurais facilement pu devenir une actrice anglaise. De même, si j'avais échoué à l'examen d'entrée au Conservatoire, j'aurais certainement quitté la France avec ma mère et ma sœur. »

Pour ses études, Jeanne Moreau se plongea dans les textes classiques, elle enchaînait les répétitions jusqu'à une heure avancée de la nuit, préparait pendant des semaines des scènes dans lesquelles elle n'avait souvent que quelques mots à dire. Son endurance et sa détermination, que Jean Cocteau comparerait plus tard à du fil de fer, étaient déjà là. Si d'Inès n'était pas aussi strict que son prédécesseur, Louis Jouvet, le grand maître du théâtre français, ses leçons n'étaient pas une sinécure pour autant. Il attendait de ses élèves qu'ils se consacrent entièrement à leur travail. Pas le temps de traverser la Seine pour rejoindre le Quartier Latin et flâner dans les cafés et les caves de Saint-Germain-des-Prés où, après la Libération, la vie intellectuelle et artistique prenait un nouvel essor. L'agitation de la Rive Gauche, dont Jean-Paul Sartre était la figure de proue, ne toucha pas Jeanne.

Pendant que d'autres membres de son entourage écoutaient des chanteurs comme Juliette Greco et discutaient existentialisme à grand renfort de cigarettes et de café noir, Jeanne travaillait. Elle aurait tout le temps de découvrir Sartre, Camus, Prévert et Freud. Plus tard, elle s'intéressa à l'existentialisme, qu'elle ne jugea pas convaincant, bien que Sartre, qui l'aimait bien, semble-t-il, eût coutume de lui lancer des compliments depuis sa table, dans les cafés.

« Je ne répondais pas que j'avais “adoré” son dernier livre ; je ne l'avais pas lu », commente-t-elle. Elle était trop occupée à lire Molière, Racine et Musset. Elle semblait comprendre d'instinct leur univers et se délecter naturellement de leurs vers. Elle se vautrait dans les textes avec volupté, sa mémoire quasi photographique s'en emparant avidement.

Elle terminait sa première année de Conservatoire, en juin 1947, quand elle fut abordée par Jean Vilar, un acteur encore presque inconnu qui allait être un des piliers de la formation des jeunes interprètes. Il cherchait une jeune comédienne qu'il pourrait faire débuter au théâtre. Celui qui allait révolutionner l'art dramatique commençait à peine à faire parler de lui, mais dès leur première rencontre, ils découvrirent entre eux une authentique communion d'esprit.

Vilar était en train de monter le festival de théâtre d'Avignon, le premier festival français en plein air, dans le cadre somptueux du Palais des Papes. Il choisit Jeanne Moreau pour jouer dans *La Terrasse du Midi* de Maurice Clavel. C'était un petit rôle, mais qui eut une immense importance pour elle — on la vit sur scène dans la Grande Cour, et elle eut la chance de côtoyer Vilar de près. Sa conception du théâtre était aux antipodes de celle d'institutions plus classiques comme la Comédie Française et le Conservatoire, et son attitude allait peser sur les choix de carrière de Jeanne.

Quelques mois plus tard, la vénérable maison de la Comédie Française invita Jeanne Moreau à rejoindre sa troupe. Elle fut, évidemment, enchantée. Son père fut, faut-il s'en étonner, beaucoup moins ravi de la voir entrer dans une troupe qui partait régulièrement en tournées, alors qu'elle n'avait même pas achevé ses études au Conservatoire. Il fut encore moins heureux d'apprendre que son premier emploi était le rôle de Verotchka dans une pièce russe fort compliquée (*Un Mois à la Campagne* de Tourgueniev), mise en scène par Jean Meyer. C'était la première fois qu'on donnait un auteur russe à la Comédie Française et tout cela était un peu trop exotique — pour M. Moreau, comme pour *le* tout Paris.

En fait, elle avait décroché le rôle par hasard. On avait déjà essayé toutes les actrices disponibles, sauf elle. Quelqu'un se rappela soudain la petite Moreau, et on lui confia finalement le premier rôle féminin. Elle ne les déçut pas ; elle remporta même un vrai triomphe avec le personnage de Verotchka, et la pièce suscita un vif intérêt, tant de la presse que du public.

« J'ai eu beaucoup de succès à la première, mais je n'arrivais à penser qu'à une chose : que mes parents n'avaient pas pu venir ; je me sentais tellement seule, » se rappelle Jeanne. Quand elle rentra chez elle, ce soir-là, son père la sermonna parce qu'il était plus de minuit. « Il ne savait rien de tout ça avant de découvrir mon portrait en première page du journal du soir », raconte-t-elle avec un sourire en coin.

La pièce fut donnée et redonnée, jusqu'à la fin de 1948 très exactement. Pierre-Aimé Touchard, directeur de la Comédie Française, lui offrit un contrat de quatre ans, une proposition sans précédent, s'agissant d'une élève qui n'avait même pas encore obtenu sa médaille du Conservatoire. La seule condition était un avenant au contrat lui imposant d'achever ses études.

Possédant au tréfonds de son être une forte propension à l'idéalisme, soucieuse de sécurité, craignant la pauvreté et les effets destructeurs de l'échec, elle accepta. Elle décida que rien ne l'empêcherait de réussir. Le jour de ses vingt ans, en janvier 1948, elle signa le contrat et se lança dans la vie d'actrice. C'était la plus jeune pensionnaire de la longue histoire de la troupe.

En l'accueillant, Jouvet lui dit : « Si tu veux réussir sur scène, tu dois être prête à te prendre quelques coups de pied dans le derrière. »

« D'accord, rétorqua Jeanne, à condition de pouvoir choisir celui qui les donne. »

Le jour où elle commença, elle établit elle-même son calendrier : dix ans pour se faire une réputation, dix ans pour l'exploiter.

Ses débuts au Français furent tout à fait satisfaisants. Au cours des quatre années qu'elle y passa, elle joua vingt-quatre rôles et figura dans presque toutes les productions. Ses interprétations allaient de Bianca dans une production d'*Othello* mise en scène par Meyer à une apparition dans la version de Jean-Louis Barrault de *Ces Mal Aimés* et dans les *Caves du Vatican* d'André Gide. Ce dernier, qui avait alors quatre-vingts ans, assista aux répétitions pour prodiguer des conseils aux acteurs. Elle brilla tout particulièrement dans des comédies comme *Le Dindon* de Feydeau, où elle provoqua les rires quasi hystériques du public dans le rôle de la soubrette.

Pendant qu'elle était à la Comédie Française, elle tomba amoureuse de Jean-Louis Richard, un grand et séduisant acteur, qui était son ami depuis qu'elle avait seize ans. Elle avait fait sa connaissance au Conservatoire où il s'était fait un nom avait de rejoindre un groupe dirigé par Louis Jouvet. C'est au milieu des répétitions d'*Othello* en 1949, qu'elle découvrit à son grand désarroi qu'elle était enceinte.

« Je ne m'en doutais pas jusqu'au jour où je me suis sentie mal », se souvient Jeanne Moreau. « Je n'étais absolument pas prête à avoir un enfant. Mon père ne voulait pas que je reste chez lui, alors je suis allée m'installer dans un petit hôtel. Comme je n'avais pas envie de me marier, nous avons repoussé le mariage jusqu'au dernier moment, et puis nous avons couru à la mairie. »

C'est ainsi que malgré son mépris des conventions, elle épousa Jean-Louis, le 27 septembre 1949. Leur fils Jérôme naquit le lendemain à six heures du matin. « Nous vivions très heureux ensemble sans être mariés. Quand j'y repense maintenant, je songe à toutes ces malheureuses qui se marient pour éviter un scandale. C'était tellement idiot de se laisser forcer la main comme ça. Même à l'hôpital, l'accoucheur disait des trucs comme ça : “Quel nom va-t-il porter ?” ou “On se moquera de lui à l'école parce qu'il ne porte pas le nom de son père.” Mon seul souci était que le bébé ressemble à son père, ce qui était le cas quand il est né. Ensuite il a changé. Il ressemblait à tous les bébés. »

La maternité n'interrompit guère son travail. On a tout de même un peu de mal à imaginer Jeanne Moreau en train de changer des couches et de faire chauffer des biberons, même à cet âge tendre. Ces occupations terre-à-terre ne correspondent guère à l'image qu'elle a donnée d'elle à l'écran. Contrairement à sa mère, elle refusa de rester enfermée avec son enfant. Elle s'engagea même encore plus à fond dans sa carrière et était de retour sur scène un mois après l'accouchement, confiant Jérôme aux soins de sa belle-mère. « Je n'étais vraiment pas faite pour être mère. Nous vivions tous ensemble dans un petit appartement de la rue de Richelieu, mon mari, mon fils, mes beaux-parents et moi. Nous étions pauvres. Ce n'était pas très facile, mais on s'occupait bien du bébé. »

Deux ans plus tard, Jean-Louis Richard partit, mettant fin à leur vie conjugale. Jeanne et lui étaient tombés amoureux en des temps difficiles, rapprochés par un travail de chaque instant et par une passion commune pour le théâtre et pour leur métier. Mais ils étaient trop jeunes, l'un comme l'autre, et la vie était, semble-t-il, trop passionnante pour que leur mariage dure. Jeanne Moreau admet que l'on peut certainement imputer son instabilité conjugale à l'intérêt suprême qu'elle porte à sa carrière, mais elle ajoute que ses expériences familiales et le mariage malheureux de ses parents n'y sont certainement pas étrangers non plus. « Toutes mes idées négatives sur le mariage viennent de mes parents et de leur désaccord. Mais les hommes que j'ai aimés un jour, je les aimerai toujours. »

Son ancien mari explique : « Je partais faire de longues tournées dans le monde entier avec la troupe de Jouvet et Jeanne était très absorbée par son travail à la Comédie Française. Nos vies ne cessaient de s'écarter, de diverger. Ces séparations inévitables provoquent la rupture de nombreux couples d'acteurs. Je me rappelle qu'un jour où je rentrais à la maison après quatre mois de tournée, Jeanne partait le lendemain donner une pièce en Scandinavie. Nous nous sommes séparés rapidement, mais il allait de soi que notre attachement serait éternel. Nous avons fait deux films ensemble depuis. C'est quelqu'un qui continue à compter beaucoup dans ma vie. »

À peu près au moment de leur séparation, Jeanne décida de mettre professionnellement les bouchées doubles. La Comédie Française lui proposait un contrat de vingt ans, mais elle hésitait à se passer ainsi la corde au cou. Elle avait été enchantée d'y travailler au départ et avait consacré toute son énergie à la troupe. Mais cela faisait désormais plusieurs années qu'elle jouait le répertoire et l'attitude paternaliste de la direction commençait à lui peser. Elle n'avait pas envie de rester éternellement sous la coupe de cette autorité. Par ailleurs, elle s'était prise d'une franche antipathie pour Micheline Boudet, une des premières actrices de la troupe, et Marie Bell, la grande dame du théâtre (l'idole de Jeanne Moreau adolescente) se montrait acerbe avec elle, jalouse de la jeunesse et de l'entrain de sa cadette.

C'est ainsi qu'en 1951, Jeanne Moreau quitta la Comédie Française. Elle y avait passé de bons moments, et son visage était désormais connu. La radio avait également fait découvrir sa voix. *Paris Match* lui avait consacré sa une. Le producteur américain Walter Wanger lui avait proposé un contrat de sept ans à la Paramount, une offre qu'elle avait déclinée. Elle avait interprété un certain nombre de grands rôles scéniques et pouvait se flatter de nombreuses critiques élogieuses. Elle avait fait une tournée en Scandinavie avec *Le Dindon*. Elle avait même été assaillie par des fans en gare de Copenhague, au moment où le gouvernement danois avait demandé à Jouvet de faire venir une actrice pour jouer à Odense dans un hommage à Hans Christian Andersen, tandis qu'à Paris, des admirateurs faisaient la queue tous les soirs à la sortie des artistes pour lui demander un autographe.

« Tout le monde pensait que j'étais folle de partir, mais je me sentais prisonnière. L'immoralité de la troupe m'écœurait. Tout le monde avait été adorable avec moi parce que j'étais la plus jeune, mais le climat était vraiment détestable. Les acteurs établis acceptaient des rôles dont ils n'avaient pas envie, simplement pour empêcher qu'ils soient confiés à quelqu'un d'autre.

Surtout, l'organisation indispensable pour faire fonctionner une troupe ne m'a jamais convenu. C'est la mort de l'enthousiasme et, sans enthousiasme, je suis dans un état permanent de révolte intérieure. »

Au moment de son départ, en juin 1951, Jeanne avait déjà sondé le terrain dans plusieurs directions. Elle décida de tenter sa chance dans le domaine plus lucratif du théâtre populaire, et entra au Théâtre National Populaire, la plus grande troupe française de répertoire d'après-guerre. C'était une institution hors du commun, fondée en 1920 par l'acteur Firmin Gémier. Une école d'art dramatique y était rattachée. La troupe, qui disposait de son propre théâtre de 2 600 places au Palais de Chaillot (il s'agit de l'actuel Théâtre National de Chaillot), passe pour avoir transformé le théâtre français. Conçu comme une troupe itinérante, le TNP présentait des spectacles très divers à travers toute la France, et en profitait pour former de jeunes interprètes.

Quand Jeanne entra au TNP, son vieil ami Jean Vilar était déjà membre de la direction. Il montait des spectacles en plein air et des pièces expérimentales. Ce fut une période vivifiante pour Jeanne Moreau. Au fond, c'était encore une toute jeune fille, et elle était enchantée de se lancer dans une nouvelle aventure. Elle abandonna la comédie traditionnelle et se lança dans le théâtre contemporain, jouant des pièces nouvelles que les critiques détestaient bien souvent et que le public jugeait généralement incompréhensibles.

Ce changement permit à Jeanne Moreau d'être au bon endroit — à Paris —, au bon moment — celui où les « happenings » décapaient les conventions et la morale bourgeoises. Au TNP, selon ses propres dires, tout le monde ne mangeait, ne buvait, ne dormait que pour le théâtre, le drame et le jeu. Elle interpréta des rôles audacieux, avec pour partenaires des comédiens comme Gérard Philipe, le jeune premier ténébreux et fringant. Elle participa au cinquième festival d'Avignon monté par Vilar et joua aux côtés de Gérard Philipe dans *Le Cid* de Corneille et *Le Prince de Hombourg* de Kleist. Elle fit ses débuts à la télévision dans un documentaire consacré au festival —*Avignon, Bastion de la Provence*. Elle était manifestement dans son élément, s'épanouissant dans un paradis qui lui permettait de découvrir de nouveaux champs d'expérience. Elle avait l'impression d'être reconnue non seulement comme comédienne, mais comme femme, comme un être humain chargé d'une mission dévorante.

« Si la guerre ou quelque autre événement imprévu m'avait empêchée d'être actrice, je me serais bien vue travailler aux champs, dans une ferme. Mais j'ai découvert très tôt que je pouvais être actrice et que je le resterais ; jouer n'est pas un métier, c'est un mode de vie, » explique-t-elle à propos de son expérience au TNP. « Les deux se complètent. Ce qu'il faut à un acteur, c'est l'impression d'être personnellement impliqué dans son rôle, une familiarité inconsciente avec son personnage, c'est tout. Inutile de chercher à éprouver la réalité du personnage. Il est absurde d'imaginer qu'on puisse la pénétrer en une semaine. Ça m'agace d'entendre parler du "métier d'acteur". Il n'y a qu'une chose de pire, c'est quand on vous dit : "Vous êtes une vraie pro" ».

Pourtant, ne lui en déplaise, Jeanne Moreau a toujours été une « vraie pro ». Sous le regard vigilant de Gérard Philipe, de six ans son aîné, elle progressa à pas de géant et s'imposa comme une comédienne accomplie. Sur son conseil, elle franchit avec audace un nouveau pas vers l'inconnu, en décidant de se lancer dans le monde du théâtre parisien en free-lance.

Paris venait d'assister à la création mondiale de *En attendant Godot* de Samuel Beckett quand, en janvier 1953, le rideau se leva pour la première fois sur Jeanne Moreau, comédienne indépendante, dans l'un des deux rôles principaux d'une nouvelle pièce. Il s'agissait d'une comédie de boulevard d'Anna Bonacci intitulée *L'Heure éblouissante*, dans une mise en scène de Fernand Ledoux ; elle y jouait le rôle d'une putain.

La première se déroula apparemment sans anicroche. Mais juste avant la deuxième représentation, la seconde actrice principale, Suzanne Flon, qui interprétait le personnage de l'« épouse », tomba malade. On demanda à Jeanne si elle accepterait de reprendre son rôle — pas à la place du sien, en plus : les deux personnages n'étaient jamais sur scène ensemble. Ébahie, elle releva le défi et rentra chez elle apprendre ses nouvelles répliques.

Son père, plus ou moins réconcilié avec le gagne-pain de sa fille, resta debout avec elle toute la nuit, l'aidant à apprendre par cœur son nouveau rôle, jouant le mari tandis que Jeanne interprétait sa femme et sa maîtresse. Elle se rappelle qu'ils regardèrent le soleil se lever sur le Sacré-Cœur. Épuisée, elle se produisit le soir même dans les deux rôles, incarnant alternativement « une honnête femme qui se prend pour une prostituée et une prostituée qui se prend pour une honnête femme. » C'était un véritable tour de force et la pièce resta à l'affiche deux ans ; elle connut près de 500 représentations.

Paris avait véritablement découvert Jeanne Moreau. Elle enchaîna les spectacles. Jean Cocteau, poète, dramaturge et réalisateur, la surnomma son « sphinx immortel » quand elle se produisit dans un des rôles principaux de *La Machine Infernale*, les cheveux farinés de poudre argentée, les mains revêtues de gants griffus et le corps recouvert d'un voile couleur chair. Jean Marais, qui lui avait demandé un jour quel rôle elle avait le plus envie de jouer, monta une production qui permit à Jeanne d'interpréter le personnage qu'elle avait choisi : Eliza dans *Pygmalion* de Shaw. Il avait engagé Jean Wall comme metteur en scène, mais au bout de trois jours de répétitions, Jeanne Moreau décrétait que ce serait lui ou elle. Jean Marais renvoya Wall et assura lui-même la mise en scène.

« Pour moi, Jeanne Moreau comptait plus que tout le reste », a-t-il écrit dans *Histoires de ma vie*. Pygmalion se donna à guichets fermés jusqu'en 1957. Un nouveau succès fou pour Jeanne, mais cette période initiatique ne fut pas toujours facile. Elle se rappelle que lorsqu'elle ne jouait pas, elle était inquiète, triste et solitaire : « J'étais encore timide, je manquais terriblement de confiance. J'avais l'impression de n'avoir commencé à parler que tout récemment. Toutes ces années de guerre avaient été pour moi une époque de silence.

Sur scène pendant des années, j'ai eu honte de ce que j'étais, peut-être à cause de mon père. Mes défauts physiques me préoccupaient. Il y avait des acteurs qui me disaient que j'étais laide. C'est en faisant *La Machine Infernale* de Cocteau avec Jean [Marais] que j'ai réalisé que j'avais un certain magnétisme au théâtre. Après *Pygmalion*, j'en ai été encore plus sûre. »

Mais l'homme qui sut véritablement la mettre dans son élément fut Peter Brook, le metteur en scène anglais controversé. Il avait quitté l'Old Vic de Londres pour s'installer à Paris, où il vit toujours et où il dirige le Théâtre des Bouffes du Nord, place de la Chapelle. Il l'avait vue quelques années auparavant, dans *L'Heure éblouissante,* l'avait trouvée fantastique et voulait lui confier le rôle de Maggie la Chatte dans une production d'*Une Chatte sur un toit brûlant,* la pièce de Tennessee Williams, qu'il projetait de monter au Théâtre Antoine. Le réalisateur américain Richards Brooks en donna une version cinématographique deux ans plus tard, avec Elizabeth Taylor dans le même rôle.

Brook envoya le manuscrit de la pièce à Jeanne Moreau, qui le lui retourna, expliquant qu'elle se voyait mal dans le personnage de Maggie, cette femme tourmentée de désir. Mais Brook insista si bien qu'elle finit par accepter.

Brook ne la déçut pas. Aux côtés de Paul Guers dans le rôle de Brick, le fils névrosé et sexuellement ambigu de Big Daddy, Jeanne Moreau fit un triomphe dans le personnage de l'épouse avec laquelle il refuse de coucher. Dans sa robe à fleurs vaporeuse et ses talons aiguilles, sa Maggie aguichante et frustrée médusa le public.

Quand elle demanda : « Quelle est la victoire d'une chatte sur un toit brûlant ? » et que Brick répondit : « Simplement y rester, je pense, » un ami qui assistait au spectacle se rappelle qu'un frisson tangible de sensualité parcourut le public, peu accoutumé alors à des émotions aussi brutes et à un réalisme aussi torride. *Le New York Times* écrivit : « Jeanne Moreau est désormais un des grands noms de la nouvelle génération d'acteurs français. Son extraordinaire tempérament et son physique séduisant lui ont valu un retentissant triomphe personnel. »

Mais pour elle, le plus grand triomphe allait être la réaction d'un certain Louis Malle. Venu voir le spectacle, il décida de lui offrir le rôle principal d'un film qui allait faire date dans l'histoire du cinéma. « Contrairement à la légende, ce n'était pas son premier film. C'était le mien, » m'a-t-il déclaré. « Jeanne était déjà une vedette à part entière, la plus grande comédienne de sa génération. À cette date, elle avait tourné une dizaine de films, mais le cinéma ne savait pas l'employer et elle n'était pas encore une grande vedette de l'écran.

J'avais pris une option sur un thriller qui s'appelait *Ascenseur pour l'Échafaud* et je l'avais adapté pour l'écran avec Roger Nimier, un romancier que j'admirais beaucoup. J'ai proposé le rôle à Jeanne Moreau et nous avons eu la chance qu'elle l'accepte. Nous n'aurions sans doute jamais réussi à faire ce film sans elle. Les gens qui le finançaient étaient enchantés de l'avoir. Ils n'auraient pas donné grand-chose si nous n'avions pas eu Jeanne. »

Ce fut le début d'une longue relation professionnelle et d'une relation personnelle aussi orageuse que féconde.

3

« *Si je n'avais pas été actrice, j'aurais peut-être été hystérique* »

En fait, le théâtre n'était que le travail de nuit de Jeanne Moreau.

À partir de 1948, elle tourna le jour dans des studios parisiens, avant de se précipiter au théâtre, le soir, juste à temps pour le spectacle. Elle s'engagea d'abord dans cette double carrière pour aider sa mère à payer son divorce ; mais même sans cette motivation, le cinéma aurait certainement été, tôt ou tard, un prolongement naturel du théâtre.

Pourtant, les producteurs de cinéma n'étaient pas convaincus. Ce n'était pas une blonde élégante ; elle avait, disait-on, un visage asymétrique et sa bouche était incapable d'esquisser la moue de rigueur. Elle ne ressemblait ni à Michèle Morgan, ni à Grace Kelly. Son nez, trop petit, et sa bouche, trop grande, donnaient du fil à retordre aux techniciens. Pour une femme qui savait si bien dissimuler son manque d'assurance, ce ne fut certainement pas facile de travailler en sachant que son physique ne convenait pas aux professionnels.

Ces clichés ont eu la vie dure, et on les retrouve jusqu'au milieu des années soixante. C'est ainsi que l'édition américaine de *Cosmopolitan* la jugeait « sexy, provocante » et pourtant « ordinaire ». Ces commentaires ne lui inspirent plus aujourd'hui qu'un haussement d'épaules. Une femme, ajoute-t-elle, « cherche toujours sa beauté et ne sait jamais vraiment à quoi elle ressemble. »

« L'instant de la beauté peut surgir à partir de l'enfance, mais on ne sait jamais quand, » m'a-t-elle dit à Paris. Elle avait alors soixante-cinq ans et était toujours superbe. Mais l'évocation constante de ses imperfections a pu la ronger intérieurement.

« Autrefois », a reconnu François Truffaut, « elle avait un visage tout différent. C'était une jolie fille, c'est tout, un peu impertinente, un peu joufflue. Elle aurait pu être l'Edwige Feuillère de films de série B à petit budget. » Il est vrai que quand on regarde aujourd'hui ses premiers films, on voit une très jeune fille aux joues pleines, dotée d'un type de beauté incongru. Elle n'a rien de celle qu'elle allait devenir quand elle aurait découvert son vrai visage, film après film.

Mais quoi que l'on pût penser de son physique, la jeune Moreau était célèbre, et les spectateurs aimaient la voir jouer « la fille » dans des films grand public, tournés avec des réalisateurs et des acteurs connus. Le cinéma français des années cinquante n'était pas à proprement parler un haut lieu d'innovation. Les actrices devaient essentiellement servir de faire-valoir à de grands acteurs d'âge mûr. Jeanne Moreau n'échappait pas à la règle.

Elle tourna son premier film peu de temps après être entrée à la Comédie Française ; en 1948, on lui proposa le troisième rôle dans un polar romantique, *Dernier Amour* de Jean Stelli. Le second rôle était tenu par Suzanne Flon, l'actrice dont la grippe permit à Jeanne Moreau, quelques années plus tard, de s'imposer brillamment sur scène dans *L'Heure éblouissante*. *Dernier Amour* était une œuvre honnête, dans laquelle Jeanne jouait la vamp ingénue qui s'immisce dans un couple. L'affiche la présentait comme pensionnaire de la Comédie Française. L'œuvre fait aujourd'hui l'effet d'un rare et délicieux classique du cinéma de mœurs.

« Je crois que j'ai touché à peu près trois cents dollars de cachet pour ce film. À cette époque, à la Comédie, c'était la misère ou tout comme. Avec mes camarades, nous avons au sens propre mangé ce qui restait du premier chèque de paye dans un petit restaurant de Pigalle. Nous y avons dîné tous les soirs, pendant une semaine. Je me nourrissais de mes plats préférés, de la bécasse et des bananes flambées. »

Dernier Amour avait été tourné dans les célèbres studios du Bois de Boulogne qui étaient alors menacés de fermeture, toute l'industrie française du cinéma étant écrasée sous le rouleau compresseur des films américains d'après-guerre. Des milliers d'acteurs de cinéma, parmi lesquels des personnalités aussi remarquables que Jean Marais et Simone Signoret, avaient défilé dans Paris pour réclamer des restrictions à l'importation des films américains. Cette manifestation ouvrit les yeux de la nouvelle venue sur les plateaux, qui pour la première fois s'intéressa à la politique. Elle qui a toujours obstinément refusé de s'engager dans des causes politiques et affirme n'avoir jamais signé de pétition, sauf pour soutenir la liberté d'avortement, considère que cette épreuve de force était opportune et qu'elle eut le mérite d'attirer l'attention du public sur l'existence d'un groupe de comédiens de valeur, qui travaillaient pour le cinéma.

Un an plus tard, quand le gouvernement français prit des mesures énergiques pour défendre l'industrie cinématographique, elle comprit que le cinéma pouvait compléter avantageusement son activité scénique. La demande était forte, et le public de plus en plus nombreux : en 1952, les cinémas français avaient accueilli 35,6 millions de spectateurs ; cinq ans plus tard, ils étaient 41,5 millions. Le lieu se prêtait à merveille à une évolution de sa carrière — elle était prête à adopter les valeurs différentes qui régissent le cinéma — mais, en un sens, la fin des années quarante n'était pas le moment idéal.

La nouvelle « prime de qualité » accordée par le gouvernement pour soutenir l'industrie nationale engendra une avalanche de films qui n'étaient que des pastiches de productions américaines. Jeanne Moreau fit ses débuts au cinéma à une époque où le marché était dominé par les films de gangsters. Comme beaucoup d'autres acteurs, elle accepta des rôles indignes d'elle et fit son apprentissage cinématographique en « neuf ans de navets ».

Dans les vingt films alimentaires qu'elle tourna avant *Ascenseur pour l'Échafaud,* elle jouait d'ordinaire le rôle de la maîtresse ou de la putain, et dans l'ensemble, ils ne lui font guère honneur. Néanmoins, malgré leur médiocrité, ces productions lui apprirent certainement toutes les ficelles du métier ; ils lui permirent également d'arrondir ses fins de mois et de rencontrer des talents comiques aussi extraordinaires que Fernandel ou des poids lourds comme Jean Gabin et Lino Ventura.

« Ces films ont été mal accueillis par les critiques, les futurs réalisateurs de la Nouvelle Vague, mais ils m'ont aidée à devenir ce que je suis, surtout parce que ceux qui les ont critiqués m'ont vue et m'ont demandé ensuite de jouer dans leurs films. Ça ne sert à rien de dire "Je préfère ce film à celui-là". Ils font tous partie de ma vie, de mon expérience. Il y en a eu un ou deux que je n'ai pas aimés, et après ?

Mais à l'époque, je ne me sentais jamais à l'aise à l'écran parce que je savais que j'étais loin d'être belle. Les gens qui voulaient me dire quelque chose de gentil sur mon physique disaient "Vous me rappelez tellement Bette Davis." Parfait, formidable même ; le hic, c'est que je ne supporte pas Bette Davis. »

Évoquant son insécurité d'actrice de cinéma débutante, elle avoue avoir eu l'impression d'être « un papillon épinglé sur un bout de papier. » Le rôle qu'on lui confiait le plus souvent, celui de l'opprimée, n'était peut-être pas étranger à ce sentiment. Il lui arrivait d'être tout bonnement mal employée, les scénarios étaient bien souvent mauvais et, malgré son inexpérience, elle devait généralement essayer de s'imposer aux côtés de professionnels aguerris.

« Ces films m'ont appris beaucoup de choses, mais j'avais horreur d'aller visionner les rushes. On me disait que ce n'était pas professionnel de ne pas y aller, alors j'y allais, mais comme je travaillais dur toute la journée sur le tournage avant de monter sur scène le soir, je fermais les yeux et je m'endormais. J'étais physiquement présente, mais je ne regardais pas ! Je ne visionne toujours pas les rushes, ni le film terminé si je peux m'en dispenser. Je déteste voir mes films en présence d'autres gens. »

Si les films dans lesquels elle a joué entre 1950 et 1958 (année de la sortie d'*Ascenseur pour l'Échafaud*) étaient plutôt médiocres, on peut trouver du plaisir à les redécouvrir aujourd'hui, et ils offrent une bonne image du style de la production cinématographique française de l'époque.

Pour mention : après *Dernier Amour*, il y eut le rôle de l'ingénue dans *Meurtres,* avec Fernandel pour Richard Pottier, suivi d'une comédie musicale de gangsters intitulée *Pigalle-Saint-Germain-des-Prés*, réalisée par André Berthomieu, où elle interprétait à nouveau un personnage d'ingénue, baptisée Pâquerette. Vint ensuite *L'Homme de ma vie* de Guy Lefranc, où elle jouait la fille d'une putain ; puis, en infirmière au physique plutôt ingrat, armée d'une seringue hypodermique, elle tombait amoureuse du célèbre médecin dans l'allégorie de la « bonté » coloniale tournée par André Haguet, *Il est minuit, docteur Schweitzer* — un peu éclipsée par Pierre Fresnay, elle était parfaitement sinistre mais, pour une fois, elle ne jouait pas une putain.

En 1953, alors qu'elle enthousiasmait le public dans le double rôle de *L'Heure Éblouissante*, elle interpréta une petite composition de serveuse mutine, presque bouffonne, dans une délicieuse comédie policière, *Dortoir des Grandes,* avec Jean Marais, réalisée par Henri Decoin. Cette année-là, elle retrouva Jean Marais dans *Julietta* de Marc Allégret, où elle était ce que *Variety* appela « une fiancée caustique et perplexe ». Le film s'inspirait du roman populaire de Louise de Vilmorin, grande figure du monde littéraire parisien de l'époque et symbole de la femme écrivain française. Jeanne Moreau et Louise de Vilmorin devinrent du reste d'excellentes amies et collaborèrent, bien des années plus tard, sur le scénario des *Amants*. Louise de Vilmorin créa également un spectacle musical appelé *Migraine* expressément pour Jeanne Moreau.

La même année, un autre film allait rassembler trois des plus grands acteurs du cinéma français d'après-guerre : Jeanne Moreau, Lino Ventura et Jean Gabin. *Touchez pas au Grisbi,* film de gangsters classique, était réalisé par le grand Jacques Becker, lui-même mi-Écossais, mi-Français. En un sens, ce film marqua la première apparition vraiment mémorable de Jeanne Moreau à l'écran. *Touchez pas au grisbi* offre un tableau franchement spirituel et captivant des bas-fonds. Moreau est presque méconnaissable dans le rôle de Josy, la call-girl qui danse dans un cabaret sordide et est accessoirement mêlée aux affaires des truands. Nous ne la voyons danser que très peu de temps, mais visiblement, l'oncle Arsène n'avait pas gaspillé son argent en lui payant des cours. Si l'on imagine mal la jeune Jeanne Moreau dans le *Josephine Baker Show,* elle ne s'en sort pas mal du tout en studio, avec ses jolies jambes et ses talons hauts.

Ce film, qui a résisté vaillamment à l'épreuve du temps, est l'un des meilleurs pastiches français du cinéma populaire américain. C'est également le prototype des films de *série noire*. Le « milieu » d'après-guerre servira de cadre conventionnel à d'autres films qui parleront moins de crime et de châtiment et davantage de loyauté, de solidarité et d'amitié, mais le *Grisbi* tient fort bien la route et s'est révélé une source d'inspiration durable.

Jeanne Moreau n'aurait pu trouver meilleur professeur que Jean Gabin, le costaud aux lèvres pincées, et Gabin, à son tour, n'aurait pu trouver meilleure élève. Il a exercé une immense influence sur sa technique à l'écran, lui enseignant l'art des gestes infimes et des actions à peine esquissées, autant de caractéristiques de jeu que nous pouvons encore observer — le sourcil gauche à peine relevé, l'inclinaison de la tête, l'utilisation apparemment spontanée des mains.

À peine ce film terminé, Jeanne Moreau en enchaîna deux autres pour Henri Decoin. Le premier, en 1953, était *Secrets d'Alcôve,* un film à sketches tourné par quatre réalisateurs différents, chaque épisode de vingt minutes étant consacré à une « histoire de lit ». Elle jouait le rôle d'une femme enceinte dans le sketch intitulé *Le Billet de logement* avec Richard Todd. Celui-ci se souvient très bien de ce film. Il était alors un jeune premier anglais enthousiaste, qui avait joué dans plusieurs films français après s'être battu en France pendant la guerre. C'était, dit-il, un « film vraiment drôle, plein de fous rires et de blagues. »

« Je joue un officier britannique qui traverse la France en jeep et doit passer la nuit dans une ferme », raconte-t-il. « J'arrive et je trouve la logeuse, Jeanne, enceinte jusqu'aux yeux. Je tombe sur son lit, mort d'épuisement, avant d'être réveillé par ses hurlements. Elle est en train d'accoucher dans la cuisine. Je l'aide à mettre son bébé au monde et je poursuis ma route. En fait, c'est une histoire qui m'était arrivée en France pendant la guerre, ce qui ajoutait au plaisir de tourner ce film avec Decoin, et avec Jeanne, qui était quelqu'un de très séduisant. Ça lui était bien égal d'être enceinte jusqu'aux yeux et d'avoir l'air tout à fait ordinaire. Nous nous sommes vraiment bien entendus. »

Ce fut le seul film que Todd tourna avec Decoin, contrairement à Moreau, engagée dès l'année suivante dans *Les Intrigantes*. Elle y joue le rôle de l'épouse d'un directeur de théâtre dans une histoire située dans les milieux sordides de Paris, la nuit, aux côtés de Louis de Funès et de Robert Hirsch, un vieil ami du temps de la Comédie Française.

Quand ce film sortit à Londres deux ans plus tard, au Paris-Pullman, la presse britannique découvrit avec enthousiasme la sensuelle « Anglaise aux cheveux d'or, vedette de Paris ». Les journalistes ne manquaient pas de rappeler les origines anglo-saxonnes de la « star du cinéma français ». Le *Daily Mirror* prétendait qu'elle s'était rendue à Paris cinq ans plus tôt pour jouer dans une pièce et qu'elle y avait remporté un tel succès qu'elle avait décidé de rester en France. On releva également les critiques élogieuses que lui avait values son interprétation de *Pygmalion* et l'on prétendit qu'à Paris, on la surnommait *La Sexe Bombe* (sic).

La presse populaire se régala de sa visite à sa mère, qui habitait alors Southwick ; elle fut enchantée d'apprendre que sa sœur était entrée dans une troupe de danseurs acrobatiques et s'extasia en voyant Jeanne acheter à Londres des lainages d'hiver pour son fils de six ans. « Ma mère me conseillera pour mes achats », minaudait-elle. Les journaux mentionnaient également, avec la pudeur des années cinquante, qu'elle était accompagnée par la vedette masculine du film, Philippe Lemaire. L'*Evening News* finit par s'enhardir et par annoncer tout de go, en mai 1956 : « Mariage imminent des vedettes françaises » (c'était une fausse rumeur ; il ne s'agissait que d'une amourette.)

La presse française se répandait, elle aussi, en commérages sur son compte. Unifrance, l'organisation financée par le gouvernement pour promouvoir les films français à l'étranger, publia des communiqués de presse intitulés « Une vedette », consacrant des paragraphes entiers à sa superstition légendaire, relatant combien le moindre mauvais présage la tracassait, affirmant qu'elle cherchait à éviter la malchance, etc. Ces commentaires, qui auraient mieux convenu à une blonde évaporée, lui en apprirent certainement long, dès cet instant, sur la nature de l'industrie qui faisait ainsi sa publicité. Tout cela l'amusa probablement, car c'est une femme d'esprit, dotée d'un humour caustique. Par ailleurs, *Les Intrigantes* n'ont guère laissé d'autres traces.

Malgré son amour pour la magie des films en noir et blanc, Jeanne Moreau, comme l'industrie dont elle était en train de devenir une figure de proue, dut passer à la couleur. En 1954, elle accepta de jouer dans un film qui était censé la rendre aussi inoubliable à l'écran qu'elle l'était déjà sur les planches. Elle interpréta le rôle titre de *La Reine Margot*, un film en Technicolor inspiré du roman d'Alexandre Dumas sur la guerre des religions. La réalisation était assurée par Jean Dréville et le scénario était signé du pionnier du grand écran, Abel Gance, auteur de celui de *Napoléon* tourné en 1927.

Sous les traits de la libertine Reine Margot, Jeanne ressemblait à Anne Boleyn dans un de ses mauvais jours, corsetée dans une orgie de jabots et de volants, de bijoux de pacotille tapageurs et de tailles baleinées. On la présentait au public comme une reine de roman populaire, d'une sexualité outrageuse, déboutonnant sa robe, exhibant ses seins. (Jeanne Moreau n'a jamais refusé de se dénuder ; mais elle est sortie de la projection en jurant de ne plus faire ce genre de films).

Après tout le battage d'Unifrance, montrant d'invraisemblables photos de Moreau en costume, qui désignait du doigt un château dont la légende annonçait : « La Reine Margot vous invite à visiter le château de ses amours », le triomphe ne faisait aucun doute. Mais comme l'explique Louis Malle, « l'éclairage était brutal et on aurait pu lui retirer son maquillage à la truelle. » La sortie de cette monstruosité coïncida en outre avec celle de *Richard Cœur de Lion* et de *Roméo et Juliette* ; Moreau en costume haute époque se trouva ainsi éclipsée. Pour comble, les critiques qui prirent la peine de se pencher sérieusement sur ce film se concentrèrent sur les scènes légères, tournées par une doublure, et négligèrent le jeu de Jeanne Moreau dans les scènes d'intimité. Le seul intérêt de cette production pour sa carrière fut que son nom figura en bonne place dans les échos mondains. Mais ce n'était pas le genre de publicité qu'elle recherchait. Dans la version de Patrice Chéreau, Isabelle Adjani joue la Reine Margot avec beaucoup moins d'artifices.

Pendant ce temps, la cote de Jeanne Moreau dans son travail de nuit ne cessait de grimper, grâce à son extraordinaire performance dans *La Machine Infernale*. On remit ensuite *Pygmalion* à l'affiche et cette pièce devint la coqueluche du public anglophone. Les Britanniques se bousculaient pour l'entendre dire avec un accent français canaille « pauv' fille que j'sis ».

De jour, elle retrouva la sécurité du film en noir et blanc dans *Les Hommes en blanc*, où elle interprétait un nouveau rôle d'infirmière dévouée, cette fois dans un hôpital de village aux côtés de Raymond Pellegrin. On la vit ensuite en « poule » de Pigalle dans *M'sieur la Caille*. L'affiche comprenait également Lemaire, avec qui elle vivait toujours une amourette à l'écran et à la ville. Ce film a été décrit comme un « navet » à sensation.

Le troisième film de 1955 était une sorte de road-movie avant l'heure, intitulé *Gas-Oil*. Jean Gabin y jouait un rôle de camionneur et Jeanne Moreau celui d'une institutrice qui en tombe amoureuse.

Moreau put espérer que son talent toucherait un plus vaste public grâce au *Salaire du Péché* du réalisateur Denys de la Patellière. Inspiré du roman de Nancy Routledge, *Emily Will Know*, ce film fut en effet présenté au festival du film de Berlin en 1956. L'actrice n'y jouait qu'un rôle secondaire par rapport à celui de Danielle Darrieux, mais ce mélodrame de bon goût qui joue avec les nerfs du spectateur lui valut un premier frémissement d'attention des milieux internationaux.

Parmi les films qu'elle a tournés à l'époque, mon préféré est sans conteste *Jusqu'au dernier*, un bon film noir réalisé par Pierre Billon. Flanquée là encore de Raymond Pellegrin, Jeanne y interprétait, cette fois, le premier rôle féminin — celui d'une danseuse de cirque que l'on voit vaciller sur ses pointes, en tutu noir et bas résille, coiffée d'une tiare de strass. Naturellement, elle abandonne le cirque pour s'enfuir avec un escroc. On retiendra son incroyable visage d'oiseau de proie auréolé d'un nuage de cheveux blonds, qui pourrait fort bien avoir servi d'inspiration à la jeune Faye Dunaway.

Quand Jeanne Moreau monta sur les planches pour jouer le rôle principal de *La Chatte sur un toit brûlant*, elle venait de terminer le tournage des *Louves* — un mélodrame de bonne qualité racontant l'histoire d'un soldat (François Périer) qui s'évade d'un camp de prisonniers en Allemagne et se laisse séduire par l'héroïne (Jeanne Moreau). Et tandis que son interprétation torride faisait scandale au théâtre, elle poursuivait paisiblement sa routine quotidienne en se rendant tous les matins dans les studios de cinéma. Elle tourna ainsi *L'Étrange Monsieur Steve*, où elle joue les tentatrices, une fois de plus aux côtés de Lemaire, et deux nouveaux films de gangsters pour Gilles Grangier, le réalisateur de *Gas-Oil*. Dans *Trois jours à Vivre,* elle forme (avec Daniel Gélin) un couple harcelé par un escroc et, dans *Échec au Porteur*, elle est la fiancée d'un gangster qui, par amour pour elle, décide de quitter le métier. Il s'agissait là d'un thème assez bien choisi pour Jeanne, car elle s'apprêtait, elle aussi, à « quitter le métier » de ce cinéma rebattu pour se lancer dans un nouveau genre de films.

Jusque-là, sa présence à l'écran ne s'était jamais écartée des stéréotypes nationaux. Mais, comme nous l'avons dit plus haut, elle était sur le point de rencontrer Louis Malle, le réalisateur qui lui permit de renoncer aux rôles de « filles » pour assumer celui d'une femme, et qui plus est d'une femme intelligente, vivant intensément. Du jour au lendemain, ou presque, le film qu'ils tournèrent ensemble fit d'elle la nouvelle figure emblématique du cinéma européen, une femme capable d'exprimer des émotions universelles en offrant simplement son visage à la caméra. Quoi qu'il en dise, c'est Malle qui a donné le coup d'envoi à la véritable légende de Jeanne Moreau.

Quand ils se rencontrèrent, Jeanne Moreau avait vingt-neuf ans et Malle était son cadet de quatre ans. Il l'avait remarquée sur scène dans la *Chatte sur un toit brûlant*, à une époque où il n'avait encore réalisé que des courts-métrages « un peu à l'aveuglette ». Il sentit immédiatement, dit-il, qu'elle avait en elle quelque chose de profond, d'étrange et de fort, une extraordinaire charge dramatique. Avec Roger Nimier et le prince Napoléon Murat, un producteur, il se rendit timidement en coulisses à la fin d'une représentation, au Théâtre Antoine-Simone Berriau.

Lors de leur première rencontre, elle se dissimulait, raconte-t-il, derrière des lunettes noires. « Elle était évidemment brillante dans la *Chatte*, mais elle traversait sans doute une période difficile ; elle avait du mal à suivre la conversation, et donnait l'impression de vivre dans un monde à elle, un monde très compliqué. Mais pour nous, les choses ont été claires d'emblée : il fallait qu'elle joue le rôle que nous lui proposions, » se rappelle-t-il. « Nous l'avions invitée à dîner ce soir-là. Elle a lu le livre et nous nous sommes retrouvés ensuite pour déjeuner. Elle était terriblement en retard, pas en très grande forme et trempée, parce qu'il y avait un gros orage. Nous avions rendez-vous au Relais Saint-Germain, boulevard Saint-Germain, et pour la première fois, j'ai pu l'observer attentivement. J'ai eu l'intuition que c'était un coup de foudre hors du commun, au sens littéral surtout, avec toute cette foudre dehors ! Nous l'avions vue, Roger et moi, dans le *Grisbi* et dans quelques autres films avec Gabin et nous étions sûrs qu'elle serait parfaite dans notre film. Sa grandeur réside évidemment dans le fait, qu'en l'espace de quelques secondes, son visage est capable d'exprimer des changements d'humeur infinis. »

Et voici le commentaire de la principale intéressée à propos de cette rencontre : « La première fois que j'ai vu Louis, je ne savais rien de lui. Je connaissais Roger et ce qu'ils disaient m'a plu. Il y avait quelque chose de différent dans leur approche du cinéma. J'aimais leur enthousiasme et j'ai immédiatement dit oui quand ils m'ont demandé de jouer dans leur film. »

Jeanne avait accepté, contre les conseils de son agent, qui occupait alors une place importante dans sa carrière. Le réalisateur était un parfait inconnu et ils travaillaient sans financement ni salaire dignes de ce nom. L'agent lui lança donc un ultimatum : c'était eux ou lui. Elle décida de suivre la nouvelle équipe. Pour la première fois, elle avait l'impression d'avoir noué une relation différente avec son futur réalisateur.

Louis Malle était issu d'un milieu fortuné et aurait dû, en toute logique, entrer dans l'entreprise familiale des sucres Béghin. Après une scolarité dans des établissements catholiques conservateurs, il fit des études de sciences politiques à la Sorbonne avant d'entrer, malgré l'opposition de sa famille, à l'IDHEC, la grande école de cinéma (aujourd'hui la FEMIS). Il en sortit un an plus tard, pour assister l'océanographe Jacques Cousteau comme cameraman sous-marin à bord de la *Calypso*. Le documentaire qu'ils tournèrent, *Le Monde du Silence*, remporta la Palme d'Or au festival de Cannes en 1956. Louis Malle, qui apparaissait au générique comme co-réalisateur aux côtés de Cousteau, avait tout juste vingt-quatre ans. Il regagna alors Paris pour travailler, brièvement, comme assistant de Robert Bresson dans *Un Condamné à mort s'est échappé*.

Dans les années cinquante, au lieu de fréquenter les critiques des *Cahiers du Cinéma* qui constituaient le noyau de la Nouvelle Vague, Malle suivait avec optimisme son petit bonhomme de chemin. On chercherait en vain dans la Nouvelle Vague quelqu'un qui puisse lui être comparé. Il avait toujours eu une âme d'explorateur, et son œil scrutait l'expérience humaine comme d'autres observent des paysages. Il prenait sa caméra et se rendait où sa curiosité le menait. Ses films regorgent systématiquement de petits récits secondaires — l'histoire du portier, du chauffeur de taxi, de la serveuse, de la femme de ménage, autant de témoignages d'existences qui bruissent à l'arrière-plan. Ses personnages éprouvent toujours des sentiments profonds qui se passent d'explication.

Grâce à ses conseils et à ses encouragements, Jeanne Moreau avait l'impression d'avoir enfin trouvé un foyer, un lieu où la réalité et l'art pouvaient se rejoindre et croître. Ils étaient tellement emportés par leur connivence que personne de leur entourage ne s'étonna qu'ils tombent amoureux pendant le tournage de leur premier film, *Ascenseur pour l'Échafaud*. L'*Ascenseur* s'inspirait d'un roman policier de Noël Calef. L'argument, assez complexe, met en scène une femme qui passe une grande partie du film à arpenter Paris à la recherche de son amant (Maurice Ronet). Celui-ci vient d'assassiner son patron (Jean Wall), le riche et puissant mari de sa maîtresse. Complice du meurtre, elle est prête à s'enfuir avec lui, mais il est bloqué — un rebondissement digne de Hitchcock —, dans l'ascenseur du bureau.

Lino Ventura et Jean-Claude Brialy, ami de longue date de Jeanne Moreau, faisaient également partie de la distribution, et après avoir rencontré Miles Davis dans un jazz-club de Saint-Germain, Louis Malle avait décidé que son film angoissant serait habité par « la voix intérieure d'une bande-son de jazz rapide », qu'il commanda à Davis.

« Nous avons tourné avec une pellicule noir et blanc rapide TriX et en lumière naturelle. C'était intéressant pour nous parce que la TriX existait depuis longtemps, mais elle avait tellement de grain que les réalisateurs traditionnels ne s'en servaient pas, » explique Malle. « Nous n'avons pas dissimulé le visage de Jeanne sous le maquillage, nous l'avons laissée être elle-même. Après toutes ces années où les maquilleurs avaient recouvert sa beauté pour essayer désespérément de la rendre conforme aux canons, elle est soudain devenue une vraie femme. Je la trouve particulièrement belle dans les scènes de nuit, quand elle descend les Champs-Élysées. Nous n'avons utilisé que la lumière des vitrines. Dans ces plans, on peut voir son âme.

Aux rushes, les producteurs ont été horrifiés. Ils s'en sont pris à notre remarquable directeur de la photographie, Henri Decaë. "Vous ne pouvez pas photographier une célèbre actrice comme ça !" lui ont-ils crié. »

Mais *L'Ascenseur* représentait, pour la première fois, la vraie réalité cinématographique. Louis Malle fut ainsi le premier réalisateur de la future Nouvelle Vague à tourner un film d'auteur.

Cette œuvre marquante sortit à Paris en 1958, quelques jours après un autre film de Jeanne Moreau, *Échec au Porteur*, et deux autres policiers populaires, avec ces immenses vedettes qu'étaient Jean Gabin et Eddie Constantine. Ceux qui virent *L'Ascenseur* et découvrirent ainsi le nouveau visage de la « Sexe Bombe » se demandèrent ce que Jeanne Moreau avait fait jusque-là de sa bouche et de ses yeux provocants.

Malle ayant un autre projet en cours, Moreau dut attendre quelques mois avant de retravailler avec lui. Sur ses conseils, elle accepta un rôle dans le premier film d'un autre réalisateur, Edouard Molinaro, ancien directeur technique de cinéma. Il s'agissait d'un thriller très noir, *Le Dos au mur*, un film qui s'attira les éloges du grand critique André Bazin pour sa remarquable maîtrise technique. Jeanne y jouait le rôle principal, interprétant, cette fois encore, un personnage de riche épouse poussée par sa passion adultère et ses penchants criminels à assassiner son mari. Le rôle était destiné à l'origine à Michèle Morgan, mais on considéra que son charme était trop honnête pour un rôle aussi noir.

Dans *Le Dos au mur*, son interprétation est glaciale. Une fois encore, les gens froncèrent les sourcils devant un jeu aussi brut. Mais cette sacrée Jeanne Moreau leur réservait encore bien des surprises.

4

« Le public me voit trop comme dans les films, où je joue toujours des personnages pas très catholiques »

Les Amants furent le grand classique érotique de la jeunesse d'Alain Siritzky, producteur des sept *Emmanuelle*. « J'étais un gosse à l'époque, je n'aurais jamais dû voir ça, » avoue-t-il, « mais mon père dirigeait Parafrance Cinémas, alors… » Il hausse les épaules, sourit. « Je me souviens encore du "Oh !" qu'a poussé le public au moment où la tête de Jean-Marc Bory descend le long du corps nu de Jeanne Moreau et disparaît de l'écran. »

Le film de Louis Malle évoque l'ennui d'une femme de la haute bourgeoisie qui s'engage dans une aventure d'une sensualité torride. Il exerça sur Siritzky le même effet que sur la plupart des futurs membres de la Nouvelle Vague érotique qui n'allait pas tarder à déferler avec de jeunes réalisateurs comme Francis Leroi, François Jouffa et Frédéric Lanzac. La première suggestion d'un cunnilingus dans un long métrage grand public modifia toutes les règles du jeu. Les spectateurs pourraient dorénavant opposer leur « oh ! » aux sifflets traditionnels de désapprobation bruyante des moralistes.

C'est un film fascinant. Comme l'a écrit François Truffaut à sa sortie, il est réalisé avec un « tact absolu et un goût parfait ». On y chercherait en vain des silhouettes amputées par un jeu de lumière ou des plaisanteries insinuantes. L'amour y est simplement présenté tel qu'il est. Alors que dans *Et Dieu créa la femme*, Roger Vadim soulignait l'érotisme pour mieux faire passer son message, le film de Malle présente l'amour en des termes familiers, presque banals.

Les Amants ont été écrits pour Moreau par Malle et Louise de Vilmorin, qu'il avait rencontrée à la première de l'*Ascenseur*. Le scénario, inspiré par le roman du XVIIIᵉ siècle, *Point de lendemain,* de Dominique Vivant Denon, cherchait à montrer la force et le pouvoir de l'amour. Jeanne Moreau y est Jeanne Tournier, la femme d'un éditeur de presse vieillissant (Alain Cuny). Entourés de domestiques, ils habitent avec leur enfant une somptueuse demeure campagnarde. Pour éviter de mourir d'ennui, Jeanne fréquente les milieux chics de Paris, où elle retrouve un élégant amant, joueur de polo. Fondamentalement, c'est une provinciale frustrée qui cherche à briller et à séduire. Un week-end, son mari la persuade d'inviter ses amis parisiens chez eux, à la campagne. Elle y consent, à contrecœur. Parmi les invités figure un visiteur inattendu, un jeune homme, interprété par Bory, qui l'a secourue lorsqu'elle a eu une panne de voiture en rentrant chez elle.

Après le dîner, ils se rencontrent par hasard au jardin, où ils sont venus prendre l'air séparément, une rencontre dont l'aboutissement sera une nuit d'amour improvisée. À l'aube, elle part avec lui sans se retourner.

« J'ai commencé à tourner alors que je n'avais pas d'acteur pour le rôle de l'amant », raconte Malle. « Je voulais Jean-Louis Trintignant, mais il faisait son service militaire. C'était la guerre d'Algérie, et on n'a pas voulu le libérer. C'était lui que je voulais pour ce rôle, et personne d'autre. J'ai fait des pieds et des mains pour obtenir sa libération, mais un scandale venait d'éclater parce qu'on avait laissé partir des chanteurs de variétés de l'armée, alors ils sont restés absolument intraitables pour Jean-Louis.

Ça a dû être très dur pour Jean-Marc Bory de faire ce rôle, alors que Jeanne et moi étions plongés dans une grande histoire d'amour, nous vivions ensemble, nous arrivions sur le tournage ensemble, nous repartions ensemble. Elle avait une maison à Versailles où elle s'est installée entre *l'Ascenseur* et *Les Amants*, mais généralement, nous habitions ensemble à Paris dans mon appartement du seizième, près du Trocadéro.

Le tournage des scènes d'amour a sûrement été très pénible pour Bory. C'est probablement pour ça qu'on ne le voyait pas beaucoup. Elles ont d'ailleurs été difficiles pour nous tous. Elles étaient improvisées. Elles ne figuraient pas dans le scénario de Louise, qui les désapprouvait — "Je ne veux pas avoir affaire avec ça", disait-elle. Ces scènes devaient faire comprendre qu'il arrive à cette femme, à Jeanne Tournier, quelque chose qui ne lui est encore jamais arrivé. »

Les scènes en question commencent au moment où les personnages de Jeanne Moreau et de Bory tombent amoureux, flirtant gracieusement au clair de lune, se faisant la cour selon les critères admis de la moralité cinématographique. La caméra de Malle suit ensuite les amants dans la chambre, au lit, dans la baignoire, puis de nouveau au lit, des images qui n'auraient rien pour surprendre la plupart des spectateurs d'aujourd'hui, mais qu'on n'avait encore jamais vues au cinéma. Cadrant le visage de Jeanne, plein de lassitude et pourtant enfantin, alors que Bory est presque réduit à une ombre hors champ, Malle l'a simplement filmée en gros plans — une main qui se cramponne au drap, les yeux mi-clos, les lèvres entrouvertes — fixant l'image de son corps cambré qui glisse sensuellement sur le drap, s'arrêtant sur l'instant de la jouissance. À l'arrière-plan, la bande-son capte son soupir rauque, un murmure — « Mon amour ». Cette scène reste aujourd'hui encore profondément émouvante. À l'époque, elle était tout bonnement choquante.

Jean-Marc Bory prétend avoir tout oublié de la scène d'amour qui a révolutionné le cinéma. Dans une lettre qu'il m'a adressée, il note simplement que depuis le tournage du film, il a perdu de vue sa partenaire. Jeanne Moreau : « Il ne se rappelle pas cette scène et moi, il m'arrive de ne pas me rappeler avoir été avec lui parce qu'il n'était pas vraiment là. Il apparaissait sur le plateau quand on l'appelait. Le reste du temps, il dormait ou il prenait des bains de soleil.

La scène qui m'inquiétait le plus, en fait, est celle où je dois rire.

Je rentre à la maison avec Bory et je me mets à rire en imaginant mon mari et mes invités en gros ours poilus et renfrognés. J'aperçois mon mari, qui se tient là, en noir, et je dis "Je vois un ours" ».

« C'était une scène très difficile pour Jeanne », confirme Malle « parce qu'il fallait qu'elle commence à rire dans la voiture, qu'elle en descende en riant et qu'elle monte l'escalier, toujours en riant, jusqu'à sa chambre, une scène qui a été tournée en studio, a posteriori. Je n'avais pas l'habitude de ce genre de choses et je ne savais pas comment l'aider. La réalisation d'un film n'avait aucun secret pour moi, mais je n'avais aucune expérience de la direction d'acteurs. Il a fallu qu'on multiplie les prises, et elle a fini par dire : "Vous croyez que c'est facile à faire, avec vous deux — Henri Decaë et moi — avec vos regards sinistres derrière la caméra ?" »

Il fallait s'attendre à des problèmes avec la censure. En France, le ministre des Affaires culturelles, André Malraux (qui serait plus tard le compagnon de Louise de Vilmorin jusqu'à la mort de celle-ci, en 1969) refusa d'accorder au film le visa de censure. Le motif du différend se résumait à la scène de la réaction de Moreau à l'amour physique. Malle refusa de la modifier, affirmant qu'elle était essentielle à son sujet. Il l'emporta et, après une longue bataille — qui fit au film une belle publicité —, *Les Amants* sortirent sans coupure. Des milliers de spectateurs faisaient la queue tous les soirs devant les cinémas, et on en refusait plusieurs centaines d'autres dans tout le pays. La scène de nudité provoqua une controverse animée, qui fit les beaux jours de la presse et à laquelle participèrent même les membres de l'Académie. Les journaux s'empressèrent d'affirmer qu'à côté de Jeanne Moreau, Brigitte Bardot n'était qu'une enfant de chœur.

En Angleterre, le film donna bien du fil à retordre à John Trevelyan, qui dirigeait alors le Comité de Censure britannique. Malgré l'intelligence et l'indéniable qualité de l'œuvre, son allusion limpide au cunnilingus était évidemment répréhensible. Trevelyan décrit le dilemme dans son livre *What the Censor Saw* : « Le problème venait de la bande son. La scène était tournée comme un ballet, sur la musique du premier thème du sextuor à cordes n° 1 en si bémol de Brahms, joué sur un tempo deux fois plus lent que la normale afin de créer un effet érotique. Visuellement, il était facile de couper la scène, mais cela obligeait à supprimer des passages d'un morceau de musique très connu, ce qui n'était évidemment pas souhaitable.

Heureusement, Louis Malle, à qui j'ai soumis le problème, a pu utiliser des plans supplémentaires pour remplacer les coupures, ce qui nous a permis de modifier la scène sans toucher à la musique. Depuis, je ne peux plus entendre cette musique sans penser aux *Amants*. »

À sa sortie en Angleterre, le film était interdit aux moins de 18 ans, mais l'affiche, qui représentait une photographie du « Baiser » de Rodin, la sculpture d'un couple nu tendrement enlacé, fut interdite par les Transports londoniens. Le film fut donc annoncé par une affiche peinte surchargée, où l'on voyait une blonde entièrement vêtue sur un lit, en train de chahuter et de rire avec un homme, entièrement vêtu lui aussi.

En Allemagne, le film fut amputé d'un quart d'heure. Les coupures comprenaient la scène où Jeanne embrasse sa fille, car il n'était pas admissible qu'une mère de famille ait une aventure. Par bonheur, le décret d'Hitler exigeant qu'une femme adultère meure avant la fin du film avait été abrogé ! L'Amérique accepta le film, malgré ses rôles « pervers », avec une unique coupure, et admira à contrecœur le talent avec lequel Moreau savait laisser affleurer des passions intimes insoupçonnées sous un calme apparent, une aptitude attribuée à sa qualité d'actrice européenne.

Jeanne Moreau prétend n'avoir rien vu que de normal dans cette scène de nudité, malgré le climat moral qui régnait alors en France. Elle était alors passionnément amoureuse de Louis Malle, elle était mère d'un petit garçon de neuf ans et, malgré leur séparation, elle était toujours l'épouse de Jean-Louis Richard. Elle avait elle-même rejeté depuis longtemps, à titre personnel, tous les tabous que *Les Amants* s'employaient à briser. « J'aurais refusé de le faire si j'avais pensé que ce serait présenté sous un jour salace », a-t-elle expliqué à l'époque. « Je ne me considère pas comme une actrice sexy. L'expression physique n'était pas destinée à être sexy. Mais après tout, dans l'amour, il y a le sexe. »

Cette année-là, le film remporta un prix spécial au festival de Venise, moyennant la suppression, là encore, d'une grande partie des séquences « trop suggestives ». Il n'en fit pas moins scandale ; on évita de justesse l'émeute, mais on n'échappa pas à la censure de l'Église catholique. (Un mois plus tard, le pape Pie XII succombait à une attaque !)

« L'archevêque de Venise a plus ou moins dit que c'était un péché mortel de voir le film », se rappelle Malle en riant. « C'est peut-être à cause de ce scandale que Jeanne n'a pas eu le prix de la Meilleure Actrice — il est allé à Sophia Loren pour un film médiocre [*La Clé*]. Jeanne en a été très déprimée. Nous sommes restés après le festival, mais c'était triste pour nous deux. C'était le film de Jeanne. Elle en était indissociable. C'était dommage qu'elle n'ait pas obtenu ce qu'elle méritait. »

Ce film valut pourtant à Jeanne Moreau de nombreux admirateurs convaincus qui lui resteraient à jamais fidèles. Il lui permit aussi de quitter le circuit des cinémas d'art et d'essai et d'accéder à la notoriété internationale. Elle était devenue l'incarnation à l'écran de la grande amoureuse, bien au-delà des frontières nationales. Au terme de vingt-deux films, une scène avait suffi à faire d'elle une star. On l'érigea en symbole de la Femme Nouvelle, en Jeanne d'Arc de l'alcôve.

En même temps, ses relations avec Louis Malle se dégradèrent. « Il ne supportait plus de me voir comme les autres me voyaient à présent — et comme il était le seul à m'avoir vu jusque-là, » a-t-elle expliqué. « Je savais que si je jouais les scènes d'amour exactement comme Louis le voulait, il m'aimerait comme actrice et me haïrait comme femme. Je ne pouvais pas les jouer sans le trahir. Quand je suis devant la caméra, je suis une actrice, et rien d'autre. »

Elle a confié à son amie, Marguerite Duras : « J'étais à la fois honteuse et amoureuse. Je ne pouvais pas refuser de jouer comme il le voulait, parce que je l'aimais. Mais je savais aussi que ce serait la fin de notre amour. Il n'y a jamais eu la moindre amertume ni la moindre animosité entre nous. Il y avait du chagrin de ma part, mais avec le temps, j'ai compris bien des choses. Quand on a une relation de création très profonde sur un plateau, on accède à une certaine intimité qui est liée à la créativité. Si cette communion s'est faite dans la vie quotidienne, au lit, on risque de perdre cette intimité-là mais l'intimité créative est quelque chose de divin. »

Malle présente les choses sous un jour peut-être moins intellectuel. « J'ai été très déstabilisé par le succès des *Amants*. Je n'étais pas sûr que ce film méritait un succès aussi scandaleux. Ça ne me plaisait pas. J'étais très jeune, je pense, et après ça, je me suis enfui à un festival de cinéma au Mexique et j'ai eu envie de faire un film aux Antilles. Je suis revenu à Paris, mais je ne supportais pas qu'on me parle des *Amants*, alors je suis reparti au Mexique. Je quittais Paris tout le temps. Il fallait que je m'évade. Je ne sais pas à quoi je voulais échapper — le succès du film, le scandale de Venise. Quoi qu'il en soit, j'avais envie qu'on me laisse tranquille.

Aujourd'hui, je savourerais le succès sans me poser de question, mais à l'époque, je piquais une crise dès qu'il était question des *Amants*. Nous nous sommes perdus, en quelque sorte, Jeanne et moi. Nous nous sommes éloignés l'un de l'autre. Il y a eu une période difficile qui a duré près d'un an, mais ensuite, nous sommes devenus très bons amis pour le restant de nos jours. »

Au moment même où son triomphe lui promettait de nouveaux emplois au cinéma, Jeanne décida de s'éloigner temporairement du septième art pour retrouver le théâtre. Elle craignait d'être enfermée dans son personnage des *Amants*. En réalité, elle était terrorisée par les foules qui se pressaient pour voir ce film, et elle-même ne l'a plus jamais vu. Elle se méfiait de la place de la publicité dans le succès. Elle connaissait trop d'acteurs qui avaient détruit leur existence en recherchant le succès à tout prix. La tentation « d'en finir avec tout ça » — de renoncer au cinéma, de refuser toute intrusion dans sa vie privée — ne l'a jamais quittée, et elle s'est toujours faite plus vive à la fin d'un tournage.

« Je crois que le public me voit trop comme dans les films où je joue toujours des personnages pas très catholiques », a-t-elle déclaré à Oriana Fallaci dans le livre *Limelighters.* « Ma vie privée est assez différente. Ma vie privée... non, je ne parle jamais de ma vie privée. Ce n'est pas que je veuille me draper dans le mystère — d'ailleurs, je n'ai pas grand-chose de mystérieux —, mais il est déjà assez difficile de résoudre ses problèmes personnels quand personne n'est au courant, à l'abri du regard d'autrui. Imaginez ce que ce serait si tout le monde savait et regardait. »

Moreau ne se livre jamais facilement dès qu'il est question de sa vie privée. Son fils Jérôme, qu'elle a toujours préservé de toute publicité, est un sujet tabou. Il existe quelques clichés de la mère et du petit garçon sur la plage, ou gambadant au bord de la mer, mais dès cette époque, Jérôme a été l'homme caché de la vie de Jeanne, vivant avec elle quand elle ne travaillait pas ailleurs, habitant chez son père quand elle n'était pas là, ou chez ses grands-parents en l'absence de ses deux parents.

Décidée à préserver son intimité, elle adopta donc un profil plus discret et renoua avec les planches. Elle accepta le rôle de Marie Paule, une putain, dans *La Bonne Soupe* de Félicien Marceau mise en scène par André Barsacq au Théâtre du Gymnase. Inutile de préciser que la pièce fit un triomphe et que la possibilité d'être sur scène avec Marie Bell, l'héroïne de son enfance, interprétant le personnage de celle-ci jeune femme — les deux actrices jouaient des rôles d'importance égale —, dut représenter une sorte de nouveau cap psychologique dans sa quête identitaire.

Elle avait quitté cette année-là son vieil appartement de Saint-Germain dans le Quartier Latin, avec Jérôme et Anna Pradella, gouvernante et confidente, pour s'installer à Versailles, dans une maison d'un petit quartier résidentiel de la rue des Missionnaires. Selon des amis, cela faisait des mois qu'elle se morfondait et tournait en rond. Mais à quarante-cinq kilomètres de la capitale, elle avait le temps et l'espace nécessaires pour faire le point. Verseau subtil mais plutôt excentrique, elle s'est toujours ménagé des moments de solitude et de réflexion. Elle sait que c'est en elle qu'elle trouvera la réponse, et il semble qu'elle ait toujours agi de la sorte. Elle croit en l'astrologie, elle croit en elle. Elle est entourée d'une sorte d'aura d'insécurité cosmique qui l'empêche de laisser les choses déraper.

« J'ai découvert que l'astrologie peut être très utile », reconnaît-elle. « Les astres ne vous disent pas qui vous êtes, ni ce qui va vous arriver. Dans l'esprit des gens, croire à l'astrologie, c'est admettre une certaine fatalité — ils se trompent. Les astres sont simplement la copie de votre carte personnelle, la connaissance de ce que vous avez en vous et que vous pouvez exploiter. Ce que nous croyons négatif peut être très positif. Tout est énergie. Bien sûr, on cède à la peur quand les choses sont négatives et ça devient terriblement douloureux. Mais la peur n'est que le manque de connaissance de soi. Tout être humain connaît la confusion, or la confusion naît de la peur. J'ai toujours suivi une philosophie de la vie qui est celle de l'astrologie holistique. Il y a un homme qui a joué un rôle très important dans mon existence. C'est Dane Rudyar, un Français qui a vécu en Amérique et a élaboré sa philosophie de l'astrologie holistique. Ses livres m'ont aidée à me connaître. » Sa sœur Michelle ajoute qu'il leur arrive d'aller consulter l'astrologue Patric Walker.

Durant cette période d'introspection, elle envisagea de renoncer entièrement au cinéma et de s'en tenir aux bonnes vieilles planches. Elle bénéficia du soutien affectif et spirituel de Florence Malraux, la charmante et jolie fille du romancier et ministre André Malraux, qui est restée une de ses meilleures amies. Elle remit alors sa carrière entre les mains d'un nouvel agent, Micheline Rozan, une amie du temps du TNP. Alors que tout l'appelait vers le cinéma mais que son intérêt professionnel se limitait provisoirement au théâtre, Jeanne faisait du surplace dans ses eaux intérieures tourmentées. Elle avait trente ans, elle était la coqueluche du théâtre parisien, mais elle piétinait, attendant que le vent gonfle ses voiles et la porte vers de nouveaux rivages.

La terre qu'elle finit par apercevoir portait les traits de François Truffaut. Ils s'étaient rencontrés quand elle était venue à Cannes avec Louis Malle après *Ascenseur pour l'Échafaud*. Alors qu'ils arpentaient un des couloirs du vieux Palais du Festival, un petit jeune homme aux yeux charbonneux se dirigea vers eux. Malle reconnut le journaliste de cinéma François Truffaut, et ils s'arrêtèrent pour bavarder. Truffaut, qui était venu à Cannes comme critique, était à l'époque la plume la plus acérée des *Cahiers du Cinéma*. Prophète et Bible de la Nouvelle Vague, les *Cahiers* étaient une publication mensuelle dont les collaborateurs insistaient sur l'importance de l'expression personnelle, jetant ainsi les fondements de la théorie du cinéma d'auteur. Ce fut une revue capitale pour la nouvelle génération d'acteurs, d'autant plus qu'un grand nombre des critiques des années 1950 allaient être les réalisateurs de la Nouvelle Vague des années 1960. Jeanne Moreau connaissait déjà Truffaut par ses articles.

Elle avait eu l'impression, lors de cette rencontre, que Truffaut ne l'avait même pas regardée mais de retour à Paris il lui écrivit pour l'inviter à déjeuner dans un restaurant de la rue Marbeuf. Elle accepta avec empressement. À son grand étonnement, le repas se déroula dans un silence presque total. Cela ne la préoccupa pas outre mesure. Truffaut commanda des escargots et des épinards, Jeanne un bifteck et de la salade. Comme elle, Truffaut avait fait l'école buissonnière pour se rendre au théâtre et avait passé son enfance dans le Paris de la guerre, dont certains aspects, comme la collaboration, les activités illégales, le marché noir et le cynisme ambiant, l'avaient profondément marqué. Ce monde du théâtre de l'Occupation sera d'ailleurs le sujet du *Dernier Métro*, en 1980.

Dans son livre *Les Films de ma vie*, il raconte qu'il vit ses deux cents premiers films en douce, en séchant les cours et en se glissant au cinéma sans payer, par la porte de secours ou par la fenêtre des toilettes. Moreau commençait déjà à se faire au cinéma d'auteur, alors que Truffaut n'avait pas encore vraiment éprouvé le besoin d'entrer dans cet univers.

Ce premier déjeuner taciturne fut suivi d'autres rendez-vous, toujours avec le même menu, une fois par semaine pendant six mois… jusqu'au jour où le déjeuner fut annulé. Truffaut était malade. Trop d'escargots, déclare Jeanne en riant sous cape, ajoutant qu'il était incapable de faire la différence entre du poulet et de l'agneau. Pour remplacer ce déjeuner, il lui adressa une lettre exprès dans laquelle il lui expliquait tout ce qu'il avait eu envie de lui dire sans jamais y arriver. Il lui téléphona ensuite pour lui annoncer qu'il allait tourner son premier film, *Les Quatre Cents Coups*. Accepterait-elle d'y participer ? Truffaut m'a confié qu'il l'avait invitée pour qu'elle leur porte bonheur.

« Il voulait que je joue mon propre rôle dans une toute petite scène, » raconte Jeanne Moreau. « Comme je me produisais encore dans *La Bonne Soupe*, il a fallu que nous tournions après le spectacle, tard le soir. »

« Elle est venue avec son ami Jean-Claude [Brialy] pour filmer une courte scène improvisée dans la rue, » se rappelait Truffaut. « Elle demande à Jean-Pierre [Léaud] de l'aider à rattraper son chien, mais Brialy arrive et se débarrasse de Léaud. Il accoste ensuite Jeanne et la laisse chercher son petit chien toute seule. »

Les Quatre Cents Coups s'inspirent, dit-on, de la propre enfance de Truffaut. C'est un remarquable portrait d'un garçon de douze ans (Jean-Pierre Léaud), malheureux dans sa famille et qui vit à la dure dans Paris avant d'être envoyé dans un centre de rééducation dont il s'évadera. Négligé par des parents excentriques, Truffaut avait passé un certain temps dans une maison de redressement après avoir été arrêté parce que le Movie-Mania Club, qu'il avait créé à l'âge de quinze ans, n'avait pas payé ses factures. Le producteur André Bazin, qui dirigeait alors un ciné-club prospère, obtint sa libération et devint son tuteur. Truffaut lui a dédié ce film, qui lui a valu le prix de la mise en scène à Cannes.

Après *Les Quatre Cents Coups*, Moreau et Truffaut reprirent leurs déjeuners hebdomadaires. « C'était un monsieur charmant, un excellent ami et un réalisateur de grand talent. Il m'a fait rencontrer ses amis, des gens que je comprenais, des gens que j'avais envie de connaître, des gens que j'admirais », a expliqué Jeanne Moreau dans un article de *Time* en 1965. « Le cinéma commençait à signifier quelque chose qui allait au-delà du simple fait d'être actrice. »

La Nouvelle Vague marqua le début d'une vie nouvelle pour Jeanne. Intellectuellement assoiffée, elle se remit à la tâche avec passion. Elle adorait la fièvre du travail en petite équipe, du tournage dans les rues, sans maquillage, en compagnie de réalisateurs avec qui elle avait passé la nuit à discuter de modifications du scénario et qui lui permettaient d'être elle-même à l'écran. « Avant, ils me couvraient de maquillage pour cacher tous ces cernes noirs sous mes yeux. À présent, le maquillage n'était que du maquillage — une base et de la poudre, comme toutes les femmes de la rue. Ces gens-là acceptaient que j'aie l'air fatigué. » Et même parfois défaite, épuisée, visiblement réduite aux fibres de son âme.

Quand elle parle de l'évolution que la Nouvelle Vague a apporté à son jeu, elle ne manque jamais de souligner qu'elle essayait — et essaie toujours — de se contenter d'une prise, deux au maximum, comptant sur le réalisateur et s'appuyant sur son instinct pour trouver le geste juste. « Je parle rarement d'un film avant de le commencer. C'est un peu comme une naissance, on ne sait pas ce que ça va donner. Le réalisateur peut vous demander de faire une scène qui ne figure pas au scénario ou de dire de nouvelles répliques, mais si on a confiance et qu'on est prêt à donner vie au personnage qu'on incarne, on peut faire n'importe quoi. »

Jeanne Moreau n'a pas été la seule comédienne à qui la Nouvelle Vague ait permis d'affirmer un talent latent : à ses côtés, Jean-Paul Belmondo, Catherine Deneuve, Anna Karina, Jean-Claude Brialy, Alain Delon, Maurice Ronet et bien d'autres ont marqué de leurs noms la grande époque de l'art cinématographique. Pour les jeunes cinéphiles français des années soixante, il était certainement peu de plaisirs aussi exaltants que de voir le rideau se lever sur un nouveau film d'un véritable auteur.

Le scandale des *Amants* était à peine retombé que Jeanne se laissa convaincre par Roger Vadim de jouer un autre rôle sulfureux, celui de Mme de Merteuil dans une adaptation actualisée des *Liaisons Dangereuses* de Choderlos de Laclos, roman aussi élégant que licencieux. Le film sortit en 1960. La Merteuil, une mondaine perverse, met son mari, le vicomte de Valmont (joué par Gérard Philipe), au défi d'abandonner une jeune maîtresse (Annette Vadim, née Stroyberg), qui sombre alors dans la folie. Dans la version de 1988, réalisée par Stephen Frears, Glenn Close et John Malkovitch ont repris les rôles de Jeanne Moreau et de Gérard Philipe.

Avec sa moralité douteuse et sa sombre bande-son jazzy de Thelonius Monk et d'Art Blakey, le film de Vadim date terriblement mais, à sa sortie, il heurta certainement de plein fouet les conventions bourgeoises étriquées. Le gouvernement français lui refusa son visa d'exportation, déclenchant une longue bataille juridique, qui apporta évidemment au film une publicité bien venue. Le succès fut immédiat, malgré la censure de certaines municipalités. Ce fut même l'œuvre française de l'époque qui rapporta le plus de bénéfices. On peut le revoir à titre de curiosité, pour découvrir Jean-Louis Trintignant, qui avait alors 29 ans, dans le rôle de Danceny et Boris Vian dans celui de Prévan.

Jeanne Moreau considérait La Merteuil comme une femme perfide et malveillante, déloyale et amorale, mais totalement émancipée. Vadim y voyait une « beauté froide, blasée ». « Pour autant que l'on sache, au tout début de la vie sur terre, il n'y avait qu'un sexe, et c'était le meilleur des mondes possibles », dit-il en français avec un fort accent pour présenter son film. « Aujourd'hui, pour autant que je sache, il existe deux sexes — mâle et femelle. Je sais, bien sûr, que le problème n'a jamais été aussi aigu ni aussi universel qu'aujourd'hui. Nous commençons tous à rencontrer cette nouvelle race de jeune fille libérée, qui a abandonné la réserve habituellement imposée à son sexe comme un fruit trop mûr. »

Vadim choisissait d'ordinaire Brigitte Bardot, sa première épouse, pour incarner ce type de personnage à l'écran. Pour La Merteuil, une femme qui se cache derrière un masque et recourt aux armes les plus diverses, il décida d'engager Jeanne Moreau, la femme fatale par excellence.

« Je ne voudrais pas que vous imaginiez qu'en France, toutes les femmes se conduisent comme La Merteuil, » poursuit Vadim. « C'est une exception, évidemment. Elle existe pourtant, la femme qui veut se prouver, à n'importe quel prix, qu'elle est l'égale de l'homme. Cette femme sait que tous les hommes qui l'entourent et qui ont de nombreuses maîtresses passent pour des Don Juan. Elle sait aussi que les femmes qui ont de nombreux amants passent pour des traînées. Voilà ce qu'elle refuse d'admettre. J'ai essayé de la montrer sans son masque. »

C'est une charmante introduction à un film qui, selon Jeanne Moreau, n'aurait pas dû se situer à Paris, la ville de l'immoralité, mais dans une bourgade de province où les relations sexuelles restent secrètes et où leur révélation fait scandale. Ou, comme elle l'a dit au *New York Times*, « à New York, où l'immoralité se vit au grand jour et où elle est admise. »

Une fois encore, sa vie privée fut examinée à la loupe et les journaux se répandirent en manchettes accrocheuses de cet acabit : « La star française qui associe esprit et beauté ». Il est vrai que dans certains cas, elle donnait l'impression de rechercher la controverse par ses déclarations provocantes et malicieuses. Elle affirma un jour à un journaliste : « Il y a des hommes que l'on parcourt comme un pays ». On lui rétorqua inévitablement qu'elle avait dû beaucoup voyager... Les coupures de presse sont émaillées de prodiges d'indiscrétion de ce genre : « Ma vie est jonchée d'obstacles émotionnels qui me font trébucher et qui finissent par devenir des films. » Comment le public aurait-il pu ne pas supposer que la vraie Jeanne Moreau était identique à celle qu'il voyait à l'écran ? *Les Liaisons Dangereuses* contribuèrent indéniablement à renforcer cette image.

Son rôle suivant — cherchait-elle à se débarrasser de son personnage scabreux ?— était celui d'une religieuse, dans un film du père René-Léopold Bruckberger. Il s'agissait du *Dialogue des Carmélites*, un drame de Georges Bernanos situé sous la Révolution. Aux côtés de Madeleine Renaud en mère supérieure, Jeanne Moreau incarne mère Marie de l'Incarnation, la religieuse qui échappe à la guillotine. Symbole même de la piété, les cheveux coupés ras et les mains jointes dans une profonde dévotion, elle réussit ainsi à rompre entièrement avec l'image simpliste de femme légère que le public se faisait d'elle.

Comme par une intervention divine, le film remporta le Grand Prix international de l'Office catholique en 1960. L'archevêque de Venise put, enfin, revoir Jeanne Moreau à l'écran...

5

« Je sais ce que je ne veux pas faire ; le problème, c'est ce que je ne sais pas toujours ce que je veux faire. »

À cette époque, le monde avait oublié d'autres Moreau célèbres : le peintre symboliste Gustave Moreau, professeur de Rouault, qui avait vécu à Montmartre, à deux pas de l'endroit où Jeanne avait grandi, et le Dr Moreau, le savant fabricant de mutants d'H. G. Wells. On ne parlait plus que de Jeanne Moreau.

Apparemment persuadé qu'elle ferait exploser le box-office, l'acteur américain Kirk Douglas voulait lui confier le rôle de sa compagne dans *Spartacus*, l'épopée romaine de Stanley Kubrick. « Elle respire la sensualité sans le faire exprès, » a-t-il expliqué. Mais l'agent de Moreau lui apprit que l'actrice jouait dans une pièce qui devait rester à l'affiche pendant un mois encore et qu'il lui était impossible de se libérer. Douglas proposa de payer ses frais de dédit, mais elle déclina son offre. Il prétend que la véritable raison de son refus était qu'elle vivait alors une histoire d'amour. « Quand les actrices françaises tombent amoureuses, ça passe avant tout le reste. J'admire ça, » a dit l'acteur, qui décida alors de donner le rôle à Jean Simons.

Jeanne Moreau m'a confié : « En fait, ma liaison avec Louis Malle était finie et j'aurais dû faire le film de Kirk Douglas. J'aurais dû accepter. J'ai aussi refusé le rôle de Mrs Robinson dans *Le Lauréat* (*The Graduate*) que Mike Nichols m'avait proposé, parce que je n'aimais pas le personnage. J'étais sotte. J'aurais dû le faire. »

Au lieu de quoi, Jeanne Moreau fit ses débuts à Hollywood dans le désastreux *Cinq Femmes marquées (Five Branded Women*) de Martin Ritt. Sur la centaine de films dans lesquels elle a joué, c'est l'un des rares qu'elle avoue détester. « J'ai accepté de le faire pour payer mes arriérés d'impôts », reconnaît-elle avec esprit, ayant manifestement admis depuis longtemps cette erreur de jugement. « Je déteste m'occuper d'argent ; les comptes et les chiffres ne sont pas mon fort et les impôts s'étaient accumulés. Je n'ai accepté le film que pour payer mes impôts, pas parce qu'il me plaisait. J'en ai été justement punie. Mais je suis contente de l'avoir fait. Silvana [Mangano] est devenue mon amie, et c'était sympa de travailler avec Martin. Et puis, j'ai appris l'italien. Je dois encore avoir quelque part quelques belles photos du film. »

Elle était cruellement à contre-emploi dans un personnage de femme tondue, maniant la mitraillette, dans une curieuse aventure de guerre racontant l'histoire de cinq jeunes yougoslaves — Jeanne Moreau, Silvana Mangano, Vera Miles, Barbara Bel Geddes et Carla Gravina — qui commencent par fréquenter des soldats allemands avant de rejoindre la Résistance. Fusillades, guérilla, sang, boue et horreurs en tout genre, voilà à peu près à quoi se résume ce film. Habituée à situer l' « action » de ses rôles à un niveau plus cérébral et plus émotionnel, Jeanne Moreau a l'air, de bout en bout, d'une réfugiée. L'expressivité du pistolet-mitrailleur n'est pas à proprement parler son style naturel.

Ce film tourné en Yougoslavie n'était pourtant pas sans atout. Ritt, l'homme qui a formé Paul Newman, a en effet signé un certain nombre de succès populaires, comme l'*Espion qui venait du froid,* et a fait du cinéma d'émotion de qualité, comme *Norma Rae*. Mais ce film, comme le dit Jeanne Moreau, lui permit de donner satisfaction au fisc. Bien qu'il ait été réalisé avant *Le Dialogue des Carmélites*, *Cinq Femmes marquées* sortit quelques mois après le récit édifiant couronné par l'Office catholique. On imagine l'effroi des admirateurs fidèles de Jeanne Moreau qui l'avaient élue Actrice Française de l'année. Dans cette compétition organisée par *Le Figaro* et *Cinémonde*, elle remporta deux fois plus de voix que Simone Signoret ; Emmanuelle Riva arrivait à la troisième place et Brigitte Bardot à la quatrième.

Mais la déception de son public allait être éphémère : Moreau était sur le point de se lancer dans une série de films, qui allaient devenir des classiques de la *Nouvelle Vague*. Ils ont durablement marqué les esprits et constituent à ce jour son plus beau corpus d'œuvres. On les projette à chaque « festival Jeanne Moreau » et ils font véritablement partie du répertoire. Au cours des recherches qu'a exigé cet ouvrage, j'en ai vu des dizaines, à Londres, toujours en matinée, au milieu d'un public de gens du troisième âge, de jeunes filles au pair souffrant du mal du pays et de chômeurs venus tuer le temps, mais aussi d'un noyau dur d'authentiques adeptes de Jeanne Moreau — banquiers français qui s'étaient éclipsés de leur bureau, Européens de l'Est qui avaient vu ses films il y a bien longtemps dans des ciné-clubs clandestins de Prague et de Varsovie, et professionnels d'âge moyen qui avaient découvert la Nouvelle Vague grâce à ses films. Mais ses admirateurs les plus convaincus étaient apparemment des dames d'un certain âge, qui avaient eu, pour la première fois, envie de rejeter le joug des conventions bourgeoises en découvrant l'incarnation de la femme libérée à l'Everyman Cinema de Hampstead, ou au Paris-Pullmann dans les quartiers licencieux de Drayton Gardens, avant d'aller siroter un expresso au Café des Artistes en attendant le train qui les ramènerait vers leurs maris, leurs enfants et leurs chiens dans leur comté natal.

Le premier de ces films sensibles, aux arêtes vives, était *Moderato Cantabile* réalisé par Peter Brook d'après le roman de Marguerite Duras. Alors un des auteurs les plus estimés du nouveau roman, elle s'était déjà fait un nom au cinéma avec le scénario d'*Hiroshima mon amour*. Le talent de Duras associé à celui de Brook, un réalisateur que Moreau jugeait puissant et bienveillant, donna naissance à un film rigoureux, qui reposait largement sur les émotions du groupe.

Moderato cantabile raconte l'histoire d'une femme mariée qui se prend d'un attachement obsessionnel pour un des employés de son mari, avant qu'ils ne renoncent tous deux à cette aventure. Dans le rôle d'Anne Desbaresdes, Jeanne Moreau incarne l'épouse blasée du riche directeur d'une fonderie. Prisonnière d'une position sociale rigide, elle se sert de son jeune fils (Didier Haudepin) comme exutoire à ses émotions rebelles. Un jour où elle le conduit à un cours de piano dans un quartier populaire, elle entend les cris d'agonie d'une femme étranglée par son amant. Revenant plus tard au même endroit, elle rencontre l'ouvrier Chauvin (Jean-Paul Belmondo), qui deviendra son amant.

L'action, au sens conventionnel, est assez mince dans ce drame qui couve à petit feu, et que porte tout entier le brio avec lequel Jeanne Moreau sait mettre en place les détails les plus infimes, avec une remarquable précision d'observation. Bien qu'on lui ait reproché d'être trop *moderato cantabile* et pas assez *allegro furioso*, ce film a valu à Jeanne Moreau un prix de la Meilleure Actrice Étrangère en Allemagne et le prix d'Interprétation féminine à Cannes en 1960. Elle partagea cette dernière distinction avec Melina Mercouri pour *Jamais le Dimanche*, alors même que le public du festival de Cannes était sorti de la salle en sifflant au bout d'un quart d'heure de projection à peine. Ne reculant jamais devant la controverse, Brook déclara alors que ça lui était bien égal que des gens détestent son film ; il ne l'avait réalisé que pour faire plaisir à deux personnes — Moreau et Duras.

Moderato Cantabile reste un spectacle d'une incontestable beauté, que le temps n'a peut-être fait que rehausser. Le scénario de Duras est un peu l'antithèse des *Amants*, qui reposait sur l'idée de la fugue avec un étranger séduisant. *Moderato Cantabile* offre en effet une vision extraordinairement intime de l'esprit d'une femme, que peut-être seuls ceux qui sont capables d'affronter de profonds bouleversements intérieurs peuvent contempler avec bonheur.

Le film offre également un bon exemple de la coïncidence entre l'approche du travail et l'approche de l'existence chez Moreau, de son besoin de vivre à travers un rôle et d'en sortir, généralement à demi-morte, pour se régénérer spirituellement et physiquement, et retrouver son être véritable. On se souvient de son aptitude à devenir à proprement parler le personnage qu'elle incarnait, au cours du tournage ; le producteur Raoul Lévy raconte en effet qu'elle imitait les habitudes inquiétantes de Mme Desbaresdes, allant jusqu'à boire du vin le matin. Duras reconnaît qu'elle avait totalement « intériorisé » son rôle. Quant à Brook, il affirme qu'elle avait noué une relation télépathique avec la femme qu'elle incarnait, qui touchait jusqu'au moindre battement de cil. Deux amis de Jeanne Moreau m'ont révélé qu'elle fait établir le thème astrologique du personnage qu'elle joue pour se rapprocher le plus possible de cet être imaginaire.

Juste avant le début du tournage, au cours de cette période critique où elle préfère être seule, elle alla s'installer à Blaye, la petite ville des berges de la Gironde où se situait le film. Pendant une semaine, elle se promena dans la ville jusqu'à ce que celle-ci ait imprégné, dit-elle « non seulement mon cerveau mais aussi mes pieds, tandis que je devenais peu à peu du pays. »

Mais ses préparatifs minutieux allaient être perturbés par un drame. Elle avait emmené sur le tournage son fils Jérôme, qui avait alors dix ans. Pendant qu'elle travaillait, Belmondo invita le petit garçon à faire un tour dans sa voiture de sport. Ils eurent un accident et l'enfant fut transporté d'urgence dans une clinique de Bordeaux où il passa seize jours dans le coma. Son père et sa mère se relayèrent vingt-quatre heures sur vingt-quatre à son chevet, avant qu'il ne reprenne conscience. Il finit heureusement par se rétablir. Bien que cette tragédie n'ait, en apparence, pas laissé de trace sur son interprétation, ce fut pour Jeanne une période de profonde introspection. Avoir pris conscience aussi directement de la fragilité de la vie lui apprit à lui accorder davantage de prix. Quelques années auparavant, un de ses meilleurs amis, Roger Nimier, s'était tué au volant, une nuit, et elle évoque encore cet accident comme un des deux moments particulièrement importants de son existence. « Le goût de la mort exacerbe vos sensations, » a-t-elle dit. Le traumatisme du grave accident de Jérôme la hanta longtemps.

Belmondo, bourrelé de remords et qui s'en était tiré avec un poignet cassé, vécut fort mal ce drame, lui aussi. « Jeanne a été merveilleuse », a-t-il reconnu. « Elle ne m'a jamais fait le moindre reproche. Elle a toujours fait comme si je n'étais responsable de rien. » Certains spectateurs furent moins magnanimes, et écrivirent à Jeanne Moreau qu'elle récoltait ainsi la moisson de tous les scandales que ses films avaient provoqués.

Pendant le tournage de *Moderato Cantabile*, Jeanne Moreau vit *L'Avventura* de Michelangelo Antonioni, un film qu'elle adora. Elle écrivit au réalisateur pour lui offrir ses services, à tout hasard. La réponse fut immédiate. Antonioni lui proposa de jouer dans le deuxième film de sa trilogie, *La Nuit* (*La Notte*). Il l'avait remarquée pour la première fois un soir, à Paris, en compagnie de Louis Malle, lors d'une projection d'*Ascenseur pour l'Échafaud* et avait été très impressionné par sa démarche. Il avait dit à Malle dès cette époque qu'il serait heureux de l'engager pour un de ses films.

La Nuit fut réalisée à Milan avec Jeanne Moreau dans le rôle de Lidia, la femme du romancier Giovanni, interprété par Marcello Mastroianni. Monica Vitti, qui était alors la compagne d'Antonioni, était également à l'affiche.

Le film remporta un Ours d'Or au festival de Berlin, mais Jeanne Moreau détesta tout dans ce tournage : Antonioni, son personnage et l'intrigue, une étude superbe mais profondément pessimiste de l'ennui conjugal, qui se déroule en l'espace d'une seule nuit. Elle avait horreur de tourner toute la nuit, exécrait le point de vue sinistre du film et n'éprouvait aucune sympathie pour le personnage spirituellement anesthésié qu'elle jouait. Le rôle de Lidia au visage boudeur, aux yeux mornes, cherchant à échapper à un mariage qui se désagrège la déprima profondément. Elle se bourrait de calmants et de somnifères et avait l'impression de n'avoir jamais été aussi laide.

« J'ai vraiment détesté jouer le rôle de l'épouse dans ce film, » a-t-elle confié à une de ses amies, la romancière Penelope Gilliatt. « Il y a des gens comme cette pauvre femme, bien sûr, mais ce n'est pas pour moi. L'amour n'est pas comme ça. »

Par ailleurs, raconte Moreau, Antonioni souffrait, c'était une douleur sur laquelle elle ne l'interrogea pas, mais qu'il obligeait tout le monde à endurer avec lui. « Il n'y avait aucune communication entre Antonioni et moi. C'est un homme très timide, et il a de gros problèmes de communication. J'avais l'impression pendant le film qu'il avait du mal à tout affronter. Tous les jours, je me sentais morbide, à deux doigts du suicide. Je n'étais informée de ce qui se passait que par Mastroianni, qui était charmant, jamais par Antonioni. Il ne le faisait pas exprès, j'en suis sûre, bien que mon humeur dépressive se soit peut-être vue à l'écran, ce qui convenait bien au film. » Pour couronner le tout, le producteur a fait faillite pendant la troisième semaine de tournage et elle n'a jamais été payée.

Mastroianni, pourtant, tomba amoureux d'elle. « Beaucoup de gens tombent amoureux d'elle. Je l'ai fait, » a-t-il dit. « Elle vous rend votre amour, mais seulement jusqu'à la fin du film. Elle est tout le temps à la recherche de l'amour, et elle laisse ses victimes au bord de la route. »

La route de Jeanne Moreau est peut-être jonchée d'hommes comme Mastroianni, mais ceux qui gisent sur le bas-côté ne sont pas forcément de vraies victimes. Au cours de mes recherches, j'ai rencontré plusieurs de ses « ex », qui sont devenus ses amis ou ses collègues et font toujours partie de sa vie. Quand je l'ai vue à Paris pour nos entretiens, elle m'a donné le numéro de téléphone d'un certain nombre d'entre eux. Ils ont été enchantés de me parler d'elle, sans jamais se départir d'une exquise courtoisie à son égard. Elle avait caressé un jour l'idée d'avoir une très grande maison où elle pourrait vivre avec tous les hommes qu'elle avait aimés, une idée qui n'était peut-être pas aussi incongrue qu'on pourrait le croire. Plus tard, elle envisagea d'y loger toutes les personnes qu'elle avait aimées — hommes, femmes ou enfants. En un sens, si l'on considère la vie de chacun comme sa véritable maison, elle a sans doute réalisé ce rêve. J'ignore si cette attitude lui a apporté le bonheur, mais de toute évidence, l'amour a toujours été au rendez-vous.

La Nuit a conclu la trilogie de l' « épouse chic qui s'ennuie » inaugurée par *Les Amants* et *Moderato Cantabile*.

Épuisée peut-être par la tension émotionnelle de ces tournages, Jeanne Moreau accepta ensuite d'être la narratrice d'un film sur Matisse de Marcel Ophüls, le fils d'un ami, le réalisateur Max Ophüls. Elle fit également une brève apparition dans *Une Femme est une femme* de Jean-Luc Godard. Passant rapidement, dans son propre personnage, au milieu d'un groupe d'amis — Belmondo, Brialy et Anna Karina, qui était alors l'épouse de Godard —, elle a un petit air détendu et plein d'entrain qui tranche sur la morosité qu'elle avait affichée dans ses derniers films. Enfin, comme si tout ce qui précédait n'avait été qu'un prélude, l'heure sonna pour elle d'accéder à l'immortalité, emportée par la Nouvelle Vague. Quand *Jules et Jim* sortit à Paris le jour de ses 34 ans, elle était au sommet de sa beauté.

Deux amis, Jules et Jim, un Allemand et un Français, vivent à Paris. Ils se sont rendus autrefois sur une île grecque où ils sont tombés amoureux de la statue d'une femme au mystérieux sourire. À Paris, ils rencontrent Catherine, qui a le même sourire. Elle tombe amoureuse des deux hommes et ils forment un trio inséparable. Catherine épouse Jules, petit et râblé (Oskar Werner) après avoir manqué par hasard un rendez-vous avec le grand et mince Jim (Henri Serre). La Grande Guerre éclate et Jules et Jim doivent renoncer à leur amour de jeunesse pour rejoindre le front, dans des armées ennemies.

Catherine et l'enfant qu'elle a eu de Jules passent les années de guerre en Allemagne. Plus tard, après l'Armistice, Jim leur rend visite. Jules confie à Jim que bien que leur vie conjugale ait repris son cours, il n'a pas su apporter à Catherine l'épanouissement sentimental. Avec l'approbation de son mari, elle regagne alors la France avec Jim, mais ils n'arrivent pas à renouer avec le passé. Inspiré du premier roman d'un auteur de soixante-treize ans, Henri-Pierre Roché, le film trace un portrait audacieux du Paris de la bohème, mais il va bien au-delà. Truffaut m'a déclaré lors d'un entretien que j'ai eu avec lui à Londres, avant sa mort en 1984 : « L'idée me motivait, mais je savais qu'il fallait préserver l'aspect moralisateur de Roché. Les acteurs devaient donc jouer contre la situation, et il fallait constamment intégrer la nature ; d'où tous ces panoramas à 360 degrés. Nous avons représenté le temps qui passe, vingt ans en tout, par des insertions d'actualités filmées et en retraçant les étapes successives du style de Picasso utilisé pour les affiches. Les acteurs n'étaient pas maquillés, ils ne portaient pas de costumes d'époque et devaient travailler devant des décors dont le temps et le lieu étaient indéfinis.

J'ai écrit à Henri-Pierre Roché, en lui envoyant plusieurs photos de Jeanne. Il m'a répondu : "Merci infiniment pour les photos. Elle me plaît. Je suis heureux qu'elle aime Kate. J'espère la connaître un jour." Il est mort quatre jours après avoir écrit cette lettre. »

La Kate de Roché — Catherine, dans le film — était, dit Jeanne Moreau, « une criminelle, mais nous sommes incapables de la condamner. Elle n'est ni particulièrement belle ni sincère, mais c'est une vraie femme. » Avec ses brusques éclats de rire, sa moue de petite fille et sa drôle de démarche, paumes en l'air, Jeanne Moreau campe une Catherine versatile et espiègle, une ensorceleuse, sur laquelle on ne peut pas compter, totalement inconsciente, pour l'essentiel, des tourments qu'elle inflige aux hommes.

Avec sa bouteille de vitriol toujours prête « pour les yeux menteurs des hommes », elle était la première femme authentiquement « moderne » du cinéma, le premier esprit libre féminin de l'écran. Elle a ému d'innombrables jeunes gens et a libéré avant l'heure toute une génération de femmes. Rappelons qu'en France, au moment où le film est sorti, une femme mariée ne pouvait pas ouvrir de compte bancaire sans l'autorisation de son mari.

Truffaut dit : « Quand j'ai écrit le scénario de *Jules et Jim*, le vrai risque était le personnage de Catherine, qui pouvait devenir une délicieuse casse-pieds, une garce entêtée de première classe, qui obtient tout ce qu'elle veut. Sur le visage de Jeanne, sa beauté fragile, charismatique, peut rapidement se transformer en dureté, en sensualité sauvage. Elle est exactement ce que les hommes aiment et ce que les femmes détestent.

Pendant le tournage, j'avais ces risques très présents à l'esprit, et une partie du travail a consisté à empêcher le film de tomber dans ces pièges. Ce qui me plaisait, c'était de montrer que parfois, personne n'a raison, qu'une femme peut aimer deux hommes et les deux hommes continuer à s'entendre. Il me semble que je ne dirige jamais un acteur. J'essaie simplement de le brancher sur les choses que j'aime. J'essaie de le maintenir sur les rails qui sont les miens, mais qui ne sont pas nécessairement indiqués dans le scénario. C'est ce que j'ai fait ici avec Jeanne ; le reste est venu facilement. »

Il semblerait que « le reste » vint plus facilement à certains qu'à d'autres. Oskar Werner a prétendu plus tard, dans une interview accordée au *New York Times*, qu'il avait écrit une grande partie du scénario. Truffaut, qui avait déjà stigmatisé Werner dans son journal du tournage de *Fahrenheit 451*, a déclaré que cette allégation était absurde. « C'est à peine s'il parlait français — il devait lire certaines de ses répliques sur un tableau qu'on lui tenait en l'air. La moitié du temps, il disait des mots qu'il ne comprenait pas. »

Ces dissensions mises à part, le fait est que Truffaut n'aurait jamais fait ce film sans Moreau. C'était en effet la seule actrice de sa connaissance qui soit « assez folle pour se lancer dans un projet sans argent, sans scénario et sans avantages annexes. »

Avec le concours du directeur de la photographie de Godard, Raoul Coutard, *Jules et Jim* a été réalisé avec trois fois rien. Pendant qu'ils tournaient en Alsace, Jeanne Moreau faisait tous les jours la cuisine pour toute la distribution et pour une équipe technique de vingt-deux personnes (Jean-Louis Richard, le mari dont elle était séparée, était aussi de la partie). Moreau affirme que si elle faisait la cuisine, c'était parce qu'elle avait envie de le faire, et non par souci d'économies. « J'ai coproduit le film avec Truffaut, et nous avons mis tout notre argent personnel dans ce projet », m'a-t-elle dit trente ans plus tard. « Je n'ai touché mon premier chèque pour ce film que deux jours après la première de *Zerline* [la pièce *Le Récit de la Servante Zerline*] en 1986. Maintenant, je touche 33 % des profits chaque année !

Vers la fin du tournage, nous avons été à court d'argent et il a fallu se débrouiller pour en trouver. Nous avons fabriqué nous-mêmes tous nos costumes. Nous avons tourné le tout sans le son, simplement en mimant les mots au fur et à mesure, et plus tard, nous avons postsynchronisé l'ensemble en dix jours. On s'est bien amusés et je suis profondément reconnaissante à François d'avoir fait de moi une femme fatale. » Elle éclate de son rire de fumeuse. « Bien sûr, je ne me vois pas comme ça. »

Truffaut si, de toute évidence. Et manifestement, il l'adorait. Certains disent qu'ils étaient amants, elle affirme que c'était de la fascination mutuelle. Verseau tous les deux, ils nouèrent, de leur propre aveu, une relation de « jumeaux ».

« Nous n'avons pas vécu d'histoire d'amour, » dit-elle. « C'était une relation très différente. Nous étions fascinés l'un par l'autre, en termes de métier, d'intelligence et de sensibilité. Il était tellement impliqué dans ce film ! Tous les personnages, hommes compris, lui inspiraient une vraie passion. Je sentais ce courant de passion qui s'accompagnait d'une grande exigence, et je voulais être à la hauteur. Je voulais que son rêve de réalisateur s'accomplisse. C'est un sentiment que j'éprouve toujours quand je tourne. »

Dans son livre, Truffaut est allé jusqu'à écrire une ode à Moreau, intitulée « Un Souvenir lumineux », et il existe de merveilleuses photos d'eux, ensemble sur le tournage. Ils ont l'air de deux gosses, les yeux écarquillés d'enthousiasme pendant qu'ils réalisent ensemble leur film. Il a enfermé les lettres qu'elle lui a écrites dans un coffre-fort avec interdiction de l'ouvrir avant un certain délai et elle s'est juré de ne jamais divulguer celles qu'il lui a écrites. Leurs secrets partagés resteront donc, provisoirement, l'étoffe dont on fait les grands scénarios de cinéma — mystère, passion et provocation.

Jules et Jim remporta de nombreuses distinctions internationales. Celle qui reflète peut-être le mieux la société de l'époque et l'état du cinéma fut l'Étoile de Cristal de la Meilleure Actrice décernée à Jeanne Moreau par l'Académie Française. Elle reçut cette distinction sur la même scène qu'Albert Finney, lauréat du prix du Meilleur Acteur étranger pour *Samedi soir et dimanche matin* (*Saturday Night and Sunday Morning*) un titre qui marqua les débuts de la Nouvelle Vague britannique des films « misérabilistes » des années soixante.

Avant d'avoir fini *Jules et Jim* et de commencer son film suivant, Jeanne Moreau fit la rencontre de Pierre Cardin, grand couturier aux allures de jeune garçon et à la beauté classique, de deux ans son aîné. Elle était venue essayer un de ses modèles, lors d'un défilé. « Ça a été instantané. J'ai voulu le revoir immédiatement, alors je suis revenue sous prétexte de regarder des vêtements. D'habitude, je m'habillais chez Chanel, mais si j'avais eu les moyens, je serais revenue jusqu'à ce que j'aie acheté toutes les robes de la collection Cardin — simplement pour continuer à le voir !

Je savais la réputation qu'il avait à Paris [qu'il était homosexuel]. Je n'en ignorais rien, et ça m'était bien égal. Au contraire. Tous les obstacles ne faisaient qu'ajouter à sa séduction. »

Elle a déclaré à Duras : « Je voulais que Pierre m'aime. Je savais qu'il était capable d'aimer une femme. Il fallait que je sois patiente et douce, que je ne l'effraie pas avec les terribles fantômes qu'une société sadique brandit avec tant de plaisir. Il fallait que je lui fasse comprendre que je pouvais tout comprendre, tout admettre — et qu'il devait en faire autant. »

Aux dires de tous, elle réussit parfaitement. Ils passèrent cinq années ensemble, et la presse photographia servilement le couple en vacances en Grèce, à Paris dans l'appartement de Cardin, s'évadant à Tahiti, aux Canaries ou en Bretagne, en tournage sur la Côte d'Azur. Elle devint son mannequin le plus connu et il fut le couturier qui sut mettre sa beauté en relief. Il dessina toute une collection pour elle. On imagine l'agacement de ses mannequins maison, censés non seulement ressembler à Mlle Moreau mais également imiter sa démarche catherinesque. Toujours en Cardin, elle était l'incarnation du chic parisien. (Sa sœur Michelle, qui héritait de toutes ses tenues, approuvait de tout cœur cette relation !)

La presse se délectait de cette liaison. Lors du lancement de la collection de juillet 1962, elle vola la vedette. Pas question de rallonger les ourlets : il avait dessiné trente tenues pour elle seule et, manifestement, se fichait comme d'une guigne qu'elles aillent à ses élégantes clientes habituelles.

Cette année-là, les ourlets de Cardin restèrent les plus courts de Paris, en hommage, sans nul doute, aux jolies jambes de Jeanne. Et dans les cafés, quand on avait fini de s'interroger sur l'identité du successeur de de Gaulle, on prenait des paris sur le mariage de Pierre Cardin et de Jeanne Moreau.

6

« Elle pouvait être fruste ou élégante, chaleureuse ou caustique »

Orson Welles

C'est dans *Les Amants* que le réalisateur américain Joseph Losey avait vu Jeanne Moreau pour la première fois. Grand admirateur du cinéma français, il eut immédiatement envie de l'engager.

Ainsi naquit *Eva*, inspiré du roman de James Hadley Chase qui raconte l'histoire d'une prostituée de haute volée qui finit par ravager la vie de son meilleur client. Jeanne Moreau avait découvert ce livre grâce à Cocteau, qui le lui avait apporté en coulisses pendant qu'elle jouait *La Machine Infernale*. Il lui avait dit que le rôle titre était fait pour elle et qu'il faudrait qu'elle l'interprète à l'écran quand elle serait devenue une vedette. Le moment venu, elle en parla à Jean-Luc Godard ; mais sa vision du scénario ne convainquit pas ses producteurs, qui refusèrent de le suivre. Elle soumit alors ce projet à Losey, qui l'accepta avec joie.

Losey avait eu maille à partir avec Hollywood — il figurait sur la liste noire de McCarthy, parce qu'il s'était formé en Russie auprès du légendaire réalisateur Serguei Eisenstein et que les questions de conscience sociale occupaient une place importante dans ses premiers longs métrages. Il s'était alors établi en Grande-Bretagne et avait recommencé à travailler. Il venait de terminer *Les Damnés*

(*The Damned*) et était à la recherche d'un nouveau sujet.

Souhaitant discuter de ce projet avec Moreau, Losey la rejoignit en Bretagne, où elle passait l'été. Elle avait loué un petit château isolé, un peu étrange. Il fut accueilli par le chauffeur de Jeanne qui était venu le chercher dans la grande Rolls-Royce grise de 1958 qu'elle avait achetée après *Jules et Jim* (« Elle était déjà vieille » a-t-elle rétorqué à ceux qui lui reprochaient ce signe extérieur de richesse). Ils sillonnèrent des petites routes de campagne pendant plus d'une heure avant d'atteindre sa retraite. Il la trouva assise dans une petite pièce, devant la cheminée, entourée de disques de Billie Holiday. Losey, qui avait connu la chanteuse quand elle avait seize ans, tomba immédiatement sous le charme. Leur passion commune pour Billie Holiday était telle qu'ils décidèrent que, dans la superbe scène de parc d'*Eva*, Jeanne s'éloignerait en lisant l'autobiographie de la chanteuse.

Losey appréciait la manière dont Moreau semblait gérer sa vie personnelle et il lui demanda de mettre un peu d'elle-même dans le personnage d'Eva. Bien que vénale, Eva est avant tout une bourgeoise élégante et pleine de goût. Un grand nombre de ses tenues pourraient fort bien avoir été portées, au quotidien, par Jeanne Moreau. Losey ayant remarqué que celle-ci possédait une belle collection d'œufs décoratifs, Eva s'en trouva aussitôt affublée. L'idée de faire dessiner ses costumes par Cardin séduisait beaucoup Moreau ; Eva porte donc des modèles de ce grand couturier. Faut-il s'étonner que Truffaut ait appelé une de ses filles Eva, en souvenir du rôle interprété par Jeanne ?

Sur le plateau, Jeanne Moreau pouvait compter sur le soutien de son agent de l'époque, Micheline Rozan, et de sa meilleure amie, Florence Malraux. « Dans notre petite bande, tout le monde travaillait pour le cinéma, » raconte Florence Malraux qui avait épousé le réalisateur Alain Resnais. « C'est Marguerite [Duras] qui nous avait présentées, Jeanne et moi, un soir à un dîner, avant *Moderato Cantabile*. Peter [Brook] était un de mes amis, et je travaillais comme assistante de réalisation sur ce film, avec eux. Jeanne m'a présentée à Truffaut et j'ai travaillé sur *Jules et Jim* puis sur *Eva*.

Nous nous entendions tous très bien et nous nous amusions beaucoup. »

Le tournage n'eut pourtant rien d'une partie de plaisir. À Rome comme à Venise, les extérieurs furent filmés par des températures inférieures à moins dix ; quant aux scènes d'intérieur, elles pâtirent de mystérieux différends entre le réalisateur et son équipe italienne, qui semblait ne comprendre ni Losey, ni l'anglais. Losey finit par renoncer à ses droits sur ce film. Un nouveau montage fut réalisé par les producteurs Robert et Raymond Hakim qui, selon Stanley Baker, le premier rôle masculin, « auraient été incapables de faire sortir un pet d'une boîte de fayots ».

Les techniciens italiens étaient déroutés par Jeanne Moreau et par sa Rolls ; ils ne comprenaient pas comment une actrice qui, selon eux, n'avait rien de la séduction d'une Gina Lollobrigida ou d'une Sophia Loren, pouvait interpréter un rôle chargé d'une telle sensualité. Comme l'écrivit un critique : « Elle n'est pas belle, mais elle en impose par sa présence et son talent d'actrice. » Un de ses collègues se montra moins aimable : « Elle a de trop grosses lèvres, son nez n'est pas droit, ses oreilles sont trop petites et ses jambes trop maigres. Mais, » ajoutait-il, « il y a des hommes qui ont voulu se suicider pour elle. » Jeanne Moreau a démenti cette histoire de suicide, mais le critique italien reprenait probablement une rumeur prétendant que Raoul Lévy, l'ancien producteur de Brigitte Bardot, aurait attenté à sa vie par amour pour Jeanne.

Roger Vadim raconte dans ses Mémoires que Lévy était tombé « éperdument amoureux » de Jeanne Moreau, laquelle s'était apparemment entichée de lui avant de mettre brutalement fin à cette liaison. « Raoul avala des somnifères, se trancha les veines, ouvrit le gaz et sortit son revolver d'un tiroir, » écrit Vadim. Il n'oublia pas cependant de téléphoner à quelques amis, qui coururent lui porter secours. L'incident est évidemment entré dans la légende du monde du spectacle.

Stanley Baker, qui avait joué dans *Eva* aux côtés de Jeanne Moreau, affirmait que Losey était la seule personne au monde pour qui il serait prêt « à tout lâcher sur-le-champ. » Baker interprétait le rôle de Tyvian Jones, un des personnages expatriés à Venise, l'homme dont Eva brise l'existence. Virna Lisi, vedette italienne très populaire, figurait également au générique, doublée en anglais, tandis que Peggy Guggenheimer, Vittorio de Sica et Losey lui-même faisaient de brèves apparitions à l'écran.

Selon une interview publiée dans la revue américaine *Cinema*, Jeanne Moreau aurait déclaré qu'elle trouvait Losey « très étrange ». Lorsqu'on lui demanda d'attribuer des couleurs aux réalisateurs avec lesquels elle avait tourné, elle le rangea dans la catégorie « noir et blanc » (Truffaut était « quelque chose de bleu, vert », elle voyait Antonioni en « jaune », Orson Welles en « rouge » et Luís Buñuel en « violet »). Mais fidèle à ses habitudes, elle noua avec ce réalisateur une relation suffisamment forte pour l'inciter à faire appel à elle dans deux autres films.

Dans son livre de 1967 intitulé *Losey on Losey*, le réalisateur déclare : « J'étais amoureux d'elle en tant qu'actrice — très attiré par elle, mais s'il faut vraiment mettre les points sur les i, il ne s'est rien passé entre nous. Il y a eu une période, après *Eva*, où je me suis senti un peu trahi par Jeanne » — elle avait acquis avec Tony Richardson les droits de *Mademoiselle*, que Losey aurait beaucoup aimé réaliser — « mais nous sommes liés, elle et moi, par une sorte d'amour éternel qui a commencé avec ce film. Moreau vous hante. Elle a le don de l'intensité. Quand on a vu son visage, on ne peut plus l'oublier. » Sa veuve, Patricia Losey, m'a confié que selon elle, l'idée même d'avoir une liaison avec sa vedette féminine aurait terrifié Joe, pourtant éperdu d'admiration pour elle, parce qu'une telle attitude n'aurait pas été « professionnelle ».

« Il était venu au cinéma par le biais du théâtre et était fasciné par la scène. Pour lui, les acteurs étaient des êtres exceptionnels. Ses relations avec eux étaient très intenses mais d'un professionnalisme irréprochable. Je me souviens que pendant le tournage de *La Truite*, vingt ans après celui d'*Eva*, il a avoué à Moreau avoir été fou d'elle au moment où ils faisaient *Eva*. Elle a répondu : “Mais pourquoi est-ce que tu ne me l'as pas dit ?” comme s'il n'y avait rien de plus simple. »

Jeanne Moreau elle-même estime qu'un réalisateur ne peut que tomber amoureux, d'une manière ou d'une autre, de sa vedette féminine au cours du tournage. « Il sait tant de choses sur vous, il vous observe de si près, il faut qu'il comprenne tous les ressorts cachés de votre personnalité. Il faut, si c'est un grand réalisateur, qu'il fasse le meilleur usage possible de vous. La fascination que vous lui inspirez se transforme inévitablement en une sorte de relation "amoureuse".

Pour moi, être actrice, faire des films, est une forme d'amour, et j'ai eu la chance incroyable d'attirer les gens les plus extraordinaires avec lesquels j'aurais pu avoir envie de travailler. »

Au moment de sa sortie, *Eva* fit évidemment scandale — un de plus. Les distributeurs français voulaient l'intituler *Eva, la femme du diable* et utilisèrent pour slogan publicitaire : « Le rôle de ma vie — Jeanne Moreau ».

« Ça m'a franchement énervée, parce que chaque film est le rôle de ma vie », dit-elle. « Mais ce que j'ai vraiment contesté, c'est le montage. Il a rendu Joe tellement malheureux. Quand les producteurs sont venus sur le plateau à Rome et ont prétendu supprimer les séquences auxquelles Joe tenait, je les ai attendus avec un couteau de cuisine long comme ça, » raconte-t-elle en écartant les mains de trente centimètres, « et je les ai prévenus : "Si vous avancez, je vous ouvre en deux." »

Mais à cette époque, la vie professionnelle de Jeanne Moreau connaissait quelques vicissitudes. Un film inspiré des *Bonnes* de Genet avec Nico Papatakis était tombé à l'eau, tout comme un projet d'Ingmar Bergman, *L'Amour Monstre*, écrit par Louis Pauwels, au sujet duquel ils étaient en correspondance depuis des années. Sophia Loren avait obtenu le rôle du *Cid* qui aurait pu être attribué à Moreau, tandis qu'un film de Federico Fellini, *Trois Chambres à Manhattan*, une nouvelle histoire, écrite par Georges Simenon, d'une prostituée qui dévaste la vie de la vedette masculine, n'aboutit pas non plus.

Par bonheur, Jeanne était restée en relation suivie avec Orson Welles, dont elle avait fait la connaissance à Paris dès 1950, à l'époque où elle était encore à la Comédie Française. Il ne manquait pas de lui téléphoner à chacun de ses passages à Paris. Elle lui était très attachée parce qu'il avait été le seul à l'encourager, au début de sa carrière, alors qu'on l'avait refusée dans certains films sous prétexte qu'elle n'était pas assez photogénique. Welles lui-même était sur le point de faire un retour remarqué sur la scène cinématographique. En effet, en 1962, un jury international de critiques de cinéma avait élu *Citizen Kane* meilleur film de l'histoire du cinéma (*L'Avventura* d'Antonioni était arrivé en deuxième position et *La Règle du Jeu* de Jean Renoir, réalisé en 1939, troisième). Il avait l'intention d'adapter au cinéma *Le Procès*, le roman cauchemardesque de Kafka. Ce récit, écrit en 1923, répondait parfaitement à l'angoisse latente des années soixante. Désireux d'obtenir des fonds de plusieurs pays, son studio avait décidé d'engager une distribution internationale. Anthony Perkins fut chargé d'interpréter le rôle de Josef K., aux côtés de Romy Schneider, de Katina Paxinou, d'Elsa Martinelli, d'Akim Tatmiroff et de Jeanne Moreau. La plupart acceptèrent de ne toucher qu'une partie de leurs cachets habituels, en échange du plaisir de travailler avec Welles. Il avait rédigé le scénario et devait, au départ, réaliser le film sans y jouer lui-même. Mais, n'arrivant pas à trouver d'acteur convenable — et suffisamment bon marché — pour interpréter le personnage de l'avocat tourmenté et mielleux, il finit par s'en charger.

« Par admiration pour Orson, j'ai accepté avec joie le rôle de Mlle Bürstner — un personnage complètement épisodique, une strip-teaseuse ivre et aguicheuse qui n'a d'autre existence personnelle qu'une brève intervention matinale dans la vie du héros, Josef K., » a affirmé Moreau. « Quand Orson prend possession de l'écran, il prend possession de nous. Fondus enchaînés, gros plans, répliques, mouvements de caméra : l'œil de la caméra d'Orson Welles qui regarde, qui scrute, qui contemple, qui foudroie crée le charme magique qui rompt le mauvais sort. Nous observons. Nous savons que nous ne serons pas fourvoyés. »

Parlant de Welles au moment de sa mort, en 1985, elle a expliqué : « Je l'aimais et je le détestais ; il est Kane, il est Othello, il est

Falstaff, il est rarement lui-même. Il était capable de jouer n'importe quel rôle minable pour rester solvable parce qu'il n'avait jamais le sou, et pourtant, quand il était au milieu d'un tournage, il avait l'air d'être sur une île déserte, loin de tout souci ; il commandait une douzaine de paires de sous-vêtements de soie et des repas de chez Fortnum et Mason, tout ça. Orson était un enfant, un homme fragile, très vulnérable. Quand on commence à connaître un peu mieux cet homme immense et fort, on sait qu'il inspire très facilement l'amour, alors on l'aime et on a envie de le protéger. Et s'il vous appelait en disant “J'ai besoin de toi”, on se disait “Orson a besoin de moi, c'est quelque chose d'important” et on fonçait.

On ne savait jamais où était Orson. Il disparaissait et il était presque impossible de le trouver. Sa vie était toujours tellement compliquée ! Et puis, d'un coup, on se trouvait nez à nez avec lui, ou bien il vous appelait de quelque part. Et comme tous les hommes, bien sûr, il fallait que vous soyiez là tout de suite. [...] Quelles qu'aient été vos activités ou vos projets, vous les laissiez tomber.

J'adorais ses immenses éclats de rire, ses rages immenses, son immense joie de vivre, son intérêt immense pour tout, pour les femmes, les hommes, la colère, l'ivresse, la lumière, l'obscurité. J'aimais tout particulièrement ses mains, si petites, blanches et manucurées. Elles ressemblaient un peu à celles de Jean Gabin. »

Le Procès se transforma en expérience véritablement kafkaïenne. Le tournage fut une aventure cauchemardesque — pas assez d'argent, un rythme effréné et une désorganisation complète. Les acteurs et l'équipe passèrent trois semaines dans un immense hall d'exposition près de Zagreb, en Yougoslavie, un endroit que la plupart des spectateurs auraient, pensait-on, du mal à situer. « Les visages de la foule avaient un côté kafkaïen, et le blockhaus hideux, les immeubles démoralisants étaient typiques de l'architecture moderne du Rideau de Fer », a commenté Welles.

Quelques semaines avant de partir en tournage, ils apprirent qu'ils ne pourraient pas construire un seul décor, parce que le producteur avait déjà filmé dans ce local et n'avait pas payé ses dettes. Ils durent utiliser les décors existants, ce qui modifia fondamentalement l'aspect que Welles avait voulu donner au film. Malgré des difficultés extrêmes, il réussit à créer la fameuse scène de 850 pupitres, 850 machines à écrire et 850 secrétaires, dans l'immense bureau de la banque où Josef K. est employé.

Ils tournèrent également à Dubrovnik, Rome, Milan et Paris, où, faute d'argent, ils renoncèrent aux studios du Bois de Boulogne pour les scènes d'intérieur et utilisèrent la Gare d'Orsay, alors à l'abandon. Welles et Moreau découvrirent ce décor un soir, en prenant un verre à l'hôtel Meurice, où le réalisateur était descendu. La fenêtre ouverte donnait sur la gare labyrinthique avec sa grosse horloge ronde, et Jeanne dit : « Regarde ! La pleine lune, si près. »

Welles répondit : « Ce n'est pas la lune, c'est l'horloge de la gare d'Orsay. Allons y jeter un coup d'œil. »

Le fruit de toutes ces épreuves est, sans conteste, un des chefs-d'œuvre du cinéma dramatique, une des rares tentatives pour restituer, à l'écran, le lugubre message de Kafka. Anthony Perkins, un Josef K. fragile, avait trente ans à l'époque. Le tournage fut pour lui une expérience écrasante. Il venait de connaître la gloire avec *Psychose*, mais n'était pas sûr d'être à la hauteur de ce rôle, qu'il avait pourtant passionnément envie de jouer.

« Il n'y avait que des atouts, le rôle, travailler avec le grand Orson Welles, jouer une scène d'amour avec la femme fatale de l'Europe, Jeanne Moreau, mais j'étais terrifié, » m'a-t-il avoué en 1978 pendant qu'il tournait *Les Misérables* en Dordogne. « C'était une production d'Alexander Salkind, un type d'Hollywood tout ce qu'il y a de plus conventionnel, mais en fait, c'était un film très européen et qui m'a donné du fil à retordre. En comparaison, *Psychose* était une vraie partie de plaisir ! »

Après les épreuves du *Procès*, Jeanne Moreau et Pierre Cardin partirent en vacances sur l'île grecque de Paros, pour se reposer, mais aussi pour échapper aux spéculations incessantes de la presse à propos de leur mariage. Elle avait enfin entamé une procédure de divorce, ce qui avait mis le tout-Paris en ébullition. On racontait qu'elle avait investi beaucoup d'argent dans la société de son compagnon (« Si seulement j'avais de l'argent à investir dans la maison Cardin ! ») et qu'elle exerçait une fonction officieuse de conseillère auprès du couturier, lui expliquant ce que la femme moderne attendait de la mode. Il l'avait incitée à faire un régime, et on les considérait comme le plus beau couple de Paris.

Je n'ai pas trouvé beaucoup de témoignages de Cardin sur Jeanne Moreau, mais dans un « Jeanne Moreau vue par… » publié dans une revue française, il la décrivait en quelques paragraphes : « Cent pour cent femme, elle peut passer à tout instant de la faiblesse à la force, changeant tout le temps, douce ou brutale, autoritaire ou influençable. Elle est physiquement vulnérable, avec cette peau fragile que marquent toutes les expériences, mais elle est mentalement spontanée, se faisant une opinion immédiate dont elle peut changer à son gré. »

À la fin de l'été 1962, Jeanne Moreau quitta Paris pour Londres, où elle devait jouer dans *Les Vainqueurs* (*The Victors*), un film de Carl Foreman, aux studios Shepperton. La presse fondit évidemment sur elle quand elle débarqua à Heathrow, portant son carton à chapeaux entouré d'un ruban marqué « Pierre Cardin » et vêtue d'un de ses modèles d'un chic inimitable. Cette fois, les journalistes la présentèrent comme mi-française, mi-anglaise, et non l'inverse. Sans perdre un instant, elle laissa les Britanniques bouche bée en tenant, dans un anglais irréprochable, des propos tranchés sur la vie, l'amour et le reste.

« Pour les réalisateurs français et italiens, je représente la femme nouvelle, indépendante, qui incarne l'amour adulte, qui préserve sa dignité et comprend les problèmes de la vie et de l'amour ; une femme qui a une volonté personnelle. Mais peut-être cela ne peut-il arriver qu'à une Française, de Paris, » aurait-elle déclaré, non sans aplomb. Pour quelqu'un qui prétend protéger sa vie privée, elle a toujours parlé avec une franchise singulière de ses aventures qui, en tout état de cause, ne passaient guère inaperçues.

Elle a toujours été une grande amoureuse. Je cite un de ses commentaires sur l'amour qui a servi de matériel publicitaire aux *Vain-*

queurs, car il me semble plus révélateur que toutes les analyses que je pourrais faire : « L'amour est la chose la plus difficile de la vie. Vous savez, je ne suis pas une jeune fille. J'ai été mariée, et j'ai un enfant. Maintenant que les femmes modernes sont émancipées, elles ont plus de mal à trouver des hommes qui leur conviennent. Socialement, les hommes ne sont plus supérieurs aux femmes. Les femmes étaient éduquées par leurs mères à céder aux hommes — c'était la conspiration de la cuisine. Aujourd'hui, les hommes sont en mauvaise posture, ils ont peur, ils cherchent à prouver combien ils sont virils et masculins. Beaucoup d'hommes ne sont pas prêts à accepter l'amour. Ils sont trop occupés, trop engagés, et leur vie privée ne peut qu'aller à vau-l'eau.

La chose la plus difficile en amour, c'est la jalousie. Tout se passe très bien pendant la période de passion où votre seul désir, c'est d'être seuls ensemble. Mais il y a les périodes de travail, de travail créatif surtout, où la personne que vous aimez est préoccupée, où elle a des secrets et où les mots ne suffisent pas à expliquer ces secrets. Vous avez l'habitude de la voir en tête à tête, et soudain, vous la voyez de l'autre côté de la rue, et ce n'est plus la même personne.

Pierre Cardin comprend ça, et son métier n'y est pour rien. Il serait pareil s'il était savant ou ouvrier. Épouser Pierre Cardin n'a pas d'importance. Ce qui compte, c'est de maintenir l'amour en vie. Je pourrai vous dire dans quelques années si j'ai réussi. »

Les Vainqueurs était le premier film qu'elle tournait en Angleterre. C'était une aventure qui se déroulait pendant la Deuxième Guerre mondiale, une suite de vignettes entrecoupées d'informations filmées, l'histoire d'un peloton d'infanterie dans le nord de la France. Elle y joue le rôle d'une veuve française commotionnée qui regagne sa maison bombardée pour rechercher les œuvres d'art de son mari. Albert Finney incarne un soldat russe, aux côtés de George Hamilton (qu'elle allait séduire dans *Viva Maria !)*, de George Peppard, Peter Fonda, Eli Wallach, Melina Mercouri et Elke Sommer. Romy Schneider apparaît de temps en temps à l'arrière-plan, énigmatique, jouant du violon.

Le film était censé faire découvrir le talent de Moreau à un vaste public international, et elle avait accepté à cause de Carl Foreman, qui avait produit *Les Canons de Navarone*. Il la jugeait « hors pair dans le cinéma actuel » et lui attribua le premier rôle féminin. Mais tout en relevant le défi de la crasse, des bas filés et des yeux hagards, elle ne possède pas ici le feu qui avait toujours brûlé dans ses personnages. On ne sent pas de noirs et secrets tourbillons de désir dans l'âme de sa triste veuve de guerre. Ce ne fut pas un grand succès (« La guerre a révélé que M. Foreman est un rasoir pontifiant », a écrit un critique). Pourtant, ce film est aujourd'hui aux États-Unis une des épopées de guerre favorites du cinéma de minuit.

Jeanne Moreau allait briguer une nouvelle fois la gloire internationale quelques années plus tard avec *Le Train* [*The Train*], une autre histoire de la Seconde Guerre mondiale, en compagnie de Burt Lancaster et de Paul Scofield. Au moment où elle avait accepté le rôle, Arthur Penn devait assurer la réalisation, mais deux jours plus tard, il se querella avec Lancaster et fut remplacé par John Frankenheimer.

Le film raconte la tentative de la Résistance française pour empêcher un général allemand (Scofield) d'emporter des œuvres d'art en Allemagne par un train spécial. Jeanne Moreau joue le rôle de la patronne de l'hôtel de la gare, lasse des hostilités, qui trouve la voie du salut dans l'étreinte fugitive de Burt Lancaster. Il y eut sans doute moins d'étreintes hors champ. Elle parle en effet avec mépris de l'acteur, adepte de la méthode de Stanislavski et dont la méticulosité, selon elle, dépassait manifestement le talent.

« Il discutait pendant une heure de sa motivation pour ramasser un cendrier. On avait envie de lui dire : “Ramasse ton cendrier et ferme-la.” Ça m'exaspérait. Ce que certains acteurs font en appliquant la méthode de concentration de Stanislavski, j'essaie de le faire tout autrement. Je suis allée un jour à l'Actors' Studio de New York pour voir comment ça se passait. J'ai été consternée et j'ai fichu le camp. L'intellect n'a rien à voir avec le jeu. La réflexion peut se faire à l'avance. Ensuite, il faut simplement être là, présent, en état de marche. »

Elle s'entendit mieux avec Scofield, et prévoyait de revenir sur scène avec lui, à Londres, dans une production d'*Antoine et Cléopâtre* mise en scène par Peter Brook. Mais ce projet avorta. Scofield, qui ne jouait pour ainsi dire aucune scène avec elle dans *Le Train*, se rappelle qu'elle arrivait sur le plateau exactement à la même heure tous les jours, « un petit bout de femme absolument charmante en robe brune, qui circulait en Rolls-Royce grise. »

Le Train, un thriller réaliste qui contient quelques excellents passages, fut bien accueilli à sa sortie. Frankenheimer était l'un des réalisateurs les plus intéressants en activité aux États-Unis au début des années soixante, et il avait produit des films à succès comme *Un Crime dans la tête* (*The Manchurian Candidate*). Mais, pour être honnête, il faut reconnaître que ces films « internationaux » étaient bien médiocres par rapport à d'autres réalisations plus confidentielles auxquelles Moreau avait déjà participé. Ils servirent cependant sa réputation à l'étranger, et le grand public commença à se rendre compte qu'elle n'était pas une actrice française comme les autres.

Quand on la voit aujourd'hui dans ces films, on reste souvent sceptique en l'entendant parler anglais avec un accent américain dans une atmosphère typiquement française. Chose curieuse, sa beauté singulière, qui trahit si bien le passage du temps et les marques du désir — je ne sais plus qui a dit qu'elle semblait grosse d'« un éternel mystère hermétique » —, ne transparaît pas dans ces films un peu anonymes, tournés avec des équipes gigantesques qui ne faisaient pas partie de sa « famille », par des réalisateurs qui ne sentaient pas instinctivement la « pulsation amoureuse » qu'elle portait en elle. Jeanne Moreau est un être pétri de signes que l'on cherche à déchiffrer, en sachant que certains ne les reconnaîtront jamais.

Le problème des grands films de studio se résume peut-être à cela : un budget trop important, trop de techniciens, trop de vedettes, trop de complications, trop de peu de vrais copains et de séances de discussions autour d'une table pour définir l'esprit du film.

Louis Malle résume fort bien les choses : « Nous avions l'habitude de tourner deux films par an, ou même deux en dix mois, comme nous l'avons fait avec l'*Ascenseur* et *Les Amants*. Les films étaient moins chers, avec moins de risques, plus spontanés. Puis nous avons adopté la manière américaine de faire du cinéma, et il nous a fallu des millions de dollars et des années de production. Aujourd'hui je passe deux ans, deux ans et demi sur le même film. »

7

« Tu es comme une plume qui va où le vent la pousse »

Cardin à Moreau

En 1963, à l'instigation de Pierre Cardin, Jeanne Moreau acheta une vieille ferme avec un verger dans les collines du Var, au-dessus de Saint-Tropez. Un raidillon de cent mètres ombragé de pins et de chênes-lièges descendait vers la maison — « Le Préverger » —, un vieux mas couleur crème baigné de soleil. Ses volets étaient de ce bleu qu'on appelle « mistral », à cause de la teinte que prend le ciel nettoyé par le vent. On se serait cru dans un tableau de Cézanne, avec un ruisseau coulant dans un vallon d'arbres fruitiers et des vignes en terrasses. Le village le plus proche, La Garde-Freinet, était perché sur les contreforts couverts d'ajoncs des Alpes maritimes où, plusieurs siècles plus tôt, les envahisseurs sarrasins avaient construit des forteresses et des villes entourées de murailles.

« J'ai acheté la maison parce que Pierre Cardin m'avait dit qu'elle était à vendre et que ça serait bien que je l'achète, » m'a confié Jeanne Moreau. « "Tu es comme une plume qui va où le vent la pousse," m'a-t-il dit. "Tu gagnes de l'argent et tu le dépenses. Tu devrais penser à tes vieux jours." »

À part la maison, la plus belle de Mazirat, qu'elle avait achetée pour son père, c'était sa première propriété. C'était un refuge pendant les périodes de stress, un lieu où elle pouvait se ressourcer et récupérer. « J'ai acheté la maison en empruntant de l'argent, pour mes vieux jours. C'était le premier endroit qui ait jamais été à moi, et c'était un endroit où j'adorais marcher et nager, le seul exercice que je fasse. Mais avec le temps, j'y ai passé de moins en moins de temps. J'avais envie d'aller voir autour de moi ce qui se passait dans le monde.

Pour ce qui est de mes vieux jours, une de mes amies m'a rapporté un proverbe français : "On n'a jamais vu de coffre-fort à un enterrement," et je me suis dit, c'est vrai, elle a raison. Alors, tant que je gagne de l'argent, je le dépense. Si je ne gagne pas grand-chose, je ne dépense pas grand-chose. C'est comme ça que je vis. »

Nous prenions le thé au Savoy. C'était l'hiver 1985 et Jeanne Moreau était venue à Londres faire la promotion de *Querelle*, un film controversé de Fassbinder. C'était notre première rencontre, et j'en garde un souvenir très présent. Son manteau de renard bleu était jeté sur l'accoudoir de son fauteuil et la jupe de son tailleur bien coupé n'était pas assez longue pour masquer des jambes galbées et des genoux parfaits. Elle rentrait hâlée d'un voyage à Marrakech où elle avait travaillé sur la réalisation d'un téléfilm. Malgré un épais écran de fumée, rien n'échappait à ses magnifiques yeux de bronze. Charmante et chaleureuse, elle semblait désireuse de m'aider à mieux la cerner. Et au-delà de la chaleur et du charme, je sentais un esprit alerte, une résistance redoutable et une volonté indomptable. Mais aussi une réelle fragilité humaine. Elle prit le temps d'évoquer ses souvenirs.

« Oui, » soupira-t-elle, inhalant profondément. « Cette maison a été à moi, elle a été mon refuge pendant vingt-deux ans, et l'année dernière [1984], je l'ai vendue à la famille de Laura Ashley. Je l'aimais profondément, mais ça a été un vrai soulagement de la vendre. Une maison, c'est comme un homme — quand c'est fini entre vous, il faut en trouver un autre ; on ne sait ni où ni quand, mais il y en a un qui vous attend. J'ai eu l'impression de revivre quand je l'ai vendue. Je n'avais pas les moyens de l'entretenir et je n'avais pas le temps d'y aller. Maintenant, je profite avec plaisir des maisons de mes amis.

J'en ai fini avec les fuites de toiture et les incendies de forêt qui vous obligent à tout calfeutrer et à arroser la maison avec l'eau de la piscine en priant — qu'on soit croyant ou non. »

Je suis retournée à La Garde-Freinet, un joli village de montagne cossu, en pierre brune. Les vieux habitants, le boucher, le boulanger et le garagiste, se souviennent bien de Jeanne Moreau, bien qu'ils n'aient probablement pas vu un seul de ses films. La présence d'une vedette de cinéma dans leur commune ne les impressionnait pas particulièrement. Elle passait pour une cliente difficile, qui exigeait toujours les légumes les plus frais et les meilleurs morceaux. Sa sœur se rappelle avoir écumé les marchés de La Garde-Freinet, Saint-Tropez et Cannes avec elle, faisant les courses du week-end pour Le Préverger.

« Aller au marché avec Jeanne est toujours un événement mémorable », raconte Michelle. « Elle marche en tête, des cabas vides se balançant à ses bras. Je ferme la marche avec d'autres paniers. Tout le monde la reconnaît bien sûr, ce qui donne à sa progression quelque chose de royal ; mais elle apprécie si visiblement les marchandises exposées que cela crée un lien entre les commerçants et elle. Impossible de la tromper sur la qualité, ils savent qu'ils ne lui refileront pas un mauvais avocat. »

Pendant les années qu'elle a passées au Préverger, Jeanne a restauré la propriété et fait construire une piscine. Plusieurs revues lui ont consacré alors de longs articles sous la rubrique « maison et jardin », décrivant un lieu plein de charme et d'atmosphère, dans un style rustique né d'une accumulation de babioles, de meubles anciens chinés dans les brocantes du coin, les manteaux de cheminée servant de vitrine à ses objets préférés, ses fameux œufs décoratifs ou d'adorables petites boîtes offertes par Cardin. Les murs étaient couverts d'étagères croulant sous les livres, avec çà et là des tableaux, et quelques croquis signés de Picasso. Des tapis rapportés de tournages au Mexique et en Grèce réchauffaient les dalles. Dans le salon au plafond surélevé, une galerie de bois abritait tous ses disques.

Luxueux, dit sa vieille amie Joan Juliet Buck, mais avec un esprit terrien. « C'était une de ces merveilleuses maisons de campagne françaises qu'on voit dans des films comme *La Belle Noiseuse,* sensuelles, simples, un idéal nostalgique auquel on aspire. »

Toutes les pièces avaient fini par lui ressembler, a reconnu Moreau — tant elle les avait remplies méticuleusement, excentriquement, d'objets qu'elle aimait. Bien sûr, tout était d'une féminité exquise. Ses penderies débordaient de modèles de Cardin — un peu moins serrés depuis qu'elle avait fourré toutes ses robes dans des malles qu'elle avait expédiées à Pierre avec instruction de les vendre à un prix avantageux : elle avait besoin de place pour de nouvelles tenues. Elle avait aménagé sa maison de campagne avec sa gouvernante et confidente, Anna Pradella. Elles s'étaient rencontrées quelques années plus tôt dans sa loge, à l'époque où Moreau jouait dans *La Bonne Soupe*, peu de temps après s'être séparée de Jean-Louis Richard. Anna devint, en un sens, un substitut de sa mère absente. Avec l'aide de Louis, le mari d'Anna, elle avait transformé la jungle qu'elle avait trouvée à son arrivée en un décor de verdure luxuriant et paisible, qui fleurait bon les fruits et les herbes aromatiques. On entendait le bruit de l'eau et le pépiement des oiseaux et en regardant bien, on pouvait relever les traces entremêlées de sangliers et de cerfs, celles de Niok, le chat sourd, et de ses bergers allemands, Nemo et Manon. Il paraît qu'un jour, ses chiens obligèrent un voisin à grimper à un arbre et que l'affaire fut portée devant le tribunal de Saint-Tropez.

Jeanne Moreau et son père faisaient les vendanges et taillaient les vignes. Elle fabriqua même pendant un temps son propre parfum à partir des plantes de son jardin, un mélange d'essences de Guerlain, vétiver, jasmin, rose et héliotrope. Ses amis se rappellent les somptueux repas improvisés, servis dans un assortiment bariolé d'assiettes dépareillées sur une table à tréteaux dressée sous le marronnier et sous les lauriers-roses. Des plats raffinés sortaient de la grande cuisine provençale, dont les rayonnages ployaient sous le poids des bocaux ventrus, pleins de conserves maison, et dont les dessertes croulaient sous les fruits et les légumes cueillis du jour.

Jeanne Moreau a toujours considéré la nourriture comme une grande expérience esthétique. La qualité des aliments qu'elle consomme et leur préparation méticuleuse sont pour elle des règles de vie. Elle a fait sa première mayonnaise à la table de son père, à Vichy, quand elle avait cinq ans. Après tout, l'oncle Arsène avait été chef à la cour d'Autriche, et l'oncle Marcel était propriétaire d'une charcuterie. Préparer de délicieux repas et apprécier la bonne chère font partie de ses traditions familiales.

« C'est une perfectionniste », commente Florence Malraux. « Elle fait les choses à fond. Quand Jérôme était petit et qu'il a dû être hospitalisé, elle a été une infirmière parfaite, on aurait dit qu'elle faisait ce métier depuis dix ans. À la cuisine, elle est étonnante à voir. Au Préverger, elle préparait des repas du tonnerre, on restait à table des heures. Maintenant, c'est un peu différent. Quand je dîne avec elle, nous commençons de bonne heure et nous finissons de bonne heure. Nous avons vieilli, et nous ne sommes plus au Préverger. Mais sa cuisine est toujours sublime. »

Pendant ces années du Préverger, son plus grand plaisir, m'a dit Jeanne Moreau, était, le samedi ou le dimanche, de préparer un plat traditionnel comme un coq au vin, une blanquette ou un pot au feu pour un tas d'amis, puis d'aller se coucher tranquillement avec « Plain French », son nounours anglais, et un bon livre. Elle organise ses lectures par thèmes : tout Nabokov, par exemple, suivi de Proust, Diderot ou Céline. Des livres sont posés un peu partout chez elle, ouvrages d'histoire, volumineux romans modernes, ou quelque étude de psychologie. Après une période de lecture intensive, elle aime analyser ce qu'elle a lu et en discuter avec des amis.

Elle a toujours été une lectrice passionnée, éprouvant le besoin viscéral de se nourrir de mots. « Je ne suis pas comme ces gens qui sont incapables de se rappeler ce qu'ils ont mangé la veille, » dit-elle. « Je me souviens de tout. Je me nourris de livres, la lecture est ma nourriture. »

Curieusement, pour quelqu'un qui fait si grand cas de son intimité — en tournage, elle a tendance à refuser toutes les interviews —, Jeanne Moreau a invité plusieurs journalistes à venir la voir chez elle, au Préverger. Certains ont mentionné qu'il lui arrivait de téléphoner à Brigitte Bardot, qui habitait un peu plus bas, à Saint-Tropez — cela relevait sans doute de l'image publicitaire. L'un se rappelait qu'elle lui avait proposé une promenade et lui avait prêté des bottes laissées dans l'entrée par Cardin, ou par son ex-mari. Un autre racontait avoir fait verser sa Mini-Moke dans le fossé. Certains journalistes l'interviewèrent, allongée près de sa piscine, en monokini. La ligne de démarcation entre la familiarité totale et les contraintes de l'entretien formel était apparemment devenue un peu floue. Elle y tourna même avec François Reichenbach un documentaire sur sa vie, laissant la caméra fouiller à sa guise dans tous les recoins de son intimité.

L'artiste Adrian George, qui vint au Préverger en 1983 dessiner Jeanne Moreau pour *The Sunday Times*, fut frappé par sa simplicité. « Elle portait une petite robe chasuble de vichy, et dansait dans le jardin en nattes et pieds nus. Elle était enfantine, charmante, et très inattendue », dit-il. « Elle était très gamine et étonnamment juvénile pour son âge. C'était une atmosphère à la Colette, pleine de fleurs et de fruits, et d'un certain don pour l'après-midi. De la joie de vivre à l'état pur. »

Au moment où Jeanne Moreau acheta Le Préverger, elle avait grand besoin d'un refuge. Quand elle était à Paris, elle vivait dans le somptueux appartement de Cardin, au bord de la Seine, d'où elle partait travailler. Mais entre les tournages, elle se retirait dans son domaine vallonné de 25 hectares, pour marcher, lire, dormir — parfois plusieurs jours d'affilée — et se réveiller avec le chant des oiseaux. « Tous les acteurs sérieux sont terriblement vulnérables, » a-t-elle déclaré dans une interview, peu de temps après avoir acheté cette maison. « Nous sommes tout le temps exposés, écorchés vifs. Nous devons *donner.* C'est l'exigence, la demande personnelle, qui est dévastatrice. Le succès est très dangereux — et l'échec est atroce. »

Au Préverger, elle savourait ses succès avec de bons amis, pour qui elle faisait, évidemment, la cuisine. Son fils lui rendait souvent visite, ainsi que ses anciens amants, Jean-Louis Richard et sa seconde épouse (ses plus proches voisins), de vieux amis comme Truffaut,

Duras, Malraux, les Losey, Louise de Vilmorin, son voisin Tony Richardson qui avait une propriété au Nid du Duc, Claude Berri et sa femme, Jean-Luc Godard et Anna Karina. C'était également là, a-t-elle reconnu, qu'elle se remettait de ses échecs dans la solitude, la brise chargée d'odeurs de thym et de romarin lui apportant un peu de sérénité.

De quels échecs cherchait-elle à se relever lorsqu'elle m'accorda cette interview, voilà qui est difficile à dire. Elle venait de cofinancer *La Baie des Anges* de Jacques Demy, un film dans lequel elle jouait le premier rôle et qui fit sans doute davantage que *Les Vainqueurs* pour sa réputation internationale. Elle fut elle-même surprise, en tournant ce film, de constater qu'elle était prête à laisser un réalisateur lui faire faire des choses totalement nouvelles pour elle à l'écran. Demy, décédé en 1990, était encore un jeune inconnu en 1962. Il allait imposer le lyrisme de ses comédies musicales avec des œuvres comme *Les Parapluies de Cherbourg* et *Les Demoiselles de Rochefort*, le film qui a assuré sa réputation et apporté la célébrité à Françoise Dorléac et à sa sœur, Catherine Deneuve.

La Baie des Anges est un petit chef-d'œuvre tourbillonnant, qui raconte l'histoire d'une joueuse, une femme extrêmement nerveuse, au visage marqué, indifférente à tout tant qu'il lui reste un jeton à miser. Demy avait écrit le rôle de Jackie pour Moreau, en s'inspirant de sa première expérience au casino. Cardin, qui ne quitta pas Jeanne d'une semelle pendant le tournage, dessina les costumes de Jackie, très années soixante, et intégralement blancs. Portant une perruque platine ébouriffée à la Marilyn Monroe, grain de beauté sur la joue droite compris, Moreau donne du personnage obsédé de Jackie une interprétation à mi-chemin entre une Liz Taylor déjantée et une Jayne Mansfield épuisée.

À la table de jeu, elle rencontre un jeune employé de banque (Claude Mann). C'est un joueur débutant, soudain grisé par ce rêve d'argent facile. Elle lui insuffle la passion du jeu. Ensemble, ils gagnent suffisamment pour mener, brièvement, la grande vie sur la Côte, mais quand il essaie de la convaincre de renoncer au jeu et de partir avec lui chercher une plage au soleil, elle refuse. Le jeu est sa seule passion. Elle retourne au casino, frémissante, n'ayant pas renoncé à sa foi fataliste dans la chance, tout en disant : « Je n'aime pas l'argent, autrement, je ne le gaspillerais pas. »

Le film sortit en France à un moment où le pays était lui-même en proie à une véritable frénésie de jeu et toucha, semble-t-il, une corde sensible. Malheureusement, il ne remporta aucun prix.

À cette époque, Jeanne Moreau se lança dans un autre quitte ou double en s'engageant, parallèlement au cinéma, dans une carrière de chanteuse. Elle avait toujours été entourée d'amis chanteurs et musiciens, et il lui était arrivé d'organiser des soirées avec des invités d'honneur comme le guitariste gitan Manitas de Plata. « Tourbillon de la Vie », la chanson de *Jules et Jim*, avait été un grand succès de radio. Elle décida alors de sortir un premier disque comprenant une douzaine de titres de l'auteur compositeur Cyrus Bassiak (pseudonyme de Serge Rezvani, peintre et écrivain, un de ses amis de La Garde-Freinet).

Cet album lui valut le prix de l'Académie Charles-Cros. Elle fut invitée à se produire au festival de jazz de Montreux. Les réalisateurs commencèrent à lui demander d'interpréter les chansons de leurs films — *Peau de Banane, Viva Maria !, L'Humeur Vagabonde* et *Querelle* par exemple. Truffaut reprit un de ses disques pour la bande son de *La Peau Douce*. Elle allait enregistrer encore quatre autres albums.

Jeanne Moreau n'est pas une chanteuse rive gauche traditionnelle, de la trempe d'une Juliette Gréco ou d'une Cora Vaucaire. Si sa voix de soprano mélodieuse présente l'indispensable raucité de celles qui vivent de vin et de cigarettes, ce n'est pas une chanteuse réaliste ; ses chansons sont pétulantes, soutenues par un piano jazz et un accompagnement orchestral élaboré. S'inscrivant le plus souvent dans le registre du jazz européen, elles parlent généralement d'amour. L'une des plus révélatrices est sans doute *La célébrité, la publicité*, avec ses paroles désabusées et boulevardières qui expriment toute la passion de Jeanne pour son art.

La célébrité, la publicité
Photographiée ou interviewée
Mais quel effet ça vous fait ?
Moi, j'aime faire du cinéma
Bien isolée dans les lumières
Le monde alors n'existe pas
Je m'abandonne tout entière.

Elle prend ainsi place dans une longue lignée d'acteurs français qui ont fait quelques escapades du côté de la chanson. Les vedettes de cinéma enregistrent, semble-t-il, des disques presque anonymement. Deneuve et Depardieu l'ont fait, tout comme Michel Blanc, Isabelle Adjani, Marie Laforêt et même Bardot, avec des succès inégaux. Personne ne s'étonne que la chanson vienne rehausser le jeu. Et pour les acteurs qui se plaignent toujours des limites de leur moyen d'expression, chanter et prendre des risques personnels représente peut-être un véhicule nouveau et stimulant.

« L'ère de la spécialisation, où on ne faisait qu'une chose, est révolue », a expliqué un jour Jeanne Moreau. « Aujourd'hui, les gens font tout ce qu'ils savent faire — jouer, chanter, danser, écrire, réaliser. Je pense qu'il ne faut pas négliger le moindre talent, aussi infime soit-il. C'est une autre personne en moi qui chante. J'adore chanter et mes disques se vendent. »

À l'époque de son premier album, son nom circulait à Los Angeles, et l'on imaginait déjà les recettes fabuleuses qu'assurerait sa présence à l'affiche. Ses admirateurs américains attendaient fébrilement son premier film hollywoodien, et les responsables des studios lui cherchaient un rôle. Il fut question d'elle pour le rôle russe des *Cinquante-cinq jours à Pékin* (*Fifty-Five Days at Peking)*, mais Charlton Heston affirma qu'il ne pouvait y avoir meilleure baronne russe que cette Américaine bon teint qu'était Ava Gardner. Aucun projet hollywoodien ne faisant mine de se concrétiser, Jeanne Moreau en revint, avec *Peau de Banane*, au genre préféré des Français, la parodie du film de gangsters. Elle accepta ce rôle essentiellement pour aider son ami Marcel Ophüls à réaliser son premier film. Elle avait fait sa connaissance par l'intermédiaire de Truffaut, avait été la narratrice de son court-métrage sur Matisse et elle lui trouvait du talent.

Le scénario de *Peau de Banane*, un pastiche de comédie hollywoodienne d'avant-guerre, inspiré du roman policier de Charles Williams *Nothing in Her Way*, avait été rédigé en partie par Claude Sautet. Le film raconte l'histoire d'une fille qui cherche à venger son père, ruiné par ses associés. Elle confie le travail à quelques gros bras, dont son ancien mari (Jean-Paul Belmondo). Les costumes avaient été dessinés, comme d'habitude, par Cardin, et la musique reprenait une partition de jazz rythmée de Ward Swingle.

Peau de Banane, dont l'humour au second degré était de plusieurs années en avance sur son temps, fit un malheur. À Paris, on enregistra près d'un demi-million de spectateurs. S'il n'est pas digne de figurer dans les annales du cinéma comme un chef-d'œuvre, ce film n'en arrivait pas moins à point nommé pour Jeanne Moreau. Il lui permit également de renouer avec le grand public, déconcerté par ses films Nouvelle Vague. Ces derniers étaient le produit d'une société qui jouissait d'une remarquable prospérité matérielle, mais ils n'étaient pas forcément accessibles à tous. Présentant les problèmes et les réalités de la vie à Paris et en province sous un nouveau jour, certains des films les plus controversés mirent du temps à s'imposer.

Après avoir ainsi retrouvé la faveur du public, Jeanne Moreau renoua avec Louis Malle. Il lui confia une brève apparition dans sa brillante étude du suicide, *Le Feu Follet*. C'était le premier film qu'ils faisaient ensemble depuis *Les Amants*, cinq ans plus tôt. Malle vivait à présent avec l'actrice canadienne Alexandra Stewart.

« Je ne voulais pas lui confier ce rôle », m'a expliqué Malle à la fin des années 1980. « C'était une immense vedette et ce rôle était vraiment ridicule, à peine six minutes. Mais il exigeait beaucoup de bravoure et d'autodérision. Je lui ai téléphoné une semaine avant le début du tournage et je lui ai dit que j'étais au désespoir. Je savais que je ne trouverais personne d'autre qui soit capable de rendre l'émotion du personnage. Elle m'a dit oui, et elle a été merveilleuse. J'étais aux anges parce que ça a été un de mes meilleurs films. Pas très commercial peut-être, mais je l'adore. En province, pour la présentation commerciale, ils ont affiché "Jeanne Moreau dans *Feu Follet*" ».

Ce film est une adaptation extrêmement personnelle d'un roman de Pierre Drieu La Rochelle, qui s'était suicidé en 1945. Un aristocrate, ancien alcoolique aux tendances suicidaires (Maurice Ronet), passe quarante-huit heures à rendre vainement visite à ses amis, dans l'espoir de trouver une raison de vivre. Sortant de la clinique de Versailles où il a suivi une cure de désintoxication qui l'a stérilisé corps et âme, il sait au fond de lui que cette morne quête ne fera que confirmer l'isolement qui le conduira inéluctablement à la mort. Ce pèlerinage conduit brièvement Ronet (l'homme de l'ascenseur d'*Ascenseur pour l'Échafaud*) auprès de Jeanne Moreau, une amie bohème qui évolue dans les milieux artistiques et poétiques d'un Paris visiblement en pleine confusion sentimentale.

Ce film sombre n'est cependant jamais lugubre. Plein d'ombres étirées, rendu plus inquiétant encore par la musique d'Erik Satie, il traite d'un sujet intraitable. Le film était d'autant plus choquant que le suicide n'était pas un choix acceptable dans un pays majoritairement catholique. Quand *Paris Match* lui demanda pourquoi ce sujet l'avait attiré, Malle répondit : « Ce n'est pas le sujet du suicide qui m'a attiré… c'est la sensation de nuit du film. » *Le Feu Follet* a remporté le prix spécial du jury au festival de Venise 1963.

Jeanne Moreau accepta ensuite de quitter sa retraite provençale pour relever un des plus grands défis de sa carrière. Le producteur français Serge Silberman, qui a financé les cinq films que le réalisateur espagnol Luís Buñuel a tournés en France entre 1964 et 1977, voulait inaugurer cette collaboration hors du commun en confiant à Jeanne Moreau le rôle principal de leur adaptation de l'ironique *Journal d'une Femme de Chambre* d'Octave Mirbeau.

Silberman a raconté à Danièle Heymann du *Monde* comment s'était passée leur première entrevue. « J'ai suggéré Jeanne Moreau pour le rôle de Célestine. Buñuel [qui avait passé vingt-quatre ans en exil au Mexique après la Guerre d'Espagne] voulait une actrice mexicaine. C'était au moment du festival de Cannes. Jeanne était dans le coin, alors j'ai proposé à Luís d'aller la voir.

Il aimait bien Cannes malgré un souvenir déplaisant : il avait été membre du jury en 1954, l'année où Jean Cocteau était président. Un des films en compétition était *Monsieur Ripois* de René Clément, que Buñuel détestait. Cocteau l'avait supplié d'accepter qu'il ait un prix. Buñuel avait refusé. À la cérémonie de clôture, le prix du jury a été décerné à *Monsieur Ripois*. Furieux, Buñuel est sorti du cinéma, il a marché tout droit jusqu'à la plage et a balancé son smoking à la mer.

Nous nous trouvions donc sur la Côte d'Azur. Comme il faisait chaud, nous avons pris un verre au bord de la route, en allant chez Jeanne, un amer bière — un mélange détonant. "Elle va me parler du film", dit Buñuel, "et je vais lui parler d'oiseaux." Dix kilomètres plus loin, nous nous sommes arrêtés à une auberge et nous avons pris un autre amer bière.

Tout s'est bien passé avec Jeanne, elle a signé les yeux fermés, alors qu'elle n'avait même pas de scénario à lire, exactement comme s'il s'agissait d'un rôle de figuration. »

Buñuel appréhendait de parler de son rôle à Moreau, mais il tenait à ce qu'elle accepte, non seulement parce qu'il trouvait que c'était une excellente actrice, mais parce qu'il adorait sa démarche. « J'ai toujours aimé regarder les femmes marcher », a-t-il écrit dans son livre *Mon dernier soupir*. « C'était un grand plaisir de regarder Jeanne. Quand elle marche, son pied vacille légèrement sur ses hauts talons, suggérant une certaine tension, une certaine instabilité. »

Moreau, quant à elle, était fascinée par Buñuel, un réalisateur bien connu pour sa courtoisie à l'égard des acteurs. Quand elle a fait sa connaissance, il avait déjà 63 ans. Il était torturé par la sciatique et perdait l'ouïe depuis sept ans. Elle l'appelait « Don Luís » ou son « père espagnol », affirmant qu'il était le père qu'elle aurait voulu avoir. « Il dit qu'il voudrait être complètement sourd dans cinq ans, pour ne plus rien entendre du tout. Il vivra à travers ses yeux », a-t-elle noté un jour. Elle raconte aussi une jolie anecdote sur Buñuel, qui est mort en 1983 ; il était tellement concentré sur le travail des acteurs qu'il ne remarquait pas que son sonotone sifflait; cet appareil faisait parfois tellement de bruit qu'ils devaient interrompre le tournage.

Buñuel était un homme remarquablement séduisant. Issu d'une riche famille de l'Espagne rurale, il avait rejoint les jeunes gens en colère des mouvements dadaïste et surréaliste. Son amitié avec Salvador Dali a donné naissance au célèbre court métrage du *Chien Andalou*, que l'on continue d'étudier dans les écoles de cinéma. Son chef-d'œuvre de 1930, *L'Âge d'Or*, était d'un anticléricalisme et d'un anticonformisme si âpres que l'Espagne en interdit la projection pendant cinquante ans pour atteinte à la dignité de la patrie, de la famille et de la religion.

Le Journal d'une Femme de Chambre s'inspirait, quant à lui, d'un livre que Buñuel avait lu plusieurs fois. Jean Renoir en avait réalisé une version aux États-Unis en 1946, avec Paulette Goddard dans le rôle de la domestique XIXe siècle qui fait irruption dans un ménage étriqué, provoquant des tensions sexuelles et des ennuis en tout genre; mais on s'accorde à juger ce film conventionnel et peu convaincant. Buñuel avait décidé de déplacer l'histoire dans les années 1920, ce qui permettait aux manifestants de droite de crier « Vive Chiappe ! » à la fin, en souvenir de *L'Âge d'Or*.

La femme de chambre en question est une jeune femme pauvre mais ambitieuse qui a quitté Paris pour venir travailler en province, chez les Monteil, parangons de la bourgeoisie mesquine, qui sont opposés ici à leurs employés, des paysans durs à la tâche. Peu après son arrivée, alors qu'elle minaude dans ses bottines lacées et regarde par les trous de serrure, elle découvre les vices cachés de ses employeurs — M. Monteil (Michel Piccoli) désœuvré et libidineux, sa femme aigre et frigide (Françoise Lugagne) et le père de celle-ci (Jean Ozenn), un fétichiste du soulier, qui aime plus que tout caresser les jambes des femmes de chambre.

Célestine entreprend progressivement et calmement de manipuler tout son entourage : son patron de droite, le voisin de gauche, le garde-chasse fasciste et maussade, le vieux fétichiste. Elle attire dans ses rets tous ces personnages puissants, délicatement mais fermement. Lorsque le filet se referme, elle joue de son mépris glaçant et de sa séduction hautaine pour dénoncer leur décadence bourgeoise et leur moralité dévoyée.

« Un critique a dit que ma Célestine ressemblait à une princesse », a remarqué Jeanne Moreau. « Quelle grossière chose à dire des servantes ! Pourquoi ne pourraient-elles pas ressembler à des princesses ? Les domestiques sont obligés de mener la vie de leurs patrons ; ils n'ont que la nuit pour vivre leur intimité. Ils observent, c'est tout ; s'ils portaient des jugements, ils ne pourraient pas être domestiques. En fait, Célestine, c'est Buñuel — la manière dont il observe : son esprit critique, son humour. Buñuel a beaucoup d'humour, mais c'est de l'humour noir. »

Le tournage a commencé à l'automne 1963. Elle avait signé un contrat pour jouer pendant une semaine dans *Le Train* (pour un cachet 300 000 francs) et Buñuel retarda son tournage pour ne pas lui faire perdre cet argent. (Pour mention, elle toucha 250 000 francs pour six semaines sur la *Femme de chambre*). Buñuel déclara à Moreau qu'en échange de cette faveur, il souhaitait qu'elle ne se rende pas au studio dans sa Rolls avec chauffeur (le mari d'Anna) — on n'était pas à Hollywood.

Cela ne l'empêcha pas d'être d'emblée sur la même longueur d'ondes que Buñuel. « Quand nous travaillions ensemble, nous n'avions pas besoin de parler. Un regard suffisait », se rappelle-t-elle. Leur relation était apparemment faite de compréhension mutuelle et de délicatesse. Un jour, elle arriva avec des poches sous les yeux. On ne voyait que ça sur les rushes. Le lendemain, Buñuel lui présenta ses excuses, lui disant qu'ils allaient devoir refaire la scène. Elle n'y était pour rien, ajouta-t-il avec tact, il s'agissait d'un problème technique dont il était entièrement responsable.

Quant à elle, elle révéla dans une interview qu'un de ses fantasmes était de se faire corriger par Buñuel, tirer du lit, fourrer sous une douche froide et réprimander par lui. « Ce n'est pas pour de vrai ! » aurait-elle ajouté. « Ce n'est qu'un fantasme ! »

Le fruit de leur complicité est un film drôle et suggestif, d'une méchanceté fascinante. Il tient encore brillamment la route aujourd'hui. Manifestement trop incisif pour la bourgeoisie vaniteuse de l'époque, il reçut un accueil assez tiède à sa sortie. Bien qu'elle ne regarde pas souvent ses films achevés — elle n'a vu *la Femme de chambre* que bien des années plus tard à la télévision et en a été très émue —, Moreau ne tarissait pas d'éloges sur la réalisation de Buñuel et annonça à la presse que ce film serait le chef-d'œuvre le plus scandaleux que le maître ait tourné jusque-là. Les critiques n'en plissèrent pas moins le nez. Tout en exprimant leur immense admiration pour le glorieux passé du réalisateur ainsi que pour les interprétations, notamment celle de Moreau, brillante et féline, ils ne se départirent pas, dans l'ensemble, d'une certaine condescendance.

Avant ce film — et jusqu'à une date relativement récente —, le cinéma français avait généralement manqué d'audace sur les sujets politiques et sociaux. Le film de Buñuel ne ménageait pas, c'est le moins qu'on puisse dire, les classes moyennes, cette bourgeoisie conventionnelle encore si proche des modèles du XIXe siècle. Mais le travail de Jeanne Moreau avec Buñuel fut remarqué, et il a traversé les années sans prendre une ride.

Buñuel et Moreau devaient faire un autre film ensemble, inspiré d'un grand roman gothique, *Le Moine* de Matthew Lewis. Omar Sharif s'y était intéressé et Peter O'Toole était prêt à jouer pour rien. Mais il fallut y renoncer en raison de difficultés financières. Après plusieurs années de correspondance entre Moreau et Buñuel et alors que beaucoup de ses amis lui reprochaient de gâcher sa carrière à « faire des films comme ça », *Le Moine* sortit finalement en 1972 avec Nathalie Delon à l'affiche, dans une réalisation d'Ado Kyrou, un ami de Buñuel. Les critiques jugèrent que c'était un « quasi désastre » et regrettèrent que Buñuel, qui avait signé le scénario, n'ait pas assuré également la réalisation. Moreau put se féliciter de ne pas avoir été de la partie.

8

« Coucher avec quelqu'un est sans doute un des meilleurs moyens de faire connaissance »

Il y eut un certain nombre de films dont Jeanne Moreau aurait effectivement mieux fait de s'abstenir. L'un d'eux était *La Rolls-Royce Jaune (The Yellow Rolls-Royce)*.

Bien qu'elle ait été elle-même l'heureuse propriétaire d'une Rolls, elle n'avait franchement pas l'air très à l'aise au volant de celle-ci. Une liste impressionnante de vedettes avait été embarquée dans cette *Rolls-Royce Jaune*, qui ne se départait pas un instant d'un bon goût légèrement audacieux de la pire espèce. Il s'agissait de trois sketches écrits par Terence Rattigan sur les propriétaires d'un modèle jaune bien précis. Je me plais à penser que Moreau accepta ce rôle par solidarité avec son véhicule, car j'ai du mal à m'expliquer autrement sa présence à l'affiche.

Il s'agissait d'exploiter le filon d'*Hôtel International* (*The VIP's)* du même Rattigan, une histoire à tiroirs regorgeant de vedettes et qui avait fait recette en s'inspirant des amours bien réelles de Richard Burton et Liz Taylor. Dans cette *Rolls-Royce Jaune*, réalisée comme le film précédent par Anthony Asquith, Moreau joue la Marquise de Frinton, en toute simplicité. Elle est l'épouse d'un aristocrate diplomate (Rex Harrison) qui, pour leur dixième anniversaire de mariage, lui offre la fameuse voiture. Entre des dîners émaillés de dialogues sur des affectations à Caracas et des rendez-vous avec des ambassadeurs d'Albanie, nous apprenons, bien que le mari n'ait apparemment pas encore eu vent de ce détail mineur, que leur couple bat de l'aile. Alors qu'elle assiste aux courses d'Ascot dans une jolie robe en broderie anglaise (de Cardin) et en chapeau à plumes, elle le trompe, embuant les vitres de la Rolls susmentionnée en faisant frénétiquement l'amour sur la banquette arrière avec un des sous-fifres de son mari (Edmund Purdom). Dommage que le marquis n'ait pas expédié le butor à Caracas plus tôt.

Dommage aussi, songèrent ses admirateurs, que Moreau ait compromis sa carrière en tournant pareils navets. L'abîme qu'ils relevaient entre la *Femme de Chambre* et la *Rolls-Royce* les consternait. Sans doute leur accablement n'aurait-il pas connu de fond si elle avait accepté, comme on le lui proposait, de jouer dans *La Bataille des Ardennes* (*Battle of the Bulge)*, une épopée de la Seconde Guerre mondiale. Le rôle de trois pages qu'on lui destinait fut finalement confié à Pier Angeli. Moreau le refusa, semble-t-il, pour un film de Peter O'Toole qui ne vit jamais le jour, *The Will Adams Story*. Toujours est-il qu'après le tournage de la *Rolls-Royce jaune* en Angleterre, son médecin lui conseilla de prendre un mois de repos.

Mais au cours de son séjour en Grande-Bretagne, Moreau avait fait la connaissance du metteur en scène Tony Richardson et du producteur Anthony Page, qui venaient de monter *Témoignage irrecevable* de John Osborne au Royal Court Theatre. Fondé en 1956 par Richardson et George Devine, le Royal Court Theatre était un haut lieu de l'agit-prop, à une époque où, dans l'ensemble, le monde du spectacle britannique était tout à la fois fébrile et terne. Richardson lui proposa de jouer au Court dans leur reprise de *Lulu* de Wedekind, l'histoire d'une femme qui répand le désespoir, la ruine et la mort parmi les hommes qui ont le malheur de croiser son chemin. Elle était emballée, mais ce projet tomba à l'eau (elle n'interpréterait Lulu sur scène que bien des années plus tard, à Paris). Sa rencontre avec Richardson inaugura cependant une relation dont la presse allait faire, une nouvelle fois, ses choux gras.

Pendant qu'elle était à Londres, elle accorda, comme d'habitude, une série d'interviews dans lesquelles elle s'exprimait, avec son franc parler coutumier, sur les sujets piquants de l'amour, des hommes, des femmes et de la vie en général. « Pourquoi me pose-t-on toujours des questions sur l'amour ? » demanda-t-elle à un journaliste du *Sunday Express* avec un petit sourire navré. L'interviewer, Roderick Mann, refusa stoïquement de lui répondre, mais il écrivit en guise de présentation à cet entretien : « Bon sang, pensez-vous en regardant ce visage crispé d'angoisse — que peut-elle bien savoir de l'amour ? Il n'en reste pas moins vrai, et la chose est singulière, que c'est apparemment à Jeanne Moreau que l'on s'adresse chaque fois que l'on cherche un point de vue autorisé sur l'amour. »

Je reviendrai plus tard sur le « visage crispé d'angoisse » de Moreau. Intéressons-nous pour le moment à son statut, infiniment plus captivant, de philosophe de l'amour et des relations entre les sexes. Il faut reconnaître que c'est un sujet sur lequel on était sûr de faire mouche avec elle. Incarnation de l'amoureuse pour les Français d'âge mûr, au même titre que Bardot pour les plus jeunes, elle s'exprimait sans fard et faisait scandale avec des propos qui ne demandaient qu'à être sortis de leur contexte. Cela allait des déclarations les plus innocentes — « L'amour est un supplément que Dieu vous donne, et il exige un travail de chaque instant, » — aux plus provocantes — « Coucher avec quelqu'un est sans doute le meilleur moyen de faire connaissance », « Toute ma vie, j'ai eu assez confiance en moi pour attirer tous les hommes qui me plaisaient », ou encore « Je suis une sensuelle. Je pense que tout ce qui me fait plaisir ne peut être mauvais. »

Vers la même époque, elle attribua aux Anglais une sorte de modestie très « attachante », mais qui semblait les inciter à se cacher. (Elle a également reconnu n'avoir jamais vraiment connu d'Anglais à part son grand-père.) Mais les Français, déclara-t-elle sans ambages à la télévision française, manquaient de virilité. Cette remarque provoqua le tollé que l'on imagine. La liste de ses chevaliers servants fut passée au crible, et, comme le remarqua l'*Evening Standard*, elle n'était pas courte. Y figuraient, entre autres, les noms de Sacha Distel, Philippe Lemaire, Raoul Lévy, Louis Malle, Trintignant et Cardin.

Une publication s'empressa de citer l'ex-mari de Bardot, Jacques Charrier, qui aurait conseillé à Moreau d'élargir le cercle de ses connaissances. Il aurait ajouté « Je peux lui donner mon numéro de téléphone, pour commencer », donnant ainsi du grain à moudre à ceux qui se plaisaient à opposer BB à Moreau, les deux vedettes féminines françaises les mieux payées, dans la course au titre de sex-symbol national. En Angleterre, certains affirmèrent que Moreau était une Bardot pour intellectuels !

Mais la réponse la plus spirituelle vint, étonnamment, d'Édith Piaf, qui passait pour une autorité en la matière. « Voyons, voyons, » commenta-t-elle, « ce n'est pas vrai. Pour qu'un homme soit viril, il suffit qu'une femme l'en persuade. J'ai toujours été entourée d'hommes virils. Quand j'aime un homme, je le prouve et le problème s'arrête là. Il est vrai que dans certaines circonstances, les hommes sont un peu trop raffinés, mais il faut savoir les choisir. »

Moreau heurta également ses compatriotes en affirmant qu'elle faisait peur aux Français, persuadés que pour être heureux en ménage, il fallait épouser une idiote. « Moi — en tant que personnage —, je ne suis pas une idiote et je ne passe pas mon temps à la maison à attendre. J'ai le courage de renoncer à une situation. Les hommes veulent croire que les femmes abandonnées ont forcément les larmes aux yeux. Ça leur fait peur de découvrir qu'une femme peut faire ses valises et s'en aller aussi facilement qu'un homme. »

Jeanne Moreau aurait tenu tous ces propos au début des années soixante, mais ils constituent toujours un excellent matériau journalistique. Sans doute cherchait-elle ainsi à inciter les autres à s'épanouir et à vivre un peu plus en conformité avec leurs sentiments. De toute façon, elle n'avait rien à perdre à se montrer franche : selon elle, on la considérait déjà comme la « putain de Babylone. »

Elle s'en est expliquée devant le journaliste Richard Grenier : « À Paris, on me prend pour une sorte de monstre, pour la putain de Babylone, parce que je continue à fréquenter des hommes avec qui j'ai eu des aventures. Il y a une merveilleuse phrase dans une lettre d'Apollinaire à sa fille : "Les gens que j'ai aimés, je les aimerai toujours." Pourquoi pas ? Vous avez une autre solution ? Les rayer de ma vie ? À partir du moment où vous avez vingt-cinq ans, tous les hommes qui entrent dans votre vie y restent définitivement. Autrement c'est une terrible défaite, cela prouve que vous avez mal choisi. » Elle précisa que la liste des hommes qu'elle avait aimés était loin de ressembler au Bottin.

« On peut aimer sincèrement quelqu'un, savoir qu'on lui fait du mal mais ne pas pouvoir s'empêcher d'être profondément épris de quelqu'un d'autre. C'est peut-être choquant de penser que toutes les femmes devraient conserver leurs amants, mais je crois qu'il faut le faire si c'est possible. Si j'avais épousé tous les hommes dont j'ai été amoureuse, je pourrais me faire un bracelet avec toutes ces alliances. »

Il fallait indéniablement un sacré culot et un cran admirable pour tenir ce genre de propos, d'autant plus que dans un nombre considérable de ses films, Moreau, la déesse-garce de l'écran, avait accordé à ses partenaires masculins une indicible félicité avant de les conduire, à bout de forces mais souriants, tout droit en enfer. Jeanne Moreau semblant confirmer cette propension dans la « vraie vie », il ne faut pas s'étonner que son public ait commencé à la surnommer la mante religieuse.

« D'ailleurs, si nous n'éprouvions pas la sensation de l'amour, nous n'aurions rien, nous vivrions comme des punaises, » avoue-t-elle de manière poignante. « Quand je suis amoureuse, ça influence mon jeu. Cela me met parfois en état de grâce. Ça me donne une impression de résurrection et ça me rend consciente de mon pouvoir. »

Le temps n'a pas changé Jeanne Moreau, et ses idées sont toujours les mêmes. Quarante ans plus tard, elle vous hypnotise encore par ce talent immense et scandaleux et mène sa vie sans se soucier de l'opinion d'autrui.

Malgré sa franchise, qui l'incite parfois à jeter des pavés dans la mare, Jeanne Moreau est capable d'une immense délicatesse et d'une maîtrise irréprochable.

Dans son livre consacré à Vivien Leigh, *Vivien : The Life of Vivien Leigh*, Alexander Walker raconte que dans les années cinquante, Jeanne fit un séjour chez Laurence Olivier et sa femme Vivien à Notley Abbey, la maison de campagne des Olivier dans le Buckinghamshire. Il était question qu'elle joue dans une pièce aux côtés d'Olivier. Pendant le déjeuner, Vivien Leigh aurait lancé, d'un ton cinglant : « Ah, parce que vous parlez sans doute assez bien anglais pour jouer avec Larry ? Et vous pensez vraiment que vous avez l'air assez jeune pour ce rôle ? »

« C'était atroce, » a raconté Anthony Quayle qui avait assisté à la scène. « Vivien a passé tout le repas à insulter Moreau. Heureusement, Moreau a compris qu'elle avait un grain et elle n'a pas pris la mouche. C'était vraiment un ange. »

Moreau a été un modèle de tact quand je l'ai interrogée sur cet incident : « Oh, j'ai un trou, là ! » s'est-elle écriée, « Je ne me rappelle absolument pas de quelle pièce il s'agissait, mais je sais que Vivien n'était pas en forme ce jour-là. Elle n'était pas vraiment présente. J'étais étonnée et ennuyée, mais elle n'a pas été désagréable avec moi. »

Comme pour prouver qu'elle avait raison de prétendre que les hommes qui entraient dans sa vie y restaient pour toujours, elle tourna ensuite *Mata Hari, Agent H21* (1965). Le réalisateur était Jean-Louis Richard, dont elle venait de divorcer, et qui avait écrit le dialogue avec François Truffaut. Pierre Cardin avait dessiné quatorze costumes exotiques ornés de pierreries, qui révélaient la silhouette irréprochable de Jeanne, à qui Jean-Louis Trintignant donnait la réplique.

C'était le deuxième film de Richard — après *Bonne Chance, Charlie* — et il ne se serait pas fait sans elle. « C'était un projet écrit pour elle, » m'a-t-il confié bien des années plus tard à Paris. « C'était l'image que nous avions de Jeanne. Nous la connaissions très bien tous les deux. Mata Hari était une espionne, mais c'était aussi une femme comme les autres. Nous avons intégré dans le film tant de détails tirés de la vie de Jeanne que le scénario pourrait presque être son histoire à elle. »

Ce film, dont la distribution et l'équipe technique rassemblaient un grand nombre de ses amis et de ses collègues, était une réalisation de sa « famille du cinéma ». Le tournage eut lieu pendant les vacances scolaires, ce qui permit à Jérôme de quitter son école privée de Grenoble pour rejoindre ses parents sur le plateau. Moreau commente ce besoin d'être entourée de cette « famille » : « J'ai l'impression que l'équipe est mon public, pas la caméra. Je ne l'oublie jamais. Quand j'interprète le rôle principal dans un film, c'est comme si j'étais une sorte d'hôtesse et que tous ces gens m'attendaient. Alors j'aime être à l'heure, correctement habillée, même pour une répétition. Je tiens à être à mon avantage. J'ai besoin de leur regard pour être différente, pour me transformer.

C'est normal de s'intéresser aux gens quand on travaille de très près avec eux. J'aime qu'ils viennent à moi désarmés, et je crois que je réagis de manière animale. J'ai toujours besoin de nouer des relations personnelles quand je travaille.

Quand le tournage commence, on se trouve d'un coup dans un pays étranger, une sorte de no man's land, où on ne peut pas laisser entrer les amis de l'extérieur. Après, on leur raconte tout, mais pendant, on ne peut pas les admettre dans ces territoires secrets. »

Mata Hari était le pseudonyme de la plus célèbre espionne de l'histoire. Sous son vrai nom de Margarete Gertrude Zelle, elle n'aurait peut-être pas fait recette, mais sous les traits de Mata Hari la danseuse, c'était le plus séduisant agent secret dont auraient pu rêver les Allemands. Elle fit une carrière remarquable avant de se retrouver, en 1917, devant un peloton d'exécution français.

Sa vie avait déjà inspiré un film muet en 1928 (*Mata Hari : The Red Dancer*, avec Magda Sonja) puis, en 1931, un mélodrame sophistiqué avec Greta Garbo, Ramón Novarro et Lionel Barrymore. Moreau savait qu'elle n'échapperait pas aux comparaisons avec Garbo, surtout dans la scène de danse exotique dans le temple. Par ailleurs, un autre scénario destiné à une production de bas étage avait déjà été écrit, et les producteurs de ce projet crièrent au plagiat. Jeanne Moreau se rappelle avoir dû se rendre au commissariat où on la traita comme si elle était Mata Hari en personne, prise sur le fait.

Je lui ai demandé quel effet cela lui avait fait d'être nue à l'écran, dans le rôle de Mata Hari. « J'étais nue dans *Les Amants* et dans *Eva*. Je ne comprends pas qu'on en fasse tout un plat. Je n'ai jamais été nue dans des situations fausses, vulgaires ou choquantes. Quand on se sent bien dans sa peau et qu'on ne déteste pas son corps, je ne vois pas ce que ça peut faire. D'ailleurs, exprimer un sentiment profond et personnel est plus révélateur que de montrer son corps. »

Il n'empêche que le jour où le rédacteur en chef d'une revue nudiste lui téléphona pour lui demander d'adhérer à cette cause, elle lui répondit assez sèchement : « Si vivre sans vêtements supprime toutes les pensées secrètes, je n'en vois pas l'intérêt. Pour être franche, j'aime ces pensées secrètes. »

Jeanne Moreau a posé pour *Playboy* pendant qu'elle se trouvait au Mexique pour le tournage de *Viva Maria !* « Oh, j'étais nue avec une sorte de truc en mousseline rouge près d'un feu, mais il n'y avait pas de quoi fouetter un chat, » dit-elle en riant. « Ce n'était pas nu, nu. »

Aussi sympathique soit-elle, l'idée de faire du cinéma « en famille » n'est pas forcément un gage d'excellence. La *Mata Hari* de Richard n'a pas laissé une trace mémorable dans l'histoire du cinéma, sinon, peut-être, pour la scène de la mort de Moreau, où elle est ligotée à un poteau généralement réservé aux exercices de tir. Tête rejetée en arrière, yeux fermés sans bandeau, elle attend la salve finale. Les gens qui étaient sur le plateau disent qu'elle tomba « morte » de manière si convaincante qu'un des secouristes se précipita, persuadé qu'il y avait eu un grave accident. On y vit à l'époque une des scènes de mort les plus brutales du cinéma d'après-guerre. Elle paraît pourtant bien fade aujourd'hui.

On me permettra d'ajouter une petite anecdote : en 1985, on a réalisé une nouvelle version de l'histoire de Mata Hari, cette fois avec Silvia Kristel, l'actrice hollandaise qui a dû sa célébrité à *Emmanuelle*. C'était Jean-Louis Richard qui l'avait découverte sur les premières images d'une cassette de jeunes espoirs qui avaient tourné un bout d'essai en 1974 pour *Emmanuelle,* un film produit par Alain Siritzky, et dont Richard avait écrit le scénario.

Jeanne Moreau prétend avoir été payée en argenterie pour sa collaboration suivante avec Orson Welles. Il s'agissait de *Falstaff* (*Chimes at Midnight*). Il n'avait pas un sou, comme toujours, et elle accepta volontiers le marché, sans imaginer les difficultés que lui ferait la douane à son retour en France, après le tournage en Espagne.

Welles lui avait assuré que *Falstaff*, l'histoire du prince Hal qui devient roi sous le nom d'Henry V, serait une comédie noire. Quel acteur ne se serait laissé tenter par la promesse du maestro ? Elle accepta avec joie d'incarner Doll Tearsheet, aux côtés de Margaret Rutherford dans le rôle de Mistress Quickly, de John Gielgud dans celui d'Henry IV et de Welles en Falstaff, avec Ralph Richardson en récitant.

Welles avait décidé, en toute modestie, que ce serait un film de gros plans, une sorte de version télescopée de la pièce sous forme de comédie. Mais au cours du tournage, le cinéaste qui sommeillait en Welles se réveilla et prit conscience des remarquables possibilités qu'offrait le lieu où ils se trouvaient, demeuré presque intact depuis le Moyen Âge. *Falstaff* se transforma alors en une immense production avec une foule de figurants gitans et des extérieurs semi-exotiques tournés dans les collines et les vallons de toute l'Espagne. Le tournage connut sa part de vicissitudes wellesiennes. Après avoir annoncé dix mois de tournage et de postproduction, Welles revint sur son calendrier et dut retarder la sortie. Le distributeur se retira alors de l'entreprise et la situation financière devint intenable. Il fallut trouver un autre commanditaire pour reprendre le tournage. C'est alors que Welles tomba malade — une grave infection de la vésicule biliaire — et les problèmes se multiplièrent. Ajoutons qu'il avait déjà commencé à travailler sur une version de *L'Île au trésor,* dans laquelle il devait incarner Long John Silver.

Quand *Falstaff* sortit enfin sur les écrans en 1967, près de deux ans après le début du tournage, il fut accueilli comme une œuvre brillante, aux effets visuels étonnants. Mais c'est aussi un film qui frôle constamment la catastrophe. Il s'agissait certainement de la plus grande interprétation de Welles, mais pour le reste, on relevait une incompatibilité criante entre les différents styles de jeu, beaucoup de doublages non synchronisés et une bande-son épouvantable, presque incohérente. *Falstaff* reste pourtant l'une des adaptations cinématographiques les plus passionnantes de Shakespeare. Welles affirma que s'il devait présenter un seul film pour voir s'ouvrir les portes du Paradis, c'est *Falstaff* qu'il proposerait. Il remporta du reste le prix du vingtième anniversaire du festival de Cannes, en 1966.

En définitive, Moreau n'eut pas grand-chose à faire pendant ses quatre jours de tournage mais, comme le dit Alexander Walker de l'*Evening Standard*, elle le fit « de façon charmante ». Un autre critique lui reprocha de jouer parfois comme si elle « faisait irruption sur le plateau de *Falstaff*, en sortant tout droit du tournage d'un film Nouvelle Vague de Jean-Luc Godard. » Un commentaire mérité, mais ce qui a toujours compté le plus pour Jeanne Moreau, c'est l'expérience du tournage. Elle était enchantée de jouer dans ce film, et ravie de retravailler avec son Orson bien-aimé.

Dans un documentaire de la BBC consacré à Welles, elle raconte une jolie histoire sur le trac épouvantable qui le torturait et sur les extrémités auxquelles il recourait pour éviter d'avoir à jouer. « Cela faisait deux ou trois jours que j'attendais de faire une scène avec Orson », dit-elle, un sourire jouant sur ses lèvres, ses yeux d'écureuil pétillants de malice. « Il m'a invitée à dîner, nous avons parlé de tout et de rien et finalement, je lui ai demandé pourquoi nous attendions. "Oh, non," a-t-il dit, "nous ne pouvons pas encore tourner nos scènes. Je n'ai pas mon maquillage. J'ai perdu ma petite mallette. Impossible de faire ces scènes avant que je l'aie retrouvée. Nous allons commencer par tes contre-champs, les gros plans."

"Mais Orson," ai-je répliqué, "c'est tellement difficile de commencer par les gros plans ! Mais bon, s'il le faut…" Je suis arrivée au studio, je suis allée dans la petite pièce miteuse qui nous servait de salle de maquillage et je me suis assise par terre — il n'y avait pas de chaise — pour attendre mon tour. Et qu'est-ce que j'aperçois, sous un vieux canapé ? La trousse de maquillage d'Orson. "Oh, regardez !", j'ai crié. "Chut, ne dis rien," m'a chuchoté la maquilleuse. "Il a le trac, c'est lui qui l'a cachée là."

Mais après deux heures de tournage, je lui ai dit que j'avais découvert son maquillage, et qu'il fallait s'y mettre. Nous avons enfin commencé la fameuse scène où Doll Tearsheet saute sur Falstaff au lit. J'ai répété avec un autre acteur, puis quand le moment est venu que je saute sur Orson, il a hurlé : "Coupez, coupez ! Tu m'as bousillé le nez — on ne peut pas tourner cette scène aujourd'hui." C'était Orson craché. Un homme bouleversant, merveilleux. Une sorte de folie régnait sur le plateau quand il mettait en scène, mais il a fait plus que quiconque pour élargir le langage cinématographique.

Chaque fois que nous avons fait un film ensemble, l'ambiance était différente. Il improvisait, il vous soutirait des choses. Il lui arrivait de vous dire des répliques qu'il fallait lui répéter, comme les oiseaux qui mangent un ver avant de le donner à leur petit. »

Dans le documentaire, elle fait la grimace et glousse. Une fois encore, je m'étonne de la facilité avec laquelle elle endosse tel ou tel personnage, comme un caméléon, d'un battement de cil, passant d'un air rêveur de la fille lourdement sensuelle à la femme soignée, les yeux pleins d'expérience, d'une franchise presque insolente — un mélange de romantique démodée et de femme moderne libérée, a dit Marguerite Duras. À l'écran, Jeanne Moreau a *toujours* l'air sensuelle, débordante d'appétit de vivre, en suspens, avec sa peau dorée, ses petites mains et son visage à la fois enfantin et las de tout.

Mais à la ville, elle pouvait être incroyablement quelconque. Personnellement, je ne l'ai jamais vue sous un autre jour que celui d'une légende du cinéma, mais d'autres l'ont prise en défaut et n'ont pas hésité à en publier les résultats noir sur blanc. En 1965, C. Robert Jennings du *Los Angeles Magazine,* la décrivait ainsi : « des cernes noirs sous de gros yeux globuleux de grenouille, avec des dents irrégulières dans une bouche affamée et pincée, à la fois flasque et gonflée, un peu comme une prune. » Il allait, bien sûr, tomber sous le charme comme tout le monde, et ne quitterait Le Préverger qu'à contrecœur, une fois l'interview terminée.

En 1992, Sue Summers de *Harpers* l'a trouvée « petite et grassouillette, ses cheveux, jadis d'un brun si chic, tirés sévèrement derrière des oreilles plutôt proéminentes. » Invité à dîner avec elle pendant le tournage de *Viva Maria !*, Donald Zec du *Daily Mirror* jugea au premier coup d'œil que c'était « une madame tout-le-monde mince, pâle, sans beauté, qui a du sommeil à rattraper. » Dans son livre *Limelighters*, Oriana Fallaci écrit que, s'agissant de visages, elle avait trouvé celui de Moreau « plutôt laid, avec cette bouche amère, ces joues creuses et ces yeux cernés de noir ». Quant à John Gale de l'*Observer*, il écrivait qu'au premier abord, il y avait « en elle quelque chose de presque ordinaire, un côté institutrice. » Moreau elle-même prétend ne pas aimer son visage, mais s'y être « habituée ». « Maintenant, je ressemble un peu au titre du livre *Mon vrai visage*. C'est ce que je suis, et le temps passant, mon visage reflète de plus en plus ce qui se passe à l'intérieur. »

Au milieu des années soixante, ce visage marqua de manière indélébile l'esprit des cinéphiles du monde entier, que ce fût devant un peloton d'exécution ou s'ébattant avec Welles.

9

« Nous étions comme deux copains de régiment : il y a eu de bons et de mauvais moments »

Tourné par Louis Malle au Mexique avec Jeanne Moreau et Brigitte Bardot dans le rôle des deux « Maria », *Viva Maria !* est entré dans l'histoire du cinéma comme le premier film de « copines ». Malle dut inscrire Moreau au générique pour obtenir les fonds nécessaires. On dit qu'elle ne voulait plus tourner avec lui, mais qu'elle accepta par loyauté. Après tout, c'était lui qui l'avait « découverte ».

Quant à Malle, il devait, selon Moreau, se débarrasser des complexes que lui donnait la fortune de sa famille, qu'il ressentait comme un fardeau. Il avait décidé de faire ses preuves sur une épopée à gros budget (2 millions de dollars) avec une équipe de 150 personnes et les deux plus grandes actrices du moment. George Hamilton, un acteur de 25 ans, d'une beauté insolente, devait leur donner la réplique dans le rôle d'un révolutionnaire viril, dont l'une des Maria (Jeanne Moreau) tombe amoureuse alors qu'il est enchaîné et ligoté, impuissant, dans un cul-de-basse-fosse. Moreau a dit à propos de cette séquence : « C'est une légère inversion des rôles, mais assez nouvelle, vous ne trouvez pas ? » On a fait courir la rumeur d'une aventure en coulisses entre Moreau et lui. (« Je considère les acteurs comme des hommes, » a-t-elle commenté, « et je les traite comme des hommes »), mais cela paraît peu probable — à cette date, elle était en effet fiancée à Pierre Cardin et s'il est vrai que ces fiançailles furent bientôt rompues, Pierre était de toute évidence présent sur le tournage.

Viva Maria ! était une immense entreprise commerciale, et ses retombées furent consciencieusement exploitées. Les profits réalisés par les produits dérivés des films de James Bond avaient attiré l'attention sur ce type de marché. Au moment où le film fut lancé, on avait déjà accordé quatre-vingts licences, déclinant le style 1910 à ruchés pastel de *Viva Maria !* dans des lignes de chemisiers, de lingerie, de tricots, de jupes, de ceintures, de maillots de bain et même de sacs à main.

« À la fin de *Feu Follet*, tout le monde était déprimé et au bord du suicide », dit Malle, mi-figue mi-raisin. « Un dimanche, j'ai eu l'idée de *Viva Maria !* et j'ai trouvé que c'était exactement ce qu'il nous fallait — une comédie musicale, du divertissement et de l'aventure, avec des femmes, de la couleur. C'était une idée brillante à l'époque : une parodie des films de potes.

Jean-Claude Carrière, qui a rédigé le scénario, était presque un débutant à l'époque. Il a dû veiller à équilibrer soigneusement le scénario entre les rôles principaux. Nous avons envoyé le scénario à leurs agents [ceux de Moreau et de Bardot] et moins de vingt-quatre heures après, nous étions harcelés de coups de téléphone : le rôle de l'autre actrice était bien meilleur que celui de leur cliente. C'était un mauvais départ, mais nous savions qu'il y aurait un problème d'ego que l'entourage et la presse prendraient un malin plaisir à attiser. Ce serait Mohamed Ali contre Sonny Liston. »

Aucune des deux actrices n'avait jamais joué hors d'Europe, ni ensemble. Bardot, dont le rôle avait été écrit initialement pour Shirley MacLaine, devait figurer en tête d'affiche.

« À l'époque, j'étais le seul à avoir travaillé à la fois avec Jeanne et Brigitte. Brigitte et moi avions bien travaillé ensemble dans *Une Vie Privée* (1961), mais j'ai su dès le début qu'il faudrait utiliser des techniques diamétralement opposées pour les diriger toutes les deux dans le même film. Bardot est impatiente, il faut l'amuser tout le temps ; on joue un jeu avec elle. Moreau, il faut la tenir à bout de nerfs. Je sais que Jeanne ne garde pas un très bon souvenir de ce film. »

Louis Malle affirme avoir pratiqué un savant dosage entre délicatesse et fermeté pour tenir en bride le tempérament des deux femmes, tout en encourageant une légère rivalité sous-jacente. Chaque actrice était manifestement déterminée à éclipser l'autre. Leur relation à l'écran est drôle, pleine d'entrain et offre un spectacle franchement curieux — on aurait peine de nos jours à trouver deux grands noms jouant dans un film aussi loufoque et exubérant.

Mais ce tournage de quatre mois sous un climat torride n'a pas été une partie de plaisir pour Louis Malle. Alors que les deux vedettes s'entendaient apparemment bien, la presse — 140 journalistes et trois équipes de télévision — les harcela. C'était le film qu'Hollywood attendait — le crêpage de chignon de deux sex-symbols sous le soleil brûlant du Mexique de jour, et au milieu de flots de tequila la nuit.

« Le plus terrible, » dit Malle, « c'était de lire tous les jours des articles sur les "terribles disputes" qui ne se produisaient *pas*. Bien sûr, elles ont fini par se disputer pour de bon. »

Luis Buñuel, qui vivait au Mexique, raconte que l'ambiance était tellement tendue sur le tournage que lorsque, pour plaisanter, il enfila une perruque et traversa le plateau juste devant le réalisateur, celui-ci ne le reconnut même pas. « Personne ne m'a reconnu — ni mes amis techniciens, ni Jeanne Moreau qui avait récemment fait un film avec moi ».

Ce tournage fut certainement un enfer. Le soleil était brûlant et la chaleur accablante, mais leur budget ne leur permettait pas d'attendre de meilleures conditions météorologiques. S'y ajoutèrent d'autres tracas : Bardot aurait prétendu que la *hacienda* mise à la disposition de Jeanne dans les collines qui surplombaient Cuernavaca était plus spacieuse que la sienne. Moreau était également la seule à avoir la climatisation dans la caravane qui lui servait de loge. (Le public français se passionnait moins pour le côté « crêpage de chignon », ce qui ne l'empêcha pas de rire sous cape en apprenant que

BB avait perdu son sang-froid lorsqu'on lui avait annoncé que Moreau la remplacerait pour souhaiter la Bonne Année aux téléspectateurs français. Le producteur, François Chatel, avait en effet refusé Bardot, dont il ne supportait plus les excentricités).

Bardot arriva la première au Mexique. Des unités anti-émeutes armées de fusils à gaz lacrymogène durent empêcher la foule de se jeter sur elle. Quand Moreau, l'« autre fille » du film, débarqua cinq jours plus tard, le producteur eut quelque mal à identifier cette petite femme mince qui descendait de l'avion d'Air France, pour la montrer aux photographes venus l'attendre. Elle se remettait tout juste d'une pneumonie et arrivait avec plus de cent kilos d'excédent de bagages, essentiellement des modèles de Cardin. Sa maquilleuse, Simone Knapp, et Anna Pradella, l'accompagnaient. Bardot, elle, était arrivée avec pour toute escorte son petit ami, Bob Zaguri.

Viva Maria ! raconte l'histoire de deux soubrettes de music-hall du début du siècle, deux danseuses professionnelles qui se trouvent entraînées dans les remous d'une révolution latino-américaine. Maria II (Bardot), la fille d'un anarchiste irlandais, qui a appris au berceau à se servir d'une arme à feu, essaie d'échapper aux conséquences du dernier acte de terrorisme de son défunt père, et rencontre une troupe itinérante de music-hall, dans quelque République bananière d'Amérique du Sud. Maria I (Moreau) y interprète un numéro de chansons. Elles s'associent, continuent à voyager à travers le pays, d'abord comme danseuses — les Maria de Paris — puis comme révolutionnaires, prenant la tête de la révolte à la mort du chef du mouvement.

L'intrigue se concentre pour l'essentiel autour des deux femmes, une jolie fille sexy spécialiste de strip-tease et une froide séductrice. C'est une histoire merveilleusement idiote, fruit de l'imagination d'un homme, en présence de deux femmes d'une beauté appétissante, avec des décors remarquables et quelques idées délirantes (la flèche d'un clocher qui fait du sémaphore, par exemple). Louis Malle, qui affirmait que « le problème des films actuels est qu'ils sont trop intellectuels » avait certainement fait tout son possible pour y remédier dans *Viva Maria !*

Le film s'appelait initialement *Que Viva Maria !*, hommage parodique à *Que Viva Mexico !*, documentaire mexicain colossal mais inachevé du réalisateur russe Eisenstein. Malle et Carrière (qui avait participé au scénario du *Journal d'une Femme de Chambre*) l'écrivirent comme une sorte de match burlesque entre la « chouette nana » et la séductrice, ou, si vous préférez, le vrai sex-symbol et l'intellectuelle. Sur le tournage, la plupart des participants traînaient, transpirant à grosses gouttes dans la chaleur de midi, chassant les mouches avec leurs sombreros, attendant un vrai duel épique sous le soleil du Mexique. *Les Girls* au Mexique, ou « Comment jouer une paire de dames », titrait le magazine *Life*.

Une foule d'anecdotes perfides circula dans le monde entier. Pourtant, les deux actrices ont toujours affirmé haut et clair qu'une parfaite harmonie professionnelle régnait sur le plateau. Ce qui se passait après le travail ne regardait personne. Leurs jugements respectifs se résumaient plus ou moins à ceci. — Bardot sur Moreau : « Jeanne est une actrice. Je suis un phénomène. » Moreau sur Bardot : « Brigitte est une championne. Je suis un challenger. »

« Pour moi, il existe deux genres de femmes, » a également déclaré Bardot, « celles qui ont un caractère entièrement féminin, avec tous les défauts que cela implique, et celles qui ont un caractère d'homme, d'une franchise et d'une spontanéité totales. Je suis de celles-là, Jeanne aussi. »

Moreau, de sept ans l'aînée de Bardot, était du même avis : « Comme moi, Brigitte est un animal, mais d'une espèce toute différente. Je pense que nous sommes toutes les deux des femmes libres — c'est un de nos points communs. Nous étions comme deux copains de régiment : il y a eu de bons et de mauvais moments. » Le sex-appeal, après tout, n'est qu'une question de chair, alors que le reste relève du mystère, de l'indicible. Se jugeant dépourvue du premier, Moreau s'attache donc à exploiter cette facette énigmatique. « Je ne me considère pas comme un magnifique morceau de viande, alors les rôles sont là, » a-t-elle dit bien des années plus tard. « J'ai continué parce que j'ai toujours pris des risques et que j'y suis poussée. »

Viva Maria ! était le quarante et unième film de Jeanne Moreau.

Pendant le tournage, elle déclara à Chandler Brossard du magazine *Look* qu'elle était en quête d'une nouvelle Moreau. « J'ai l'impression d'avoir épuisé une certaine image de moi-même. Vous savez, comme un général qui exploite une stratégie jusqu'au bout. J'ai très peur de commencer à m'imiter moi-même si je ne me lance pas dans tout autre chose. J'ai l'impression qu'il y a une Moreau qu'on n'a encore jamais vue et qui ne demande qu'à naître. C'est curieux que les gens refusent de se considérer comme des personnalités renouvelables à l'infini. L'âme ressemble à un vaste pays inexploré, vous ne trouvez pas ? »

Quand le film sortit à New York, les deux Maria descendirent Broadway en décapotable, suivies d'une caravane de onze orchestres. Le film fut donné pour l'inauguration du nouveau Curzon Cinema de Londres tandis qu'à Paris, Alain Delon escorta les deux dames, une à chaque bras, pour la première. *Viva Maria !* fit la une des revues aux quatre coins de la planète, assurant une renommée mondiale aux deux actrices. Cette importante couverture médiatique inspira au magazine *Time* un article flagorneur sur Moreau. Celle-ci figurait sur la liste établie par *Esquire* des cent personnalités les plus remarquables du monde (Charles de Gaulle était le second Français de la liste), et l'*International Who's Who* la jugea digne d'une notice. Los Angeles allait bientôt lui décerner l'Oscar de l'Élégance, attribué par un jury de personnalités, tandis que la British Academy of Film and Television Arts lui accordait le prix de la Meilleure Actrice étrangère. Elle remporta également le prix Francis Carco de la meilleure chanteuse de l'année 1966.

Jeanne Moreau était désormais une vraie star internationale.

Encore épuisée par le cirque mexicain, Moreau arriva dans le village abandonné du Rat, dans le Limousin, pour tourner un film qui allait vraiment faire scandale. En théorie, *Mademoiselle* (*Summer Fires*) avait tout pour l'imposer définitivement sur les écrans mondiaux ; il était en effet réalisé par Tony Richardson, qui était alors l'époux de Vanessa Redgrave, sur un scénario de Jean Genet.

Dans *Mademoiselle*, elle incarne une institutrice de village vertueuse, mais névrosée et sadique. Quand elle ne fait pas la classe aux enfants, elle brûle des fermes et empoisonne des puits. Oubliant un instant sa vertu, elle se donne à un travailleur immigré italien (Ettore Manni), dans ce qui est probablement la plus longue scène d'amour en plein air jamais fixée sur pellicule. À la fin, elle s'éloigne en voiture à travers la campagne, très satisfaite, alors que les villageois viennent de tuer son amant.

L'affiche du film, qui s'est donné au London Pavilion de Piccadilly Circus, annonçait : « L'intrigue de Genet révèle ce qui peut arriver à une femme sans amour. Le film, déterminé et impitoyable, plonge jusqu'aux racines de son mal avec un réalisme inédit au cinéma. » Aujourd'hui encore, il laisse une impression franchement déplaisante.

Si, de son propre aveu, Moreau détesta, son rôle, le tournage lui apporta de nombreuses satisfactions. Dans le scénario d'origine, Genet laissait la sexualité refoulée de l'institutrice se libérer de manière pathologique, aboutissant, en toute logique, à l'autodestruction. Richardson préféra en faire une orgie d'amour, à l'issue de laquelle elle déclare à tout le village que son amant l'a violée.

« Ce n'est pas un joli film », a dit Moreau. « L'érotisme de Genet est féroce et il regorge de violence morbide. Je n'ai eu aucun plaisir à le faire. C'était pénible, parce que c'était un rôle difficile et malsain. Elle était si malheureuse, cette femme — voilà quelqu'un que je n'aimerais pas être. C'est une vierge inhibée, un fruit sec. On ne sait jamais tout à fait comment sera le rôle avant qu'un film commence. C'est pour ça que le réalisateur est tellement important. J'avais une grande confiance en Tony — une confiance absolue. Il avait une qualité mystérieuse, difficile à définir, et quand il m'a dit que je devrais faire ce film, eh bien, je l'ai fait. J'ai éprouvé la même chose avec Truffaut, avec Buñuel, avec Orson. »

Richardson était alors le grand nom du Free Cinema, l'équivalent britannique de la Nouvelle Vague. Il venait de tourner *La Solitude du coureur de fond* (1962, *The Loneliness of the Long-Distance Runner*) et *Entre l'alcôve et la potence* (1963, *Tom Jones*). Il tenait absolument à travailler avec Moreau, qu'il avait vue plusieurs fois sur scène ; il adorait ce qu'il appelait sa « précision, son élégance, sa compréhension du cinéma et de son fonctionnement. »

« À moins d'avoir travaillé avec Jeanne, personne ne peut prendre la mesure de la perfection et de la précision de son professionnalisme », écrit-il dans ses mémoires, *Long-Distance Runner*. De toute évidence, Richardson n'avait encore jamais rencontré de femme qui lui ressemblât. Il la décrivait comme « sophistiquée, douée, mûre, lumineuse, s'imposant partout où elle allait. » « J'ai eu l'impression de n'avoir pas encore grandi », reconnaissait-il.

Ils s'étaient rencontrés à Paris, et il lui avait proposé de choisir elle-même un scénario. Elle pensa immédiatement à l'histoire que Genet avait écrite sept ans plus tôt, un texte d'une centaine de pages qui l'avait profondément impressionnée. Genet habitait près de chez elle, à Paris, et ils avaient déjà discuté longuement de ce récit. Joseph Losey avait eu envie de le tourner avec Romy Schneider dans le rôle de Mademoiselle, mais il avait vendu la mèche et Richardson avait bondi sur l'occasion.

« Une fois de plus, j'ai trop parlé et j'ai raconté à quelqu'un un soir, à un dîner, que j'allais le faire, » avoue Losey dans son livre. « Genet réclamait 50 000 dollars de son vieux manuscrit. Le producteur Sam Spiegel a déclaré que c'était trop. Schneider a proposé de lui prêter l'argent "sur les recettes". "Rien ne presse", a dit Spiegel, "Ça fait des siècles que ce scénario traîne." Le même week-end, Richardson a déboursé les 50 000 dollars ».

La présentation du film à Cannes provoqua un véritable scandale. Certains le qualifièrent de pure pornographie et, pire encore, les projections provoquèrent les gloussements du public. Les comptes-rendus furent désastreux, les critiques furent exaspérés par son mauvais goût, les spectateurs s'ennuyaient. Il fit perdre à son distributeur, United Artists, beaucoup d'argent. On alla jusqu'à faire de Moreau l'incarnation féminine de Gilles de Rais, le sinistre Barbe-Bleue, et l'on commença à s'interroger sur son talent, et sur la pertinence de ses choix.

Impassibles, Richardson et Moreau se lancèrent dans un second film. Ce fut *Le Marin de Gibraltar* (*The Sailor from Gibraltar*), inspiré d'un roman de son amie Duras. C'était alors le livre préféré de Moreau, qui mourait d'envie de jouer le rôle d'Anna, la divorcée américaine errante.

Une fois encore, c'était un projet qui avait glissé entre les doigts de Losey. Ce dernier adorait Duras et avait lui-même souhaité tourner le *Marin* avec Moreau, à qui il en avait parlé. Selon Losey, c'est elle qui en donna l'idée à Richardson. Celui-ci se mit au travail, sur un scénario de Christopher Isherwood. La chanson du film était chantée par Moreau. Mais les deux réalisateurs ont emporté dans la tombe tous les détails de cette affaire.

L'histoire d'Anna, une sorte de « Hollandais Volant féminin », comme l'affirma le critique du *New York Times*, est celle d'une riche prédatrice qui fait le tour du monde à la recherche de son amour perdu. Dans un port, elle rencontre un Anglais (interprété par Ian Bannen, jusqu'alors connu surtout pour sa remarquable carrière avec la Royal Shakespeare Company). Il accepte de l'aider dans sa mystérieuse recherche. Ils tombent amoureux, et pour finir, c'est lui le plus obsédé par le marin fantôme.

Pour ce film, Richardson a emmené toute sa distribution et toute son équipe technique, comme un convoi de romanichels, tourner en Italie et en Grèce, en Égypte, en Éthiopie et même dans la jungle près du Soudan. Il confia à Vanessa Redgrave le second rôle féminin, celui de Sheila, la fiancée de Bannen à l'écran, qui le perd lorsqu'il tombe amoureux de Moreau. Orson Welles jouait un petit rôle, incarnant Louis de Mozambique. La distribution comprenait également John Hurt, Hugh Griffith et Eleanor Bron.

C'était la première fois que Richardson et Redgrave travaillaient ensemble sur un film et, vu la nature de l'intrigue, il était difficile d'éviter tout conflit entre leur vie personnelle et leur vie professionnelle. En réalité, leur couple battait déjà de l'aile en raison, notamment, de leur volonté respective de mener une carrière personnelle et de leur refus de sacrifier un peu de leur ambition.

Dans son autobiographie, *Vanessa Redgrave*, l'actrice écrit qu'elle avait été très malheureuse pendant le tournage de *Mademoiselle* qui avait eu lieu en France. Elle passait son temps à promener leurs deux petites filles, Natacha et Joly, dans leur poussette, ayant l'impression de « gêner » tout le monde.

« Aucun de nous deux ne savait plus que faire pour l'autre, et je ne savais plus quoi faire de moi-même », écrit-elle. Apparemment, le fait de ne pas participer au tournage la blessait davantage que l'intérêt obsessionnel de son mari pour Moreau, qu'elle prétend avoir trouvé « tout à fait compréhensible ».

« Elle était ravissante. L'équipe, la distribution, tout le village étaient amoureux d'elle. Mais moi, j'étais malheureuse, je me sentais exclue ».

Son rôle dans le *Marin* était donc à double tranchant. Elle était de la partie, cette fois, mais elle incarnait la femme dont le mari tombe amoureux de Moreau.

Les relations entre le réalisateur et d'autres membres de la distribution ne furent apparemment pas exemptes de tensions. Quand je lui ai demandé quels souvenirs il gardait du tournage, Ian Bannen m'a adressé le fax suivant : « Si le film s'est transformé en cauchemar pour la plupart d'entre nous dès le premier jour, ça a été une joie de travailler avec Jeanne. Au bout des deux premières semaines, elle m'a dit : "Tu sais, Ian, ce que nous devrions tous faire ?"

J'ai répondu : "Non, quoi donc ?"

"Tout laisser en plan, partir, travailler sur autre chose et peut-être revenir plus tard."

Elle avait parfaitement raison ! Elle possédait un magnétisme bien à elle qui se manifestait dès que la caméra ronronnait. Et pour ronronner, elle a ronronné puisque tout le film a été tourné avec une Arriflex sans caisson insonore. Par moments, on ne s'entendait presque plus parler, alors on ne comprenait pas un mot de ce que disaient nos partenaires. Cette idée idiote n'était que l'un des nombreux caprices excentriques du réalisateur, un type qui s'appelait Tony Richardson. Orson Welles a magnifiquement résumé les choses quand il m'a demandé, au bout de quelques jours : "Est-ce que c'est un réalisateur venu de l'espace ?" »

Moreau rétorque que dans la bouche de Welles, ce quolibet était plutôt un compliment. « Orson en connaissait un rayon sur l'espace », dit-elle en riant, tout en admettant qu'il y eut quelques moments difficiles sur le tournage. « Ces moments étaient toujours liés à la création. Même s'il y a des tensions entre les personnes, un film ne peut pas être entièrement mauvais. Mais il n'y avait pas vraiment de scénario et Tony a travaillé beaucoup trop vite. Nous venions de finir *Mademoiselle*. Il faisait un temps épouvantable et nous avions passé de nombreuses journées à ne rien faire, en attendant de pouvoir tourner. Or il tenait à faire ce film tout de suite. Est-ce que son béguin pour moi y était pour quelque chose ? Je ne sais pas. En tout cas, nous n'étions pas prêts à tourner.

Le problème venait aussi de ce que j'avais eu l'idée de faire venir le directeur de la photographie de Godard et de Truffaut, Raoul Coutard. J'ai tendance à oublier les choses. Il avait rendu François très malheureux au moment de *La Mariée était en noir*. Il était terriblement agressif alors que François était un homme très doux. J'ai parlé de lui à Tony parce que c'est un vrai génie de la caméra et qu'il sait travailler avec une caméra portative. À l'époque, il n'y avait pas tellement de gens qui en étaient capables. Comme nous étions censés tourner dans le désert et sur un bateau, avec un équipement très léger et sans éclairages, il fallait beaucoup utiliser la caméra portative. Je m'étais dit que Coutard serait parfait.

En fait, ça été atroce, Coutard avec Tony. En plus, il y avait la barrière du langage, et moi, je comprenais tout. Ian était tellement imbu de lui-même et de son rôle qu'il n'a pas remarqué qu'une partie du problème venait de cette relation d'agressivité pendant le tournage. Tony était un homme très doux. »

Pendant ce temps, un autre drame personnel se tramait dans les coulisses du *Marin de Gibraltar*. Richardson avait engagé un jeune marin grec de l'école navale d'Hydra, Theodore Roubanis. Jeune, très brun et Macédonien, Theo avait accompagné le réalisateur et son équipe dans toute la Grèce et dans les îles, pour faire de la reconnaissance d'extérieurs. Souhaitant devenir acteur, il avait fait des études de théâtre à New York, avant de revenir en Grèce pour son service militaire. Dans le film, il jouait un membre de l'équipage du yacht.

Peu après le début du tournage, certaines rumeurs commencèrent à circuler : Moreau se serait entichée de Roubanis, qui avait alors vingt-quatre ans et était donc de treize ans son cadet. Cette affaire perturba les relations entre l'actrice et son réalisateur. Tout en feignant d'ignorer cette idylle, Richardson devint « fou de jalousie » (ce sont ses propres termes). Il renvoya le Grec.

Les photographes se déchaînèrent, espionnant le couple à la sortie de boîtes de nuit ou à leur arrivée dans des aéroports. La télévision française filma un lit vide aux draps froissés pour illustrer l'aventure de Moreau en Grèce. Les journaux grecs affirmèrent qu'ils allaient se marier, lors d'une immense cérémonie publique au cours de laquelle le couple ferait le tour de la place de la Constitution dans une voiture tirée par des chevaux blancs. Moreau réfuta toutes ces allégations comme « pure affabulation ». Cela n'empêcha pas la nouvelle de faire le tour du monde, tandis que les échotiers s'empressaient de relever que Richardson avait confié à Moreau le rôle principal de son film, alors que sa propre femme ne jouait qu'un rôle secondaire.

Pendant le tournage de *Mademoiselle*, Richardson n'avait pas caché combien il avait pris plaisir à travailler avec Moreau. Après le *Marin*, il affirmait encore, une citation publiée dans *Cosmopolitan*, qu'elle était « l'actrice la plus merveilleuse avec laquelle j'aie jamais travaillé, et la personne la plus merveilleuse aussi. » Comme personne ne croit ce qu'on lit dans les journaux, on n'en fit pas grand cas, mais les rumeurs reprirent de plus belle un an plus tard, quand le couple Richardson-Redgrave se sépara.

S'il ne fut pas un grand succès financier, *Le Marin* reste une œuvre remarquablement pittoresque, rehaussée par le romantisme de ses paysages escarpés. Une fois le film terminé, Moreau partit, pour la première fois depuis bien longtemps, recharger ses batteries chez elle, en Provence. Richardson passa Noël avec sa femme et ses enfants, avant d'aller « se faire cajoler » par Moreau pendant quinze jours à La Garde-Freinet. Apparemment, la relation Roubanis-Moreau avait été rompue à l'amiable et le jeune Grec épousa plus tard Lady Sarah Churchill ! Richardson s'envola aussi loin qu'il le pouvait — à Tahiti et Bora-Bora — tandis que Jeanne, qui n'avait jamais su rester oisive plus d'une semaine d'affilée, enregistrait un deuxième album d'une douzaine de nouvelles chansons de son ami Bassiak/Rezvani. Le disque remporta le Grand Prix de l'Académie Nationale du Disque Français.

Quand l'été s'acheva au Préverger et que les jours commencèrent à raccourcir, Moreau rentra à Paris pour un petit emploi *parmi les copains* aux studios du Bois de Boulogne ; elle jouait Mademoiselle Mimi, une putain de l'époque de la Révolution française, dans un film à sketches sur la prostitution intitulé *Le Plus vieux Métier du Monde*. S'il n'a certainement pas fait grand-chose pour sa carrière, il l'aida peut-être à payer quelques factures et lui permit de retrouver de vieux amis comme Jean-Claude Brialy, Jean-Luc Godard, qui dirigeait sa femme Anna Karina dans un des épisodes, et le réalisateur Philippe de Broca, connu pour ses comédies avec Belmondo.

De Broca et Moreau avaient fait connaissance quand il était assistant réalisateur sur *Les Quatre Cents Coups*. Plus tard, ils tourneraient ensemble l'excellent *Chère Louise*. Mais avant cela, un nouveau rendez-vous avec Welles et d'autres *copains* — ou plus exactement des copines — l'attendait.

Une Histoire Immortelle fut tournée pour la télévision française et atrocement doublée pour l'étranger. Ce premier film en couleurs de Welles était coproduit par l'agent de Moreau, Micheline Rozan, et adapté par Louise de Vilmorin. Le scénario reprend une histoire de Karen Blixen/Isak Dinesen située à Macao, au XIXe siècle. C'était la troisième fois que Welles confiait à Moreau un rôle de courtisane.

Un riche marchand (Welles) essaie de transformer une vieille légende en réalité, en engageant un jeune marin (Norman Eshley) pour coucher avec une jolie fille. Évidemment, comme dans tous les contes moraux, la machination retombe sur le vieil intrigant. Welles est fidèle à son personnage mégalomane, mais le film ne fonctionne pas, malgré la musique des *Gymnopédies* d'Erik Satie, les costumes de Cardin et des extérieurs merveilleux. La télévision attendit deux ans pour le diffuser et il fallut encore quatre ans avant qu'il ne soit diffusé en salles.

Moreau se souvient que Welles connaissait alors de graves problèmes financiers. Il était déprimé, si profondément parfois qu'il en avait les larmes aux yeux toute la journée. Il savait qu'il avait sa carrière derrière lui — il ne ferait plus que trois films, dont deux sont demeurés inachevés. Mais il restait pour ses collaborateurs une source intarissable d'inspiration et une influence majeure.

Un soir très tard, après quelques verres de trop, Welles et Moreau étaient assis ensemble à son hôtel, le Meurice à Paris, à évoquer leurs espoirs, leurs craintes et leurs déceptions. Remuant son champagne pour en faire partir les bulles, elle lui confia qu'elle mourait d'envie de se lancer dans la réalisation. Il lui dit simplement : « Eh bien, fais-le. »

« Parfois, les obstacles les plus redoutables sont à l'intérieur de soi, » grommela-t-il. « Une fois que tu as les idées claires, ton énergie est si puissante, ta conviction si forte que trouver l'argent n'est plus un problème. » Il lui rappela aussi avec insistance que le réalisme n'avait aucun intérêt, qu'il était « inexistant artistiquement ». Elle emporta tous ces conseils pour les ruminer au cours de longues promenades dans les collines du Préverger ou dans sa Rolls, pendant le trajet qui la ramenait de Provence à Paris.

Huit ans plus tard, elle réalisa son rêve en écrivant et en réalisant son propre film — *Lumières* — suivi, trois ans plus tard, d'un deuxième, *L'Adolescente*. Elle en prépare un troisième à l'heure où j'écris.

« Je n'ai jamais pensé faire une carrière de réalisatrice, mais tant que j'aurai envie de dire quelque chose, je peux très bien prévoir de faire un autre film. Ma vie n'est pas finie, et mon travail non plus. Je pense que la vie m'a été donnée pour que j'en fasse quelque chose et que j'utilise tout ce qui m'a été offert. J'aurai quelque chose à faire jusqu'à mon dernier soupir. »

Sa route allait pourtant être semée d'embûches. Car c'était un métier difficile que celui qu'elle avait choisi de vivre.

10

« Pauvre Don Luís avec mon cadavre français sur les bras »

Les Américains considéraient désormais Jeanne Moreau comme une des femmes les plus séduisantes du monde. Contrairement au vin, les acteurs français ne s'exportent pas très bien aux États-Unis, pour des raisons dont Yves Montand a peut-être saisi l'essence quand il conseillait à ses compatriotes de prendre garde au puritanisme des Américains, « très chatouilleux sur des sujets qui ne sont qu'une bagatelle pour nous. » Moreau n'en fut pas moins une des Françaises qu'ils accueillirent à bras ouverts.

Peut-être était-ce son anglais, qu'elle parlait désormais avec un accent américain prononcé, qui facilita les choses. Ou bien le frisson de désir qui les parcourait quand — d'une manière très différente de celle de Bardot, avec beaucoup moins d'artifices et beaucoup plus de vêtements —, elle prêtait une aura de réalité infinie à l'art si noble de la séduction. Quoi qu'il en soit, le réalisateur Mike Nichols avait jeté son dévolu sur elle pour le rôle de Mrs Robinson dans *Le Lauréat* (*The Graduate*). Il insista pour l'engager, mais elle était occupée et refusa. Du reste, le choix de Nichols dépassait l'entendement de ses pairs. En effet, on considérait *Le Lauréat* comme une histoire typiquement américaine, puisqu'elle se situait dans la Californie des années soixante. De toute évidence, Mrs Robinson ne pouvait être qu'Américaine. En fait, le scénario du fils qui tombe amoureux de l'épouse d'un ami de son père, puis de la fille de cette femme, est un thème rebattu dont les origines se situent apparemment en France, il y a bien des siècles, mais tant pis !

Le rôle fut donc proposé à Anne Bancroft et Moreau partit pour l'Angleterre enfiler ses costumes et se plonger dans les péripéties de la Russie du XVIIIe siècle avec *La Grande Catherine* (*The Great Catherine*). Elle y était absolument superbe en tsarine fantasque, dans une robe de velours noir unie, laissant à peine entrevoir qu'elle pourrait à tout moment, pour peu qu'on lui en donne l'occasion, se transformer en héroïne de Jean-Luc Godard. Le film n'était pas fait pour elle, mais il lui permit de porter les authentiques bijoux des Romanov, ce qui est plus qu'on ne saurait en dire de ses illustres devancières dans ce rôle : Dietrich dans *L'Impératrice Rouge*, Tallulah Bankhead dans *Scandale à la Cour* et Elisabeth Bergner dans la version de *Catherine la Grande* d'Alexander Korda.

Tourné dans les studios de Shepperton et inspiré d'une comédie de jeunesse de George Bernard Shaw, *Whom Glory Still Adores,* le film était également interprété par Peter O'Toole (coproducteur) dans le rôle du capitaine Edstaston. Les deux têtes d'affiche s'entendirent apparemment comme larrons en foire. Michelle Moreau se rappelle avoir passé une soirée en leur compagnie — O'Toole était venu travailler sur le scénario dans l'appartement que louait Jeanne, près de Park Lane : un grand moment d'hilarité, avec du vin qui coulait à flot et Toole « lançant ses chaussures jusqu'au plafond. » Le film fut tourné dans les bonnes vieilles traditions britanniques — sur un grand pied, honorablement et conventionnellement, avec Gordon Flemyng à la réalisation. La distribution comprenait également Zero Mostel et Jack Hawkins.

La fille du producteur Jules Buck, Joan Juliet Buck, qui travaillait pour dix livres par semaine comme chargée de relations publiques de Moreau, a décrit, bien des années plus tard, le style singulier de l'actrice : « Elle n'avait pas encore quarante ans ; sa garde-robe s'étendait à l'infini, pleine de créations de Cardin avec des découpes et des entailles de couleur ; quand elle prenait l'avion, elle ne portait qu'un minuscule sac à main, et était suivie d'Anna, sa gouvernante et parfois de Louis, le mari d'Anna. Une Rolls-Royce la conduisait tous les jours de son appartement aux studios et elle proposait volontiers de vous faire faire un tour ; mais sous aucun prétexte, elle ne vous aurait cédé sa place, en diagonale par rapport au chauffeur. Elle fumait des Benson and Hedges et me faisait des cadeaux — un tas de trucs de Cardin, des bijoux en or avec des diamants de chez Chanel, des chaussures. Mon père me disait toujours qu'il fallait que je lui rende tout ça ! J'étais la seule fille du collège à avoir une garde-robe Cardin au grand complet. Jeanne était extrêmement généreuse. »

À cette époque, Moreau avait pour petit ami un photographe de *Paris Match*, un certain Cyril Morange, un jeune homme séduisant et charmant. Son assistante de relations publiques ne comprenait pas qu'une femme aussi profonde que Moreau, exerçant un tel charisme, possédant une telle stature et une telle charge dramatique n'ait pas choisi un homme aussi profond et dangereux qu'elle. « J'étais une oie blanche », reconnaît Buck.

La seule chose, semble-t-il, qui pût altérer la bonne humeur de l'actrice était l'apparition de journalistes sur le plateau. On cite en exemple une interview qui se serait mal passée avec John Gale pour l'*Observer.* Je l'ai retrouvée et j'y ai déniché un petit bijou, une plongée dans les racines anglaises de Moreau. Un paragraphe suffira : il décrit le moment où sa mère et son oncle viennent la voir dans sa loge, au studio. « Miss Moreau a embrassé sa mère, une petite femme très gentille qui porte des lunettes à verres teintés. Elle a proposé du cognac à son oncle qui a répondu : "Je ne refuse pas". Il habite, a-t-il dit, l'île de Man depuis quarante-sept ans : "Je n'en partirai pour rien au monde." "Tous les cendriers qui sont ici viennent de l'île de Man," a précisé Miss Moreau. »

La presse fit grand cas du « retour au pays » de la fille « française » rebelle, avec ses manières étrangères et ses attitudes dévergondées. Sa charmante saillie, affirmant qu'elle aimerait avoir une maison assez grande pour héberger tous les hommes avec lesquels elle avait entretenu des relations profondes et fortes, fut fort bien accueillie, d'autant plus qu'elle ajouta, avec une candeur bien française : « Ce n'est qu'un rêve, je ne pourrais jamais me la payer et ce serait sans doute l'enfer. » Il y eut d'autres traits d'esprit : « Je suis toujours amoureuse, sauf quand je récupère de l'amour » ou « Je suis panthéiste. Je vois Dieu partout dans la nature — et dans les hommes. » Sa réflexion sur la liberté était plus spirituelle encore ; pour Moreau, la liberté consistait à pouvoir choisir de qui elle voulait être l'esclave. Elle aggrava encore son cas en ajoutant qu'il était à présent si conformiste de vivre avec quelqu'un sans être marié que c'était le mariage qui était devenu anticonformiste.

Ce n'était pas, ont remarqué certains, un reflet très fidèle de la situation qui régnait en Grande-Bretagne en 1967. L'Angleterre vivait pourtant son *summer of love*, et l'amour libre commençait effectivement à faire fureur à Londres.

Moreau consacra beaucoup de temps à travailler son anglais et à rendre visite à sa famille. Sa mère et son beau-père vivaient alors à Brighton. Michelle était mère de deux enfants. Elle était en train de se séparer de son mari, Desmond Cavanaugh, qui dirigeait le Black Angus Grill et le Pickwick Club. Le Pickwick était un des lieux favoris du monde du spectacle londonien. On y rencontrait fréquemment Michael Caine et Terence Stamp, pour qui Michelle travailla plus tard, assurant la gérance du « Trencherman », son restaurant de Chelsea.

La presse se régalait des moindres faits et gestes de Moreau. Elle couvrait jusqu'aux pires fadaises, n'hésitant pas à rapporter, par exemple, que Mick Jagger, Ava Gardner et elle avaient failli en venir aux mains pour obtenir une loge de quatre personnes à soixante guinées pour la première de gala du ballet de Roland Petit *Le Paradis Perdu* au Royal Opera House de Covent Garden (Jagger coiffa Moreau et Gardner au poteau). Quand elle allait faire des courses à Portobello Road, il y avait toujours un reporter armé d'un appareil photo et d'un carnet de notes pour immortaliser l'événement. Sa gloire n'avait rien à envier à celle des plus grands noms actuels d'Hollywood. Mais voilà qu'au beau milieu du tournage de

La Grande Catherine, un événement vint littéralement bouleverser l'univers de Jeanne.

À la mi-février 1967, elle fut citée dans une procédure de divorce intentée par Vanessa Redgrave contre Tony Richardson. Ils avaient été mariés pendant cinq ans. Redgrave venait d'être désignée meilleur actrice de théâtre de 1966 par le Variety Club de Grande-Bretagne et se trouvait à Hollywood, où elle jouait le rôle de la reine Guinevere dans *Camelot* aux côtés de Franco Nero, l'homme qui allait être son compagnon pendant plusieurs années.

Abasourdie, Moreau prit immédiatement l'avion pour Paris afin d'aller consulter ses avocats. Cette affaire la dépassait, comme elle me l'a raconté en 1993. « Pour moi, Tony Richardson n'était pas un amant. Dans son livre [*Long Distance Runner*], il prétend avoir quitté Vanessa pour moi. Je n'en avais pas la moindre idée. Je sais ce que c'est qu'être l'amant de quelqu'un, vivre avec quelqu'un, coucher avec quelqu'un. Ce n'est pas le genre de relations que j'ai eues avec Tony. Nous avons fait des films. Les seuls moments que nous ayons passés ensemble, Tony et moi, c'est quand nous avons fait des films. Mes relations avec Tony étaient de même nature que celles que j'ai eues avec François Truffaut — une profonde amitié. Il y a un réalisateur avec qui j'ai eu une relation amoureuse très importante, c'est Louis Malle. Je n'ai jamais partagé un appartement ni même une nuit avec Tony.

Alors, quand j'ai appris que j'étais citée dans cette procédure, je n'ai pas réagi. Je me disais "C'est moi, mais ce n'est pas moi." C'est ce qu'ils ont fait de moi. Je suis sûre que Tony avait le béguin pour moi. Ils avaient leurs problèmes de couple à régler. Peut-être que j'ai été citée, mais je ne savais rien de leurs relations. Chacun voit midi à sa porte. De toute façon, je vivais en France.

Je ne vois rien qui ait pu justifier qu'on me présente comme la "maîtresse" de Tony, à moins qu'on n'ait conseillé à Vanessa Redgrave de me citer parce que M. Richardson et moi avions fait deux films ensemble. »

J'ai lu quelque part qu'elle avait parlé d' « un petit cadeau de Vanessa à [son] intention », et je l'ai interrogée à ce sujet.

« C'est une jolie remarque, mais je ne l'ai jamais faite, » a-t-elle répondu avec un rire rauque. « Après tout, c'était peut-être pour faire un petit cadeau à Tony qu'elle a cité mon nom. »

Le tribunal admit la version de l'adultère de Richardson avec Moreau, et Redgrave obtint son jugement provisoire de divorce. Les deux femmes avaient été surnommées, chacune à son tour, la « Nouvelle Garbo » et elles étaient, l'une comme l'autre, l'incarnation de la femme indépendante et mystérieuse. Bien des années plus tard, en juin 1993, quand Redgrave a entrepris une tournée avec un one-woman show qu'elle a dédié à Richardson après sa mort, elle a demandé à Jeanne Moreau de présenter son spectacle à la Comédie des Champs-Élysées.

« J'ai dit oui, j'étais très émue, » commente Moreau. « Elle n'avait pas voulu me voir pendant des années, je le savais bien, mais le temps passe. Je suis montée sur scène, j'ai dit quelques mots et j'ai chanté la chanson du *Marin de Gibraltar*. »

Dès que le tournage de *La Grande Catherine* fut terminé, Moreau poussa certainement un gros soupir de soulagement et mit le cap sur Paris pour retrouver sa « famille du cinéma ». Elle devait tourner *La Mariée était en noir* pour Truffaut. Elle rapportait dans ses bagages toutes les spécialités anglaises qu'elle adorait — crumpets, thé, torchons de lin, embauchoirs, brosses à vaisselle (elle ne jure que par elles !). Il y avait aussi un pull pour François, cadeau de premier jour de tournage, un rituel qui s'était établi entre eux. C'était leur troisième aventure commune.

Cette fois encore, Jean-Louis Richard avait travaillé avec Truffaut sur le scénario, emprunté au roman de William Irish. (Irish est le pseudonyme de Cornell Woolrich, surtout connu pour *Fenêtre sur Cour* porté à l'écran par Hitchcock.) Truffaut adaptera encore une autre histoire d'Irish, *La Sirène du Mississippi* avec Catherine Deneuve. Il avait lu ce livre contre la volonté de sa mère quand il avait treize ans. Bien des années plus tard, il essaya de se rappeler le titre, qu'il finit par retrouver avec l'aide de Moreau.

Ayant décidé de tourner *La Mariée était en noir* avec son amie

Jeanne, Truffaut entreprit d'en acquérir les droits cinématographiques. Il avait très envie de faire un film noir, une sorte d'hommage à Hitchcock ; il voulait faire porter l'intrigue par les images, libérer le film de la dépendance du dialogue (les crimes ont lieu à l'écran, mais la bande-son les ignore).

C'est l'histoire d'une veuve que sa soif insatiable de vengeance conduit à assassiner les cinq hommes qui ont tué son mari, le jour de leurs noces. Alors qu'elle cherche à comprendre pourquoi son mari a été abattu, ses informateurs lui font découvrir différents aspects du caractère de cet homme, incarné par Serge Rousseau (l'acteur qui joua sans doute le rôle le plus court dans un film de Truffaut.)

Moreau, dans le rôle de Julie Kohler — constamment vêtue (par Pierre Cardin, bien sûr) de noir et blanc symbolique —, est une femme ravagée par une conception quasi religieuse de sa mission. Elle élimine un à un les personnages masculins interprétés par Claude Rich, Michel Bouquet, Michael Lonsdale, Charles Denner et Daniel Boulanger. Truffaut lui demanda de ne pas être « tragique ». « Joue ce rôle, » lui conseilla-t-il, « comme un ouvrier qualifié qui a un travail à faire, consciencieux et obstiné. » Méthodiquement, elle repère ses victimes, et les séduit avant de les abattre.

Au cours de la présentation du film organisée par Unifrance, on interrogea Truffaut sur l'aspect monstrueux de son sujet. Étayant ses propos d'une liasse de coupures de presse, Truffaut rétorqua que des fusillades éclataient tous les jours à des mariages. Il regretta que la presse n'ait pas relevé un détail bien plus intéressant selon lui ; c'était son premier film où l'on entendait les mots « je t'aime ».

« Ça m'avait toujours paru impensable, parce que mon personnage principal ne doit jamais mettre en paroles exactement ce qu'il pense », a-t-il expliqué. (Une autre nouveauté était la série de portraits de Moreau réalisés à la demande de Truffaut par le peintre Charles Matton ; on les voit dans un passage du film consacré à l'une des victimes de Moreau, un artiste. Ces tableaux furent ensuite exposés à Paris, et incitèrent Matton à devenir lui-même réalisateur.)

C'était, en un sens, un pendant féminin de *Tirez sur le Pianiste* de Truffaut, Jeanne Moreau reprenant le personnage de Charles Aznavour. L'idée de confier à une femme le rôle du tueur à la Clint Eastwood était de plusieurs dizaines d'années en avance sur son temps.

Peut-être ne connaît-on pas encore tous les détails de son film suivant, *The Deep,* réalisé une fois de plus avec Orson Welles. Quoi qu'il en soit, Moreau n'a manifestement pas l'intention de les divulguer.

The Deep (appelé aussi *Dead Reckoning* et *Direction Towards Death*) est un film qu'elle a tourné avec Laurence Harvey et Michael Bryant sous la direction de Welles en 1967, au large de la côte dalmate, en Yougoslavie. Il s'inspirait d'un roman de Charles Williams, adapté une nouvelle fois à la fin des années quatre-vingt dans le thriller de Philip Noyce, *Calme Blanc* (*Dead Calm*), qui a imposé à l'écran les visages de Nicole Kidman et de Billy Zane. Mais la version de Welles eut une carrière moins lucrative.

Michael Bryant ne se rappelle pas grand-chose du tournage proprement dit. « Il y avait très peu de son en direct, parce que Orson avait viré les preneurs de son. J'ai essayé de faire la post-synchronisation, mais nous n'avions pas la moindre trace de ce que j'avais dit, parce qu'il avait viré la script, alors j'ai laissé tomber. En tout cas, je n'ai jamais terminé ce film sur le plan son. »

Le film n'a, paraît-il, jamais été terminé. Mais Moreau estime que tout ce que Welles a pu dire à ce sujet n'était qu'un tissu de mensonge. Elle avait essayé de lui en parler, mais il avait tellement peur de s'exposer aux critiques d'autrui qu'il avait refusé d'en discuter.

On commençait alors à proposer au public parisien de vastes rétrospectives des films de Moreau. Mais après l'échec de *The Deep*, elle n'a pas travaillé pendant un an. Elle a souvent reconnu que pendant un tournage, elle se sent progressivement de plus en plus épuisée, avant de sombrer dans la dépression une fois le film fini. Elle a l'impression d'être en pièces détachées et d'avoir le plus grand mal à recoller les morceaux. Elle traversa alors une période de ce genre. Une aussi longue absence loin de la caméra était, pour elle, le signe que quelque chose ne tournait pas rond. Peut-être était-elle, en quelque sorte, devenue prisonnière de son propre passé cinématographique. *The Deep* n'avait rien fait pour lui remonter le moral, déjà ébranlé par une récente série de films qui dessinaient incontestablement une courbe descendante. Le contraste avec le démarrage en flèche de sa carrière était frappant. Comment arrêter ce déclin et éviter la chute ? Comment ranimer les braises ?

Pendant ces mois de retraite au Préverger en 1967-1968, elle éprouva le besoin de réfléchir dans le calme, de s'imprégner de l'atmosphère du lieu, de renouer avec elle-même. Elle se lança dans des activités routinières : faire des confitures, s'occuper des vignes, soigner son père qui était tombé gravement malade quelques années plus tôt. Elle lut énormément, dit-elle, et enregistra un nouveau disque de chansons traditionnelles, *Les Chansons de Clarisse*. Mais la joyeuse animation des années précédentes au milieu de sa « famille élargie » était retombée. Sa vie se trouvait en quelque sorte en suspens.

Elle avait commencé en 1963 une psychothérapie qu'elle suivit plus ou moins régulièrement pendant près de six ans. Elle prenait cela très au sérieux. Joan Buck raconte : « Un été, alors que j'étais au Préverger, elle avait découvert Groddeck [Le Dr. George Groddeck (1866-1934), un médecin allemand proche de Freud, qui s'est beaucoup intéressée aux problèmes psychosomatiques.] Elle m'a prêté le *Livre du ça*. À la suite de quoi, je me suis réveillée à quatre heures du matin en hurlant, une réaction qu'elle a abordée avec une remarquable empathie. Elle avait elle-même suivi une psychothérapie et à cette date, elle avait envie de faire des études de médecine. »

« Je suivais trois séances de psychothérapie par semaine », m'a dit Moreau, « de celles qu'on n'a pas le droit de manquer. J'avais un psychiatre formidable et nous entretenions une relation très libre. Il me disait toujours : "Un beau jour, je vous dirai que tout est fini et je vous inviterai à déjeuner." Mais au cours d'une séance, nous avons eu une discussion à propos de l'inceste et je lui ai dit : "Vous êtes quand même terribles, vous, les hommes, vous ne pensez qu'à l'inceste entre père et fille ; vous ne pensez jamais au véritable inceste, celui qui peut exister entre mère et fils, Jocaste et Œdipe."

Il a été extrêmement choqué et m'a dit qu'il n'avait pas envie de s'étendre sur le sujet. J'ai dit : "Vraiment ? Alors je vous invite à déjeuner," et ça s'est arrêté là. Une réaction intéressante, non ?

J'ai continué à l'appeler régulièrement. Il avait beaucoup vieilli. Il me disait : "Je suis atroce, je suis vieux". Ça m'a vraiment choquée d'entendre un homme aussi intelligent, qui avait fait un tel travail, sur Freud notamment, dire des choses pareilles, sur l'âge et sur son impuissance à y faire face. Des années plus tard, avant de mourir, il m'a avoué qu'il était amoureux de moi. »

Jeanne avait alors quarante ans. Elle avait joué dans cinquante films — en comptant les épisodes de films à sketches et en excluant les brèves apparitions à l'écran. Au cours de cette période difficile, elle se mit à éprouver, a-t-elle dit, des angoisses de mort. « J'ai téléphoné à Buñuel au Mexique, parce que je voulais mourir près de lui. Pauvre Don Luís, avec mon cadavre français sur les bras ! »

La santé en dents de scie de Moreau fait presque partie, semble-t-il, de son mode de vie. « Elle est très cyclothymique, comme tant d'acteurs, » explique Florence Malraux. « Elle est au plus haut ou au plus bas. Ils vivent comme ça, ils travaillent, puis ils sont entre deux projets. Sur un film, elle dépense une énergie considérable. Ensuite, il faut qu'elle rentre chez elle et elle s'effondre. Si quelque chose ne va pas, elle a une réaction physique et il lui arrive de tomber malade pour de bon. C'est dans son corps qu'elle cache ses peurs. »

À la fin de 1968, Moreau se sentit enfin prête à rebondir, mais avec sa « famille » uniquement. Pendant tout ce temps, elle n'avait fait, à peu de choses près, qu'une apparition « publique ». En février de cette année-là, le gouvernement français avait renvoyé Henri Langlois de son poste de directeur de la Cinémathèque. Une foule d'acteurs, de réalisateurs et de cinéphiles s'était rassemblée pour protester devant la Cinémathèque de Chaillot, place du Trocadéro. On avait pu voir parmi les manifestants Yves Montand, Simone Signoret, Alain Resnais, François Truffaut et Jeanne Moreau, tous bien décidés à défendre la plus grande collection de films du monde et son directeur. C'était la première fois de leur vie que Truffaut et elle s'engageaient activement en politique.

Ils réclamaient la démission du « remplaçant » de Langlois, Pierre Barbin. La télévision couvrit l'événement. Quand un des manifestants suggéra de marcher sur le bâtiment et de réclamer la réintégration de Langlois, un autre rétorqua qu'ils allaient se faire matraquer par la police.

« Vraiment ? » demanda Moreau calmement. Invitant les autres à la rejoindre en première ligne, elle s'avança. « On va bien voir s'ils ont le courage de s'en prendre à nous avec toutes les caméras qu'il y a ici. »

La police chargea, mais elle fut repoussée par d'autres forces de l'ordre, conscientes des effets néfastes d'une telle publicité. Langlois fut finalement réintégré et Moreau rentra au Préverger. « La politique n'est pas une de mes préoccupations premières, » a-t-elle reconnu. « Pour moi, les politiciens sont tous pourris. La politique, c'est comme l'impôt sur le revenu : le blanc absolu. Je n'y comprends rien. Elle fait une trop grande place à mon goût à l'égotisme et à l'ambition. Le cinéma peut apporter du plaisir, de la connaissance, de l'émotion, de la chaleur, de la musique ; aider les gens à se sentir bien, pas à se politiser. »

Elle était toujours absente de Paris quand les émeutes étudiantes éclatèrent à la Sorbonne en mai 1968. Peut-être n'aurait-elle même pas remarqué les barricades et les cocktails Molotov, si son fils Jérôme n'avait pas interrompu ses études pour rejoindre le mouvement. « Pour le moment, il s'intéresse plus à la révolution, à lutter contre la société, qu'à autre chose. Les jeunes se battent pour leur vie », commenta-t-elle.

À la fin de l'année, l'actualité politique la rejoignit à nouveau de manière imprévue. Elle était sortie de sa retraite pour tourner *Le Corps de Diane* avec son ancien mari, Jean-Louis Richard.

« C'était un film sur la jalousie d'un couple et sur la manière dont la jalousie peut vous pousser à la folie », a expliqué Richard. « Au départ, je voulais Anna Karina pour le rôle, mais j'ai donné le scénario à Jeanne et quand elle m'a dit qu'elle aimerait bien le jouer, j'ai changé d'avis. Pour des questions financières, nous avons décidé de le coproduire avec un autre pays. Le Danemark étant tombé à l'eau — Copenhague aurait été parfait pour les extérieurs —, nous nous sommes adressés aux Tchèques et nous l'avons tourné en partie aux studios Barrandov et en extérieurs, à Prague. »

La solution convenait aux deux parties. Les studios Barrandov, avec leurs installations modernes en Technicolor, étaient la terre nourricière de la Nouvelle Vague tchèque des années 1960. Ces installations de production, construites en 1931 par l'entrepreneur Vaclav M. Havel (père du dramaturge et premier président de la Tchécoslovaquie post-communiste), étaient les plus modernes d'Europe centrale.

Richard, sa distribution et son équipe arrivèrent en plein printemps de Prague. Le communisme tchèque s'était libéralisé et Dubcek était au pouvoir. Quand Moreau débarqua au nouvel aéroport de Prague, qui venait d'être achevé, elle fut littéralement assaillie par la presse. Il y a de jolies photos d'elle avec un bouquet et son teckel nain, Quick, dans les bras, entraînée vers une conférence de presse à l'aéroport. On se rappelait que quelques années auparavant, elle avait reçu le prix de la meilleure actrice au festival de Karlovy Vary (l'ancienne Karlsbad), pour la *Femme de Chambre*. Elle déclara aux journalistes que le cinéma tchèque était, à ses yeux, le plus original d'Europe. Ils furent ravis d'apprendre qu'elle était l'amie de Milos Forman et de son co-scénariste Ivan Passer (devenus plus tard deux réalisateurs hollywoodiens à succès), qu'elle connaissait bien l'École supérieure de cinéma de Prague et serait heureuse que son fils y fasse ses études. (Jérôme, qui avait alors dix-neuf ans et était la réplique de son père avec la bouche de sa mère, travaillait avec eux sur le film, comme assistant de Richard).

« Puis les Russes sont arrivés, » soupire Richard. « Ils ont envahi en août et tout a changé. Il y a eu un tas de problèmes pour les gens du coin et pour les étrangers. Ça n'a pas été un film facile à finir dans un pays subitement en proie à de tels bouleversements. »

Dans *Le Corps de Diane*, Moreau joue le rôle d'une chorégraphe, également créatrice de costumes, qui monte un spectacle. C'était, en un sens, un retour à sa propre formation de danseuse classique. Le rôle était, a-t-elle affirmé, tout à fait différent de tous ceux qu'elle avait joués. Il s'agissait pourtant, là encore, d'un personnage profondément féminin dont la rencontre avec l'homme viril par excellence débouche sur un amour tragique. Sous les traits de Diane, elle retrouve un architecte perdu de vue depuis plusieurs années (son vieil ami du TNP et, plus récemment, de *La Mariée était en noir*, Charles Denner.) Il tombe amoureux d'elle, mais finit par la tuer.

Diane est un film de grande classe, avec des couleurs de rêve dans les somptueux décors de Prague. Mais il n'a pas très bien marché et fut impuissant à interrompre la « dégringolade » de Jeanne. Ce fut même le premier de ses films depuis dix ans à ne pas trouver preneur sur le marché anglo-saxon. Si le travail *en famille* lui apporta indéniablement certaines satisfactions, ce n'était pas ce qu'il lui fallait alors. Elle avait besoin de quelque chose de nouveau, de différent, d'horizons inexplorés.

Il était question d'un film en Angleterre avec Richard Lester, qui venait d'achever *Le Knack*, mais elle tomba sur Jean Renoir et accepta un rôle de trois minutes dans son ultime film, *Le Petit Théâtre de Jean Renoir,* destiné à la télévision et qui fut ensuite distribué en salle.

Jean Renoir, fils du peintre Auguste Renoir, a peut-être été le plus grand réalisateur français, et il a donné le meilleur de lui-même dans les années trente, avec des classiques comme *La Règle du Jeu, La Grande Illusion* et *La Bête Humaine*. Moreau et lui avaient fait connaissance au milieu des années cinquante, dans un bistrot où elle prenait un café avec Jean Marais, qui travaillait alors avec Renoir.

Lors de cette deuxième rencontre, Renoir lui demanda de chanter la rengaine Belle Époque *Quand l'Amour meurt* d'Octave Crémieux. Elle l'interprète, seule sur une scène nue, d'une voix infiniment triste, plus triste encore que Dietrich dans *Cœurs brûlés* (*Morocco*) de Sternberg. Vêtue d'une élégante robe du soir jaune et noir, avec une jupe Fortuny tourbillonnante et de longs gants noirs, Moreau a su concentrer tout son talent d'actrice dans ces trois petites minutes. La séquence est un merveilleux exemple de la fantaisie pure et de l'efficacité du Septième Art. C'est au demeurant un plaisir indicible que de voir Jean Renoir et Jeanne Moreau se moquer ainsi de la période qui a inspiré tant de ses films.

Ils eurent envie de continuer à travailler ensemble. Il voulait la transformer en clocharde, équivalent féminin de celui de son *Boudu sauvé des eaux*, cette satire noire qui a fait l'objet d'un remake américain, *Le Clochard de Beverly Hills* avec Nick Nolte. Mais Renoir n'allait plus jamais tourner.

Moreau, quant à elle, allait mettre fin au long déclin de sa carrière en allant précisément s'installer à Beverly Hills, mais comme vedette, pas comme clocharde.

11

« *Je crois aux cycles de la nature, à un processus de maturation. Il y a des jours où il fait beau, mais où vous, vous ne pouvez pas voir le soleil.* »

La fin des années 1960 fut celle de toute une ère, à l'échelle mondiale et, à titre personnel, pour Jeanne Moreau. À partir de cette date, ses activités se diversifièrent.

La France était alors en proie à d'immenses bouleversements. Les événements de mai 1968 eurent des répercussions durables à travers tout le pays. En 1969, Georges Pompidou prit la succession de Charles de Gaulle, ce qui lui permit de rompre avec la tradition et d'encourager l'art abstrait. La modernisation favorisa le développement de la télévision, plongeant le cinéma français dans une période de récession. Le nombre de spectateurs — plus de 400 millions en 1957 —, était tombé à 180 millions en 1969. On admet généralement que la *Nouvelle Vague* s'acheva vers la fin des années soixante. Le cinéma français d'après 1968 est ainsi entré dans l'histoire sous le nom de post-Nouvelle Vague.

Les horizons radieux des années soixante appartenaient désormais au passé. Jeanne Moreau avait joué dans plus de cinquante films, elle venait d'atteindre la quarantaine et la reine de la Nouvelle Vague n'avait plus rien à prouver. Il lui fallait cependant éviter les pièges de sa propre célébrité. Symbole d'une séduction intemporelle, elle n'en avait pas moins atteint une période de transition. Le tunnel dont elle venait de sortir s'ouvrait sur un vaste espace vide, et elle allait devoir trouver de quoi meubler cette étendue désertique.

La quarantaine a toujours été un cap difficile pour les actrices de cinéma. C'est un âge où les rôles se font moins nombreux. Le vieux truisme d'Hollywood selon lequel une actrice ne doit jamais avouer avoir franchi ce seuil a sans doute perdu une grande part de sa vérité, aujourd'hui où la femme de plus de quarante ans conserve un grand pouvoir de séduction. Mais dans les années soixante-dix, on considérait généralement que la quarantaine venue, les actrices devaient définitivement renoncer à jouer les grands rôles d'amoureuses.

Les emplois qu'on lui proposait ne lui plaisaient pas. Il lui arriva même, m'a-t-elle affirmé, de prendre contact avec le producteur ou le réalisateur et de leur suggérer un nom qui conviendrait mieux au rôle. Les quelques années qui suivirent furent pour elle une période de décélération et d'introspection. En l'absence de projets cinématographiques dignes de ce nom, elle se retira dans son cher Préverger avec son teckel Quick. Elle y passait des après-midi nonchalantes sous les arbres dans son hamac, entourée de coquelicots, à essayer de mettre un peu d'ordre dans son être en pleine confusion. Seule avec elle-même, dans l'insécurité d'une solitude anxieuse, il lui fallut du temps pour retrouver la paix intérieure. Son père habitait sur place, avec Anna et son mari, et des amis passaient souvent la voir. Elle ne fut donc jamais vraiment seule au cours de ce passage à vide, mais elle n'en garde pas moins le souvenir d'une grande solitude affective.

« Aucune pensée consciente n'a jamais réglé l'organisation de ma vie, » dit-elle. « J'ai toujours été prête à accepter les choses comme elles viennent. Je ne suis pas un bourreau de travail. Je suis capable de rester oisive, de profiter de mes vacances. On prétend que dès que je suis loin du téléphone et de la pression de la ville, je m'ennuie en moins d'une semaine. On se trompe. J'accepte ce qui se présente. Je peux m'habituer à n'importe quel rythme et je sens très bien quand il devient trop rapide. Alors je freine. »

Durant cette période, freiner voulait dire recadrer ses activités. Bien qu'elle prenne manifestement grand plaisir à vivre dans un tourbillon, à être la reine de la ruche dans une tenue aguichante, s'affairant, infatigable, avec dans les yeux l'éclat de celle qui maîtrise parfaitement la situation, la « paysanne » de Cardin ressurgit effectivement dès qu'elle qu'est « en coulisses ». Ses amis gardent plutôt l'image d'une Jeanne pieds nus en djellaba ou en jeans, les cheveux tirés en queue de cheval, que celle d'une des créatures les plus élégantes de Paris. Quant à Michelle Moreau, elle voit sa sœur à la cuisine, en chemise de nuit recouverte d'un grand tablier, en train d'émincer les légumes pour la soupe du jour.

Je ne crois pas que l'ego de Jeanne Moreau ait constamment besoin de félicitations, qu'elle doive absolument, pour être heureuse, voir son nom et sa photo s'étaler à la une des journaux. Mais je pense qu'il lui faut une constante stimulation, des défis à relever, qui viennent combler la vastitude qui s'ouvre devant elle. Il me semble que ce n'est pas l'ambition qui la pousse, mais le désir d'exprimer le meilleur d'elle-même, même si cela l'oblige à mettre ses émotions à nu.

« Je crois aux cycles de la nature, à un processus de maturation. Le bon moment viendra tôt ou tard. Il y a des jours où il fait beau mais où vous, personnellement, vous ne pouvez pas voir le soleil. »

La vie cheminait tranquillement, sans but. Elle mit alors à profit la profondeur et la conviction qu'elle réservait généralement à l'écran pour essayer de voir un peu plus clair dans le jeu de la vie, passée et présente. Il y eut quelques interruptions bienvenues, comme la publication d'un article dans *Marie-Claire,* une immense double page de cuisine, avec ses recettes préférées, illustrées par des photographies de son ancien petit ami, Cyril Morange. Mais elle passait l'essentiel de son temps à réaliser des projets toujours différés. Ce fut vers cette époque, dit-elle, que prit fin sa « période Rolls-Royce », fourrures et champagne.

« Je ne sais plus exactement quand elle s'est terminée, mais c'est entre 1967 et 1969 », remarque-t-elle. « J'ai offert ma merveilleuse Rolls, avec son intérieur de cuir gris, à mon ami Emilio, parce qu'il avait des problèmes d'argent. »

Juste au moment où la sève commençait à remonter, une proposition arriva d'Amérique. À un âge où la plupart des actrices européennes hésiteraient à se lancer dans une nouvelle aventure de l'autre côté de l'Atlantique, elle mit le cap sur Hollywood.

Ce n'était pas un endroit qui lui était familier. Elle admirait beaucoup le cinéma américain des années trente et quarante, « où les acteurs et les actrices étaient sous contrat, et n'avaient pas à manœuvrer sur un terrain glissant entre deux films. » Elle s'était également prise d'intérêt pour la Nouvelle Vague américaine. Des films indépendants à petit budget, comme *Easy Rider* (1968) et *MASH* (1970) commençaient à faire parler d'eux, tandis que des réalisateurs comme John Cassavetes et Martin Scorsese inventaient un nouveau cinéma.

Ce n'était pas, pourtant, la perspective de jouer dans un film de la Nouvelle Vague qui l'attira sur ces rives lointaines mais, le croirat-on, un western traditionnel avec des piliers aussi inamovibles que Lee Marvin et Jack Palance. William A. Fraker, qui avait été le directeur de la photographie de *Rosemary's Baby*, tournait en effet son premier long métrage, un western situé dans l'Arizona des années 1880 et qui racontait l'histoire de deux cow-boys vieillissants. Il vint à Paris demander à Moreau de jouer le rôle de l' « amoureuse » de Marvin, une Française qui travaille dans un saloon.

À son arrivée à Hollywood, elle ne connaissait pour ainsi dire personne et se rappelle avoir été littéralement terrifiée en s'installant dans la somptueuse villa qu'on lui avait louée à Bel Air. « J'avais eu envie d'aller voir comment c'était, » a-t-elle dit, « et j'ai bien fait. Par bonheur, mon amie Anaïs Nin habitait à deux pas. Nous nous étions rencontrées au Canada, puis en France et à Los Angeles. Pendant que je tournais *Monte Walsh,* son ami Henry [le romancier Henry Miller] et elle venaient dîner chez moi de bonne heure, parce que je devais me lever très tôt pendant le tournage. Miller s'occupait du vin et Anna [la gouvernante de Moreau l'avait accompagnée en Amérique] préparait le repas et mettait la table. Miller arrivait tôt, il vérifiait le vin et préparait tout pour la soirée. C'était une merveilleuse amitié. Malheureusement, je n'ai jamais rencontré son ami

Lawrence Durrell. J'étais une grande admiratrice de ses livres. Au point que j'avais baptisé ma Rolls “Justine”, du nom d'une des femmes de son *Quatuor d'Alexandrie*. »

« C'est assez excitant, pour nous, les étrangers, d'arriver à Hollywood. C'est la capitale du cinéma. Il y a une sorte d'aura autour de ce lieu, » a-t-elle déclaré à l'époque. « En tout cas, j'ai bien aimé l'histoire de *Monte Walsh*. C'est une entrée modeste dans le cinéma américain. C'est un film mélancolique. Je ne suis pas une fan de westerns, mais celui-ci n'est pas comme les autres. Lee Marvin est présent dans toutes mes scènes et il y a une histoire d'amour très tendre entre nous. » On s'empressa évidemment de parler de liaison entre Marvin et elle. Il faut dire que l'acteur américain, apparemment imperturbable, avait prétendu qu'elle était « une excellente amante ». Moreau réfuta néanmoins ces rumeurs.

« Ça a été une bonne chose pour moi de voir comment on fait des films là-bas. Il y avait une immense équipe, par rapport à ce que nous avons en France. Pour la réception que j'ai organisée à la fin du tournage, j'avais invité toute l'équipe. Je me suis retrouvée au milieu de cent vingt personnes dont je ne connaissais pas plus du quart. En France, je connais tout le monde par son nom. »

Cette allégation n'avait rien d'une posture. Grâce à sa prodigieuse mémoire, elle se souvient effectivement de tous les techniciens qui sont sur le plateau et se rappelle fort bien leur travail. Tony Richardson parlait d'un « don spontané d'intimité, sans rien de condescendant », une relation qu'elle réussit aussi, en un sens, à établir avec son public. C'est un sentiment déroutant, bien sûr, parce qu'en sortant du cinéma, on n'en sait pas davantage sur elle, en réalité, qu'au moment où on y est entré. C'est un sentiment que j'ai moi-même éprouvé.

« Elle traite les techniciens exactement comme des artistes, et, évidemment, ils réagissent comme des artistes », a expliqué Richardson dans son livre en évoquant son professionnalisme irréprochable.

Pendant son séjour à Hollywood, elle lut un certain nombre d'autres scénarios, mais n'accepta qu'un petit rôle, jouant son propre personnage dans *Alex in Wonderland* de Paul Mazursky. Celui-ci, qui avait obtenu un grand succès avec *Bob, Carole, Ted et Alice* était un inconditionnel de *Jules et Jim*. En 1980, il en tourna sa version personnelle, un film plaisant mais peu mémorable sur un ménage à trois intitulé *Willie and Phil*, avec Michael Ontkean, Ray Sharkey et Margot Kidder dans le rôle de « Kate ».

Dans le scénario de Mazursky, un jeune réalisateur, interprété par Donald Sutherland, qui venait de faire ses débuts, rencontre Moreau, Fellini et d'autres grands noms de l'écran dans des scènes qui sont autant de tributs au cinéma français et italien. Par exemple, quand il croise Moreau sur Hollywood Boulevard, il est tellement ravi que l'Avenue des Stars se transforme en vision romantique, avec des carrefours appelés « Belle de Jour » et « Jules et Jim ». Certains lui ont reproché d'être une pâle imitation de l'autoportrait fascinant de Fellini, *Huit et demi*, tandis que d'autres le surnommaient « Un et demi ». Sutherland, qui regorge généralement d'anecdotes pittoresques, s'est refusé à tout commentaire. « J'ai des souvenirs très précis, » m'a-t-il dit gaiement « mais je ne vous en confierai aucun. Ça n'a jamais été un film plaisant. »

« Peut-être que le film n'est jamais sorti », a murmuré Moreau, la tête penchée, le regard insistant — ce qui pouvait vouloir dire tout et n'importe quoi.

Quand Moreau quitta Hollywood pour regagner la France, il fut question d'un nouveau film de Jean Renoir avec Dirk Bogarde. On parla aussi d'une réalisation de Jacques Rivette, située dans le milieu théâtral parisien du début du siècle. Un troisième projet l'aurait conduite à travailler pour la première fois avec une réalisatrice, Carol Eastman, qui avait écrit le scénario de *Cinq Pièces Faciles*. J'ai également lu que Ken Russell souhaitait initialement lui confier le rôle de Sophie Brzeska, la femme vieillissante qui entretient une liaison platonique avec le sculpteur Gaudier dans *Le Messie Sauvage* (*Savage Messiah*) —un rôle qui revint à Dorothy Tutin. En 1967, on demanda à Tony Richardson de réaliser *Reflets dans un œil d'or* (*Reflections in a Golden Eye*). Il avait proposé à Marlon Brando le rôle du major, mais l'homosexualité du personnage avait effrayé l'acteur, qui avait refusé. Richardson voulait confier à Moreau le rôle qu'a finalement interprété Elizabeth Taylor, mais cette fois, ce fut le producteur qui refusa. En définitive, le film a été réalisé par John Huston avec Brando et Taylor.

« Si je dressais la liste des films que j'aurais dû faire, elle serait longue comme ça ! » dit-elle en écartant les bras.

Une fois de plus, elle haussa les épaules en lançant un de ses fameux « je m'en fous », et enregistra son quatrième album, *Jeanne Chante Jeanne*. Cette fois, elle écrivit elle-même les chansons tristes et douces qu'elle interprète de sa voix aux inflexions rauques. Peut-être son plus grand regret à ce jour est-il de n'avoir jamais tourné de comédie musicale. Il avait pourtant été question vers la même époque d'un projet avec Georges Moustaki.

Finalement, après deux années d'absence, Moreau regagna les bons vieux studios parisiens, pour jouer dans un bon vieux film noir. Film de gangsters traditionnel, *Comptes à Rebours* aurait parfaitement pu être tourné dans les années quarante, cinquante ou soixante. Retombant dans le schéma facile du travail de copains, elle accepta d'interpréter le rôle d'une « nana » de gangster sur le retour, par amitié pour Serge Reggiani, le principal interprète. C'était le premier film du réalisateur Roger Pigaut.

« Parfois, les distributeurs ont besoin que le réalisateur engage des acteurs d'un certain niveau, des "noms" pour assurer la promotion commerciale », a-t-elle expliqué. Le nom de Moreau n'étant plus un gage de succès suffisant, Simone Signoret — une autre amie de Reggiani — vint compléter l'affiche.

Signoret y est remarquablement convaincante, alors que Moreau a l'air de rabâcher ses rôles d'autrefois, du temps où elle jouait les potiches dans un univers d'hommes. Racontant l'histoire d'un gangster qui sort de prison pour découvrir que la femme qu'il aime a épousé un de ses meilleurs amis, le film décline une kyrielle de lieux communs : escrocs, argent, corruption dans les casinos, parkings souterrains, rues désertes, etc. Moreau, toute en lèvres avec des yeux lourdement maquillés, le front masqué par une frange, a l'air fatiguée. C'est d'ailleurs, en un sens, un film fatigué. Mais après tout, être payée pour travailler avec des copains sur un film sans grande ambition vaut sans doute mieux que de ne pas travailler du tout et de ne pas avoir un sou.

L'argent est chose fugace pour Moreau. Quand elle en a, elle le dépense — pour sa famille et ses amis, en divertissements, éventuellement pour acheter une toile ou un meuble. Elle est spontanément généreuse. Anthony Higgins, avec qui elle a fait *The Last Seance,* un téléfilm pour Granada en Angleterre, raconte ce qui s'est passé après un pot organisé pour célébrer la fin du tournage. Ils se trouvaient dans un hôtel de Manchester et, comme il était le seul homme présent, c'est à lui qu'on présenta l'addition.

« Bien entendu, je l'ai réglée, » relate Higgins. « Le lendemain matin, j'ai remarqué quelque chose dans mon casier à la réception. C'était une enveloppe pleine de billets, avec un mot de Jeanne me disant qu'il n'y avait aucune raison pour que je paye la note tout seul. »

Quand un journaliste de *Queen* lui demanda si elle avait un vœu à formuler, elle répondit qu'elle aimerait être moins dépendante de l'argent. « J'ai des obligations et, bien sûr, j'aime ce qu'offre l'argent. Mais je voudrais bien pouvoir être heureuse sans ça », a-t-elle dit.

Peut-être cette absence d'ambition financière, de la part d'une femme qui s'est toujours débrouillée seule, tient-elle au fait qu'elle sait que l'épanouissement ne s'achète pas — l'argent ne permettant d'acquérir que les signes extérieurs de la qualité de vie. J'ai été extrêmement frappée par une anecdote que j'ai lue dans un article de Penelope Gilliatt, pour le *New Yorker*. Un jour, après un dîner où elle avait servi son célèbre civet de lapin, Jeanne Moreau a confectionné une rose dans un morceau de papier d'argent pour la fille de Gilliatt ; elle est allée chercher une boîte de boutons dans un tiroir plein de fourbi — des gants, des vieilles chaussures, des petits cartons qui pourraient servir un jour — et, avec un fil et une aiguille, elle a soigneusement cousu un bouton rouge au milieu de son pliage. Un cadeau adorable et d'un chic fou, d'une valeur infiniment supérieure à tout ce qu'elle aurait pu acheter en magasin.

Ayant fait ses classes d'abord chez Chanel puis chez Pierre Cardin, Moreau est une experte en matière de mode. Elle a toujours aimé être élégante, quitte à voyager avec une caravane de malles contenant des monceaux de vêtements (ainsi que quelques articles de première nécessité, comme une théière avec cache-théière et thé, une tasse et une soucoupe qui appartenaient à sa mère, des casseroles et toute une batterie d'ustensiles de cuisine qu'elle déballe toujours en premier, en guise de rituel). Ses amis prétendent qu'il lui arrive de se changer jusqu'à cinq fois par jour, chaque nouvelle tenue s'accompagnant de chaussures, d'un sac et, si nécessaire, d'un chapeau assortis. Qu'elle se rende à Cannes ou à Los Angeles, elle ne se sépare jamais d'une petite valise entièrement remplie de sacs du soir, chacun emballé séparément dans du papier de soie, et elle les entoure tous d'un joli ruban, comme le ferait une petite fille.

Elle a eu pleinement l'occasion d'exprimer son chic instinctif et ce qu'elle avait appris des milieux de la mode lorsqu'elle a été invitée à réaliser le numéro de Noël 1970 de *Vogue*, le parangon des revues de mode. Si son nom ne suffisait plus à assurer une manne financière aux films en mal d'argent, *Vogue* révéla qu'en matière de mode, elle avait vraiment l'œil

Je ne sais pas combien de temps il lui a fallu pour préparer ce numéro, mais de l'introduction à la dernière page, des personnalités célèbres et des objets d'une classe incroyable s'y succèdent, composant un univers d'une élégance prodigieuse. Moreau fait évidemment la couverture, dans un nuage immaculé de lynx russe, regardant l'objectif (ah ! ces yeux de bronze !), souriante (ah ! ces lèvres, ces lèvres !) à travers la vitre d'une Bentley Mark VI, photographiée par Helmut Newton. Accroché par son expression provocante, vous feuilletez le numéro, tournant les pages truffées d'humour caustique et de noms connus.

Voici quelques exemples de l'Utopie de la page imprimée, version Moreau :

Silvana Mangano, posant pour Eva Sereny dans une robe 1910 dessinée par Piero Tosi et créée par Worth pour *Mort à Venise* de Visconti. Légende de Mlle Moreau.

Cinq garçons plus glamour les uns que les autres sous l'objectif d'Henri Cartier-Bresson, accompagnés de cinq photos d'une femme nue prise selon des angles différents pour illustrer l'aspect de l'anatomie féminine qu'ils préfèrent — la chute de reins, la colline des fesses, la courbure du ventre, etc.

Jean-Louis Trintignant, Nathalie Delon et Marie-France Pisier dans un roman-photo de dix pages d'une délicieuse vulgarité.

Un chapitre mode intitulé « Film », où l'on voit quelques grands couturiers, dont Yves Saint-Laurent, Pierre Balmain, Marc Bohan ou Ungaro, créer des robes adaptées au style de certains réalisateurs. Par exemple, l'allure Ingmar Bergman, vue par Cardin, est incarnée par un mannequin mélancolique, vêtu d'une longue jupe noire et d'une impeccable veste de smoking blanche, dont la traîne descend jusqu'à terre. Pasolini, version Crahay de Lanvin, est illustré par une jeune citadine pétulante en culottes bouffantes et aux seins à l'avenant.

Dans la section « Cadeaux de Noël », Moreau a recours, en guise de légendes, à des poèmes manuscrits. Un certain nombre de ses amis, comme Jean-Claude Brialy, sont invités à jouer les mannequins, portant ou présentant l'objet en question. En bouquet final, Jacques Prévert photographié par Robert Doisneau avec des légendes de Brassai présente un de ses livres.

Ce numéro offrait au lecteur moyen un rêve fabuleux, un aperçu fascinant dans les coulisses de l'aristocratie de l'art français. Pour Jeanne Moreau, ce fut un adieu idéal à l'année 1970.

La nouvelle année commença pourtant bien mal pour Jeanne. En février 1971, elle subit une opération bénigne à l'Hôpital Américain de Neuilly. Peu après, au lieu de faire ses débuts à Broadway dans *All Over* d'Edward Albee, elle partit travailler avec Michel Bouquet sur *L'Humeur Vagabonde* d'Edouard Luntz. Elle y joue le rôle d'une Parisienne mondaine qui séduit un jeune provincial (Erik Penet) monté à Paris pour y connaître la gloire. Bien qu'il s'agisse à proprement parler du film de Bouquet — il joue dix-neuf rôles, interprétant tous les personnages que rencontre le jeune homme, fort étonné de constater qu'à Paris, tout le monde a la même tête —, la femme mûre qu'était à présent Jeanne Moreau y est fort bien mise en valeur. Ce film, qui a représenté la France à la Biennale de Venise en 1971, est pourtant tombé dans l'oubli. Jeanne Moreau a enregistré la chanson du film, qui est sortie un an plus tard.

En avril, elle rejoignit plusieurs de ses amies pour s'engager, contrairement à ses habitudes, dans une nouvelle campagne politique. Il s'agissait cette fois de protester contre les lois françaises sur l'avortement. À l'époque, en France, une femme qui se faisait avorter risquait entre six mois et deux ans de prison et une amende qui pouvait aller jusqu'à 6 000 francs. Le 5 avril, 343 Françaises exaspérées par cette répression d'un autre âge signèrent le « Manifeste des 343 », dans lequel elles déclaraient avoir elles-mêmes subi un avortement.

Moreau fut l'une des premières à embrasser publiquement cette cause. Les actrices Catherine Deneuve, Delphine Seyrig et Stéphane Audran et les écrivains Simone de Beauvoir, Françoise Sagan et Marguerite Duras signèrent, elles aussi, cette pétition qui rappelait qu'un million de Françaises se faisaient avorter dans des conditions dangereuses. Elles réclamaient l'accès gratuit à la contraception et à l'avortement.

Moreau expliquait : « Je ne me souviens malheureusement que trop bien de l'humiliation associée à ce genre de choses. J'ai subi trois avortements quand j'étais très jeune, avant la naissance de mon fils. Aujourd'hui, on a peur du SIDA. À l'époque, on avait peur d'être mère célibataire. L'avortement était rigoureusement interdit. On courait des risques terribles, à moins d'avoir assez d'argent pour aller faire ça en Suisse. C'était atroce. Il fallait absolument prendre position politiquement. »

La législation fut modifiée grâce à leurs efforts et en 1976, la France autorisa l'avortement pendant les dix premières semaines de grossesse.

En juin, elle donna un récital de chansons à l'abbaye de Royaumont et, au théâtre de l'Espace Cardin, elle rendit hommage à Marcel Proust en lisant des extraits du *Temps Retrouvé*. Il y eut aussi un petit film, *Côté Cour, Côté Champs,* pour un jeune réalisateur débutant venu d'Alger, Guy Gilles, où on la voit marcher avec son chien Quick, allée Marcel Proust — cela tombait à pic. Gilles écrit un rôle pour Moreau dans tous ses films, et elle a joué dans deux d'entre eux, *Absences Répétées* (1971) et *Le Jardin qui bascule* (1975).

Elle travailla également sur un autre film d'Orson Welles, *The Other Side of the Wind* — une nouvelle tentative inaboutie racontant l'histoire d'un réalisateur d'Hollywood. Welles n'avait pas hésité à profiter d'un dîner de gala donné en son honneur à Los Angeles pour aller tendre son chapeau à tous les pontes du cinéma présents à cette occasion, mais il ne réussit pas à trouver les fonds nécessaires pour terminer ce film. Comme son *Don Quichotte* et *The Deep*, il ne fut jamais terminé et personne ne l'a vu.

Encouragée par le succès du numéro de *Vogue*, Moreau se lança dans l'édition en créant un magazine audiovisuel. Appelé *IN* et réalisé en super 8 sur cassette couleur, il était destiné aux instituts de beauté sélects de Paris et des grandes villes de province. Moreau s'engagea dans cette aventure commerciale avec son ancien mari Richard et le producteur Christian Gion. Elle était rédactrice en chef de cette sorte de juke-box visuel qui présentait des petits films accompagnés de musique, tandis que les deux hommes étaient chargés de la réalisation. Des amis obligeants comme Sagan et Moustaki acceptèrent de participer à ces programmes, qui couvraient divers sujets artistiques et des questions d'actualité

Ils avaient pour projet d'élargir la diffusion de ce magazine aux aéroports et aux gares, et même aux trains et aux avions. De toute évidence, ils s'amusèrent comme des fous. On y voyait le réalisateur-acteur Claude Berri (de *Jean de Florette*) expliquer comment le caractère d'un homme se trahit par la manière dont il fume, Moreau couvrant les Oscars de sa voix rauque ou interviewant Ingmar Bergman (pour qui, affirmait-elle, elle serait prête à accepter un emploi de scripte), Simone de Beauvoir s'exprimant sur l'avortement, sur les raisons qui poussaient les femmes à se mettre à la moto et sur les singularités de la décoration d'intérieur. Mais l'aventure fut de courte durée.

« Nous étions trop créatifs, » regrette Richard. « L'administration n'était pas notre fort. Ça a duré dix-huit mois. Nous avons sorti dix-huit numéros, mais nous n'avons pas gagné assez d'argent pour nous développer. Aucun de nous ne possède plus un seul exemplaire de ce magazine. Ils ont tous disparu. »

12

« *Les gens se lient à leur guise. La différence d'âge est dans le regard des autres.* »

C'est grâce à *Chère Louise* que Jeanne Moreau se retrouva en tête d'affiche. C'était un rôle idéal pour elle — celui d'une femme de quarante ans amoureuse d'un homme deux fois plus jeune qu'elle. Ce film lui ressemblait tant qu'elle disait elle-même qu'on aurait parfaitement pu l'appeler *Chère Jeanne*.

« Le rôle a été écrit pour moi, » a-t-elle expliqué au cours d'un tournage à Annecy. « J'ai été d'autant plus heureuse de le jouer que tous les rôles qu'on m'avait proposés jusque-là étaient ceux de femmes de plus de quarante ans qui avaient des problèmes avec leur mari. L'idée d'une femme de quarante ans amoureuse d'un garçon de vingt m'a séduite. Personne ne s'étonne de voir un homme de soixante ans avec une jeune fille de vingt — pourquoi pas l'inverse ? Personne n'aurait l'idée de plaindre le vieux ; s'il a une jeune poulette dans son nid, tant mieux pour lui. Pourquoi un jeune homme ne pourrait-il pas avoir une vieille poule ?

Les gens se lient à leur guise. Il y en a qui sont vieux à vingt-cinq ans, d'autres qui ne seront jamais adultes. La différence d'âge est dans le regard des autres. Jeunes, vieux — tout ça, c'est du racisme, comme entre Noirs et Blanc. L'âge n'a aucune importance. Ce que nous avons tous en commun, c'est la vie. Ce qui compte, c'est d'être vivant. On peut avoir l'air jeune, on peut être jeune, mais une fois qu'on a passé l'âge de la jeunesse, ce qu'on éprouve se lit sur votre visage. L'expression de jeunesse s'efface du regard pour être remplacée par celle de l'expérience, de la vie. »

Ce film raconte l'histoire toute simple de la rencontre de deux solitudes. Louise est professeur de dessin en province. Elle est divorcée, et la mort de sa mère l'oblige à commencer une vie nouvelle. Luigi est un jeune Italien venu chercher du travail en France. Ce rôle a été confié à un acteur roumain inconnu, Julian Negulesco, qui s'apprêtait lui-même à se mettre en quête d'un emploi en Italie. Rien ne rapproche Louise et Luigi, hormis leur solitude. Louise poursuit cette liaison, indifférente aux regards désapprobateurs de la ville jusqu'à ce que Luigi découvre le monde extérieur.

C'est le récit sans grande originalité d'une liaison entre une femme mûre et un jeune homme, qu'elle protège jusqu'à ce qu'il puisse voler de ses propres ailes. Il y a tout de même un coup de théâtre intéressant au moment où, Luigi venant de se fiancer, Louise se fait passer pour sa mère — avant d'être surprise avec lui dans une situation compromettante qui lui fait retrouver son statut de maîtresse. Bien de l'eau avait coulé sous les ponts depuis le début des années soixante, mais ce genre de sujet n'en restait pas moins un peu scabreux pour le cinéma de 1971. Présenté à Cannes dans le cadre de la sélection officielle, *Chère Louise* ne fut pas très bien accueilli en France. À l'inverse, après sa diffusion par la BBC, Moreau reçut, affirme-t-elle, plus de lettres d'admirateurs que pour tout autre film.

Elle rejoignit ensuite la branche féminine de sa famille cinématographique française pour tourner *Nathalie Granger*. Les amies de Moreau, faut-il s'en étonner, ont une attitude assez proche de la sienne — ce sont des femmes indépendantes d'esprit, d'une détermination farouche et dotées d'une redoutable acuité intellectuelle.

Elles insistent souvent pour se faire appeler Mademoiselle, et non Madame, comme il est d'usage pour des femmes qui, de toute évidence, ne sont plus des jeunes filles. « Comment pourrais-je être

Madame Moreau ? » m'a demandé Jeanne. « Je n'ai jamais épousé de Monsieur Moreau. Madame Moreau, c'était ma mère. Je suis Mademoiselle Moreau. » Je me suis sentie soudain accablée de stupidité, car je lui avais toujours donné du « Madame » par respect. J'ai tout de même été un peu rassérénée quand Nickolas Grace m'a confié qu'elle l'avait remis brutalement en place quand il lui avait lancé un cordial « Bonjour madame ! » en français, lors du tournage de *Vicious Circle* pour la BBC.

Marguerite Duras a été l'une des meilleures amies de Moreau. Comme Louise de Vilmorin, Françoise Sagan et Simone de Beauvoir avant elle, Duras a été un symbole pour les jeunes femmes libérées. Traduite dans de très nombreuses langues, elle a fasciné les féministes (ainsi que les psychanalystes), qui ont fait de son œuvre l'incarnation de l'« écriture de femme ». Duras et Moreau (qui n'a jamais été féministe) avaient travaillé ensemble avec plaisir sur *Moderato Cantabile.* Aussi, quand elle décida de réaliser une adaptation cinématographique de son livre *Nathalie Granger* chez elle, à Neauphle-le-Château, Duras décida-t-elle d'en confier le rôle principal à Moreau. Mais celle-ci, pour une raison ou pour une autre, n'était pas joignable, et Duras s'adressa alors à Lucia Bosè.

Un peu plus tard, Duras discuta avec Jeanne Moreau qui regretta de ne pas pouvoir collaborer avec elle. Duras décida alors de diviser le rôle et de transformer son film pour mettre l'accent sur le conflit de deux femmes (Bosè et Moreau) et sur la peur que leur inspire le monde extérieur. Le résultat est un curieux film « d'art et d'essai » intellectuel sur une famille monoparentale, les Granger, qui vit dans une maison de campagne en compagnie d'une femme anonyme (Moreau). Cette œuvre a été un remarquable fiasco commercial. Dans le *New York Times*, Vincent Canby parlait ainsi d' « un film sans issue pour lequel j'espère très sincèrement que peu d'entre nous sont prêts ». Je dois pourtant avouer que je l'ai assez aimé, ne fût-ce que pour sa prétention hautement revendiquée.

Il ne se passe pas grand-chose dans *Nathalie Granger*, mais sur la toile de fond du train-train quotidien, on entend la radio annoncer que deux jeunes tueurs rôdent dans les parages. Un démarcheur arrive. Cet homme inquiétant, qui essaie de vendre une machine à laver à Jeanne Moreau, est incarné par Gérard Depardieu.

« Je me suis demandée où Marguerite avait déniché ce géant indiscipliné, à l'allure extraordinaire. Il déclamait comme un acteur shakespearien mais à côté de ça, il était complètement primitif, » a commenté Moreau. Cette rencontre marqua profondément Depardieu, abasourdi de se trouver face à face avec celle qui n'était encore pour lui qu' « une bouche, des cheveux et une voix — surtout une voix ».

« En travaillant avec elle, j'ai découvert qu'elle possédait tout, » a dit l'acteur. « Elle a exercé une grande influence sur mes débuts. » (Ils allaient se retrouver quinze mois plus tard dans *Les Valseuses*, le film qui allait véritablement imposer Depardieu à l'écran.)

« En fait, je n'ai pas vu Pierre Cardin depuis le film brésilien », m'a confié un jour Jeanne Moreau. Il s'agissait de *Jeanne La Française*, un film de 1973.

Tourné sous la canicule estivale dans les plantations de canne à sucre du nord-est du Brésil, inspiré par une histoire vraie qui s'est déroulée dans les années vingt, c'est, dit-on, un de ses plus mauvais films. Pierre Cardin y interprétait lui-même le rôle du consul de France, faisant ainsi ses débuts à l'écran. Il jouait deux scènes aux côtés de Jeanne. Non content de dessiner les costumes comme à l'accoutumée, il avait également participé au financement de ce projet d'un jeune réalisateur brésilien débutant du nom de Carlos Diegues. Celui-ci avait vu tous les films de Moreau et s'était mis en relation avec elle. *Jeanne la Française* allait être un des grands titres du *Cinema Nuovo* brésilien émergent.

L'histoire raconte le combat d'une Française qui a émigré après la guerre de 1914-1918 pour s'établir au Brésil, à Sao Paulo. Après avoir fait son chemin comme tenancière de bordel, elle épouse un riche magnat du sucre et terrorise tous les membres de sa famille, qui tombent peu à peu sous sa coupe.

Situé au crépuscule de l'empire des grands propriétaires fonciers du Brésil, le film dénonce l'oligarchie brésilienne à travers un personnage féminin érigé en allégorie — une femme dévorée par un pays. Il a été tourné à Marechal d'Oro, un village reculé, plein de vieilles maisons aux couleurs pastel.

« Ils voulaient me traiter comme une grande vedette. J'avais un contrat incroyable, » a-t-elle confié au *Los Angeles Times*. « Maison particulière, voiture particulière, chauffeur particulier. Mais vous auriez dû voir ça ! Mon chauffeur avait un immense mouchoir sale noué autour de la tête et je sentais la route sous mes fesses à chaque tour de roue. Quand nous sommes arrivés à Marechal d'Oro, j'étais couverte de poussière — comme dans cette fameuse scène du *Guépard* de Visconti. »

Ne pouvant loger au couvent local dont les portes fermaient à dix heures du soir, elle s'installa à l'hôtel, qui n'avait pas l'électricité. Les fenêtres, sans vitres, étaient fermées par de simples grilles. Elle s'enduisait de lotion anti-moustiques avant de se coucher par une chaleur de 50 degrés. À la fin du tournage, la population locale organisa un carnaval en son honneur. Ils arrivèrent tous à cheval et restèrent tout le temps en selle, s'enivrant épouvantablement. « Il ne fallait surtout pas qu'ils descendent de cheval », a-t-elle observé.

Bien que Moreau ait appris suffisamment de portugais pour enregistrer les dialogues, elle fut doublée par une célèbre actrice brésilienne, Fernanda Montenegro ; on n'entend la voix de Jeanne que dans la chanson du film, « Joanna Francesca ».

Pierre Cardin, semble-t-il, « ne fut pas autorisé » à l'accompagner sur son tournage suivant, *Je t'aime*. Ce film, réalisé par Pierre Duceppe, fut tourné dans l'arrière-pays canadien. Après de longues fiançailles, Moreau avait fini par rompre avec Cardin.

« Je ne me rappelle pas exactement pourquoi nous nous sommes séparés — ça s'est fait peu à peu, mais nous avions vécu une relation extraordinaire, vraiment formidable. Nous nous étions énormément amusés. C'était une liaison merveilleuse, à la fois spirituelle et physique. J'éprouve une immense admiration pour lui, mais franchement, je ne me rappelle même pas pourquoi nous avons rompu. Je crois que le problème venait en partie de ce que nous avions très envie d'avoir un enfant. Si ça avait été possible, nous serions encore ensemble. J'en suis responsable — je ne pouvais pas avoir d'enfant.

Si nous avions eu un enfant… Oh, cela fait si longtemps maintenant. »

Leurs vies s'étaient manifestement engagées sur des chemins différents. Elle passait de moins en moins de temps à Paris, alors que l'expansion de sa société exigeait de Cardin une présence régulière dans la capitale. Mais peut-être aussi s'éloigna-t-elle de Paris dans l'espoir d'atténuer l'épreuve de la séparation. Passer du Brésil torride aux neiges du Québec tient sans doute de la douche écossaise, mais ces dépaysements lui apportaient probablement un dérivatif bienvenu. Le remède n'en était pas moins brutal pour quelqu'un dont l'idéal du voyage d' « agrément » est une croisière de deux ou trois jours dans la solitude sur un yacht de luxe (avec équipage, bien sûr).

Dans le film canadien, elle interprète, une fois de plus, le rôle d'une femme d'âge mûr qui prend un jeune amant. Celui-ci n'est autre que son futur gendre. Son propre statut de mère vient apporter un peu de piment à la constellation de personnages, et ce traitement du « complexe d'Œdipe » devait ajouter à l'intérêt du film. Mais le public lui réserva un accueil fort tiède et sa distribution resta largement confidentielle. Moreau aurait sans doute pu offrir à un réalisateur de talent une nouvelle composition brillante, mais il faut bien avouer que le film en soi était médiocre.

Le noyau dur des admirateurs de Moreau peut remercier Bertrand Blier. Celui-ci lui évita en effet d'être la vedette de films de plus en plus ratés et de galvauder son talent dans des œuvres qui ne lui apportaient strictement rien. Dans les années 1970, le fils de l'acteur Bernard Blier était un jeune réalisateur décidé à écrire une œuvre qui refléterait l'évolution de la société. Il voulait retracer le passage de la Nouvelle Vague aux années soixante-dix, permissives et perturbées. À cette date, la plupart des réalisateurs de la Nouvelle Vague s'étaient embourgeoisés et, comme beaucoup d'autres, Blier leur reprochait d'avoir négligé les faits de société actuels, la réalité socio-politique, pour privilégier leurs propres visions du réel.

Son premier livre, *Les Valseuses*, fut édité en 1972. Fort bien accueilli par les adeptes du changement, il cherchait à choquer la bourgeoisie, à briser les tabous et à réveiller de sa torpeur la France coincée de Pompidou. Les bourgeois, et surtout les bourgeoises, s'offusquèrent. Ce livre sortit à un moment où la société française était mûre pour quelques remises en cause. Aux États-Unis, le Watergate allait révéler au grand jour la corruption de Nixon ; l'Angleterre était agitée par des grèves, on promettait aux ouvrières la semaine de trois jours et l'égalité des salaires.

Jeanne Moreau, personnalité en vue de la Nouvelle Vague, profondément apolitique de surcroît, s'inscrivait mal dans l'image que Bertrand Blier se faisait de la France nouvelle. Le vocabulaire de son livre, dont Depardieu lui-même reconnaissait qu'il contenait beaucoup de « gros mots », n'était pas le sien. Mais elle était capable de reconnaître la tendresse sous la verdeur des propos, et Blier savait qu'elle avait à cœur d'encourager la carrière de jeunes réalisateurs. Il avait tourné deux films dans les années soixante, sans réussir à percer. Il allait à présent jeter son pavé dans la mare du cinéma français.

Blier lui soumit le scénario tiré de son livre, l'histoire de deux « fainéants rigolards, petits-fils naturels de Rabelais et de Guignol ». Il avait prévu une distribution qui comprenait les noms les plus prometteurs de la nouvelle génération : Gérard Depardieu, deux de ses camarades du Café de la Gare, Patrick Dewaere et Miou-Miou, auxquels s'ajoutaient Brigitte Fossey et Isabelle Huppert, encore presque débutante. Il persuada également le violoniste de jazz Stéphane Grapelli d'écrire la musique, et un cameraman hollandais encore inconnu, Bruno Nuytten, d'être son directeur de la photographie.

Blier demanda à Moreau si elle accepterait d'interpréter un rôle d'une vingtaine de minutes, celui d'une femme qui se suicide peu après avoir été libérée de prison. Elle se laissa séduire par cette histoire d'un réalisme vigoureux, qui faisait fi de toutes les conventions sociales. Quand elle accepta de rejoindre ce groupe de jeunes rebelles, qui tiraient leur énergie de leur insolence et de leur angoisse, elle ne se doutait pas que cette aventure allait être une véritable révélation.

Les Valseuses racontent l'histoire, débordante de testostérone, de deux petits délinquants hâbleurs et immoraux, Jean-Claude et Pierrot (Depardieu et Dewaere), qui parcourent la France en volant des voitures, en multipliant braquages et cambriolages et qui en font voir de toutes les couleurs aux femmes. Jean-Claude et Pierrot volent et forniquent avec Marie-Ange (Miou-Miou), à laquelle ils reprochent d'être frigide. Ils décident donc de se chercher une femme plus mûre. Se disant qu'une détenue récemment libérée devrait faire l'affaire, ils vont rôder devant une prison de femmes. Jeanne en sort, après dix ans de détention. Elle n'est plus toute jeune, ce n'est pas une beauté, mais elle incarne tout ce qu'ils espèrent. Ils lui achètent des vêtements, lui offrent un repas somptueux et l'invitent, hors saison, dans un élégant hôtel du Touquet, où ils passent une folle nuit d'amour à trois. Un coup de feu les réveille à l'aube. Jeanne s'est donné la mort.

Dans sa petite valise en carton, ils découvrent des lettres de son fils, Jacques (Jacques Chailleux), incarcéré lui aussi. Estimant qu'ils ont une dette envers Jeanne, ils attendent la libération de Jacques et le conduisent dans la ferme isolée où ils se sont installés avec Marie-Ange. C'est le coup de foudre entre Jacques et Marie-Ange. Jean-Claude et Pierrot qui, magnanimement, les laissent ensemble, sont furieux d'entendre Marie-Ange manifestant bruyamment son plaisir pour la première fois, le lendemain matin.

Le film ne s'arrête pas là — l'histoire de Blier continue à mettre la vie cul par-dessus tête et à accumuler paroles crues et gestes provocateurs, notamment de la part de Depardieu et de Dewaere qui s'en donnent à cœur joie.

Le rôle que joue Moreau dans cette intrigue est modeste, mais singulièrement émouvant. Lorsqu'on la découvre, c'est un être déprimé, littéralement en phase terminale, au teint cendreux, vêtue de noir. À la fin, allongée, morte, sur le lit, à demi nue dans sa combinaison, avec un filet de sang qui coule de son corps, elle est aussi provocante qu'elle l'était quinze ans plus tôt dans *Les Amants*, ayant momentanément retrouvé sa jeunesse grâce à l'attention qu'on lui a témoignée. J'en ai eu, je dois l'avouer, des frissons dans le dos et j'ai pensé à une phrase d'elle que j'avais lue un jour : elle disait qu'un acteur doit, plus que tout autre, faire attention à sa vie, « parce que tout se voit ». Tout se voyait effectivement sur ce lit — la femme qui avait tourné *le* film culte de la génération précédente, *Les Amants*, n'hésitait pas à joindre sa voix au chœur d'un hymne à la génération suivante.

Depardieu raconte que sur le tournage des *Valseuses,* Moreau a été comme un roc pour eux. Alors que les jeunes acteurs étaient nerveux et tendus, cherchant leurs marques et ayant perpétuellement l'impression d'être mis à l'épreuve, elle s'immergea paisiblement dans son rôle. « Il faut vivre le rôle qu'on joue, comme Jeanne », a dit Depardieu. « Il faut aimer la joie qu'on éprouve à le faire. » C'est Moreau qui présenta plus tard Depardieu à Truffaut, lequel tourna *Le Dernier Métro* avec lui.

Les Valseuses était incroyablement en avance sur son temps, et lança une nouvelle mode. En France, ce film attira plus de spectateurs que ses concurrents directs, *L'Arnaque* et *L'Homme au pistolet d'or*. Seule *Emmanuelle* l'éclipsa au box-office cette année-là.

En Angleterre, en revanche, la censure lui refusa une licence générale d'exploitation et sa diffusion fut limitée au Grand Londres. Les Américains reprochèrent à Moreau d'avoir joué dans un film aussi malsain et Brigitte Fossey fut clouée au pilori pour avoir allaité en public. Dans tout le pays, ce fut un tollé d'indignation et de honte lorsqu'on vit la jeune actrice française préférée des Américains, Isabelle Huppert, qui n'avait encore que dix-huit ans, coucher au bord de la route avec les *deux* hommes. Il n'y avait pas de mots pour décrire pareille monstruosité. Mais tout le monde vit le film. Et ceux qui avaient poussé des cris d'orfraie en voyant *Les Valseuses* furent probablement scandalisés d'apprendre, la même année, que Moreau venait d'être décorée de l'Ordre du Mérite.

Tout en restant cataloguée dans les rôles de femmes mûres flanquées d'un jeune amant, Jeanne Moreau s'était également engagée, avec ce film, dans l'étape « mère d'un jeune adulte ». Le personnage de Jacques des *Valseuses* avait du reste à peu près le même âge que son fils Jérôme, né en septembre 1948, et qui avait fêté ses vingt-quatre ans pendant le tournage.

Elle ne parle pas beaucoup de Jérôme. Voici tout ce qu'elle a accepté de me dire au cours d'une interview : « C'est un adulte. Il n'a pas envie qu'on parle de lui. Il est artiste, c'est tout ce qu'il y a à en dire. Il fait de la peinture. Il vit en Californie. Je ne peux pas me permettre de parler d'un adulte. »

Certains de ses amis affirment qu'ils s'étaient rapprochés dans les années quatre-vingt après avoir vécu des relations plutôt difficiles, un peu flottantes, et parfois douloureuses. À l'époque où elle acceptait de parler de lui plus ouvertement, elle a toujours tenu à rappeler qu'elle n'a pas été une mère comme les autres. « J'ai fait du mieux que je pouvais. Il ne m'appelle pas mère, il m'appelle Jeanne. Je n'ai jamais été une mère possessive ».

Mais c'est à l'amour maternel qu'elle a dû son émotion la plus violente — au moment où Jérôme a failli mourir à la suite d'un accident de voiture près de Bordeaux avec Jean-Paul Belmondo, en 1960. Son père, qui lui sert d'agent (pour ses expositions) en France, m'a confié qu'il avait vécu un peu « à droite à gauche, [menant] une vie un peu bousculée » entre sa mère, son père et ses grands-parents. Quand ses parents vivaient à une dizaine de kilomètres de distance, il s'installait chez celui dont il se sentait le plus proche à ce moment-là. Interne en France, puis à l'école franco-américaine de Lausanne, il n'avait jamais manifesté une grande passion pour les études. Après avoir quitté l'université en mai 1968, il avait appris la photographie, travaillé comme ouvreur de cinéma et comme relieur, et avait été l'assistant de son père sur le tournage de *Diane*. Les photographies de Jérôme enfant révèlent l'arcade sourcilière prononcée de sa mère et les cheveux ondulés de son père.

Après avoir quitté la France pour le Canada, Jérôme s'est installé à Corona del Mar, en Californie. Au cours d'un séjour à Paris en novembre 1993, je suis allée voir une exposition de ses œuvres à la galerie Brigitte Schehadi. Des toiles abstraites spectaculaires et modernes, éclatantes de lumière californienne, dans une incandescence audacieuse de couleurs tropicales. L'article du *Nouvel Observateur* rendant compte de l'exposition le présentait simplement comme le fils d'une très célèbre actrice et d'un acteur-réalisateur de renom.

13

« J'aimais l'écriture de Peter Handke, sa poésie, et puisque que j'aimais ce qu'il faisait, j'étais prête à l'aimer. »

Quand Jeanne Moreau tomba amoureuse de Peter Handke, écrivain et poète autrichien, l'étonnement fut quasi général. Ses plus proches amis eux-mêmes n'avaient rien vu venir. Il avait un peu plus de trente ans, elle en avait quarante-six. Moreau, qui se sentait généralement attirée par des hommes plus jeunes qu'elle, eut le plaisir de découvrir que l'attirance restait réciproque.

Ils avaient fait connaissance au début des années soixante-dix par l'intermédiaire du réalisateur allemand, Wim Wenders. Celui-ci tournait un film adapté du roman de Handke, *L'Angoisse du gardien de but au moment du penalty* (*Die Angst des Tormanns beim Elmeter*) Les deux hommes s'étaient rencontrés à Düsseldorf en 1966, à l'époque où le théâtre d'avant-garde de Handke commençait à faire parler de lui. Ils avaient travaillé ensemble sur des courts métrages, Handke au scénario, Wenders à la réalisation, avant se lancer dans des longs métrages qui les avaient imposés comme des figures de proue de la Nouvelle Vague allemande émergente.

Au Nouvel An de 1974, à l'instigation de Handke, Moreau revint à la scène pour la première fois depuis la fameuse comédie de Félicien Marceau, *La Bonne Soupe,* en 1958. Elle devait jouer *La Chevauchée sur le lac de Constance* de Handke à l'Espace Cardin. « Le titre, qui est tiré du poème de Goethe, suggère que nous ne ressentons vraiment les événements qu'après les avoir vécus, » explique Moreau.

Obsédé par l'essence de la prose, Handke s'intéresse avant tout aux éléments abstraits de l'existence, tels que l'angoisse, la solitude et l'incapacité de communiquer. L'action scénique de *La Chevauchée*, qui se passe au cours d'une réception, contient tout cela, mais elle est dépourvue d'argument. Chaque soir, le spectacle présentait ainsi un ensemble mouvant de mots, d'émotions et d'actions.

La liberté de forme, et l'idée que chaque représentation puisse prendre une tournure différente, avaient séduit Moreau. Elle se réjouissait par ailleurs de retravailler avec des amis comme Gérard Depardieu, Delphine Seyrig, Michael Lonsdale et Sami Frey, et le travail avec Claude Régy, un metteur en scène qui faisait œuvre de pionnier, présentait un grand intérêt pour elle.

Personne ne comprit véritablement pourquoi on avait mis à l'affiche cette pièce obscure et assez violente. L'attitude du public — qui protestait avec véhémence contre l'absence d'argument — valut néanmoins au spectacle de longues colonnes dans la presse.

Moreau, à qui il arrive de souffrir d'un trac épouvantable, trouva ce comportement d'abord intimidant, avant de s'en amuser. « Les gens ne venaient que pour une chose : participer et nous nourrir, de tomates pourries, par exemple » plaisantait Depardieu. « À la fin de chaque représentation, il y avait tout un repas sur scène. Comme ça, on n'avait pas besoin de sortir dîner après le spectacle ! » Un soir, un homme réserva six places et assista à la représentation avec ses chiens.

Sur scène, les relations de Moreau avec Handke étaient faites de complicité — elle servait de filtre à ses mots. Mais leurs relations à la ville étaient assez scandaleuses pour attirer l'attention de la presse. Les journaux publiaient des photographies du couple et l'on ressortit des vieux tiroirs des citations de Moreau comme « La vieillesse ne vous protège pas de l'amour, mais l'amour vous protège, dans une certaine mesure, de la vieillesse. »

Malgré les nombreuses petites phrases provocantes qu'elle a livrées à la presse au sujet de l'amour en général, elle se montre généralement fort discrète sur sa vie privée. Elle croit davantage à une succession de grands amours qu'à un seul, et n'a jamais hésité à faire des essais, de crainte de passer à côté d'une de ces relations exceptionnelles. (J'ai mis la main sur une délicieuse anecdote. Elle raconte qu'il lui est arrivé d'aller se coucher avec un homme, très amoureuse de lui, et de se réveiller à côté d'un étranger. « Les Anglais, qui ne sont pas un peuple enclin à l'hystérie, expliquent ce phénomène par ce dicton : "Un beau matin, le thé n'a pas le même goût". Ça explique très bien ce qui m'est arrivé. »)

Elle n'utilise jamais le terme d' « amant » dans les interviews qu'elle accorde, préférant dire, avec une infinie discrétion, de ceux qu'elle a aimés et qui l'ont aimée, que ce sont des hommes qu' « elle admire et respecte ». Et il semble que presque tous — Pierre Cardin ayant été l'exception à la règle — continuent à jamais de l'aimer. Du reste, elle le leur rend bien.

À Paris, je lui ai demandé de me parler franchement de Handke. « J'aimais son écriture, sa poésie, et puisque j'aimais ce qu'il faisait, j'étais prête à l'aimer. Peter [qu'elle prononce "Payder"] et moi sommes restés très proches depuis le *Lac de Constance*. J'éprouve pour lui une profonde admiration. L'amitié est une chose extrêmement importante pour moi. »

Alors que l'élégance affichée par un grand nombre de personnalités en la matière n'est que posture, il semble que Moreau dise vrai lorsqu'elle affirme conserver d'excellentes relations avec ses anciens amants. Handke et elle se parlent toujours très régulièrement et espèrent retravailler ensemble un jour. Elle a du reste partiellement transposé leur liaison à l'écran dans *Lumière*.

Quinze ans plus tard, il lui a demandé d'interpréter un monologue d'un quart d'heure à la fin de son film *Die Abwesenheit* (L'Absence). « Il n'y a pas de vrai scénario dans le film de Peter, mais c'était un travail passionnant. »

Juste avant de se faire bombarder de tomates tous les soirs sur la scène du *Lac de Constance*, Moreau avait joué dans un film inspiré de *Creezy* de Félicien Marceau. Intitulée *La Race des Seigneurs*, cette dénonciation des compromissions politiques était l'œuvre de Pierre Granier-Deferre. Alain Delon y jouait le rôle d'un fringant homme politique de gauche, promis à un grand avenir mais entravé dans ses ambitions par des problèmes de couple et de maîtresse, et par un fils qui cherche désespérément une figure de père. Jeanne Moreau, brune pour l'occasion, interprétait une sorte de Lady Macbeth politique, une veuve respectée, décidée à favoriser la carrière du dauphin de son défunt mari, l'homme politique joué par Delon, un acteur pour lequel elle avait toujours éprouvé une grande admiration. Ce film n'a pas révolutionné l'histoire du cinéma, mais deux idoles de leur génération se retrouvaient enfin à l'écran.

Moreau participa à trois films de jeunes réalisateurs en attendant l'automne, moment auquel le festival de cinéma de San Francisco devait en effet lui rendre hommage. Ce tribut, le plus complet de sa carrière, arrivait à point nommé pour lui permettre de relancer sa carrière en Amérique.

Le festival proposait des projections des *Amants,* de *Jules et Jim,* de *La Baie des Anges* et du *Journal d'une Femme de Chambre*, suivies de deux heures d'extraits de films couvrant vingt-cinq années de carrière. Le clou de la soirée devait être, à minuit, l'apparition de Mlle Moreau en personne. On s'était arraché les places. Elle eut droit à une *standing ovation* délirante, qui lui arracha des larmes. Elle aurait voulu les embrasser tous, « mais bien sûr, ç'aurait été excessif ! » Les spectateurs étaient fous d'elle. Cinq ans s'étaient écoulés depuis qu'elle s'était rendue à Hollywood pour *Monte Walsh*. À part des reprises de vieux films, seules *les Valseuses* avaient traversé l'Atlantique. Ce retour aux États-Unis fut illuminé par la courtoisie de King Vidor, le vétéran des réalisateurs américains, qui vint la chercher à San Francisco dans son avion privé et l'invita à passer un week-end dans sa propriété de Paso Roboles. Elle l'avait rencontré quelques semaines plus tôt seulement dans une salle de projection parisienne, où il se trouvait avec sa grande amie, Colleen Moore, une vedette du cinéma muet spécialisée dans les rôles de « garçonne ». Il avait promis à Moreau de lui faire découvrir le Hollywood d'autrefois. Elle confia au *Los Angeles Times* que ce voyage de luxe dans l'avion de Vidor avait été pour elle « le plus grand moment de ces trois dernières années ».

De là, elle se rendit à Los Angeles. Elle était invitée à participer aux émissions de Johnny Carson et de Merv Griffin, entrant ainsi de plain-pied dans l'univers du Hollywood moderne, où les acteurs consacrent beaucoup de temps à faire leur publicité au lieu de confier cette tâche aux agents des studios. C'était exactement ce dont elle avait besoin : une importante couverture médiatique populaire. Après tout, jouer les vedettes fait partie du métier. « C'est merveilleux d'être connu. Je ne fais pas la tête si on me reconnaît, ça me regonfle. Je passe des coups de fil et les gens réagissent ! Ça n'a jamais été un problème. Je suis toujours allée faire mes courses moi-même. Ça ne me dérange pas qu'on me reconnaisse — ce qui m'inquiéterait c'est qu'on m'oublie. Je prends ça comme un privilège. Ça ne me contrarie jamais, je me promène librement et je parle aux gens. C'est formidable, parce qu'on se fait des amis immédiatement et qu'on apprend un tas de choses.

C'est très facile d'avoir une vie privée si on y tient vraiment. La publicité, ça se cherche. Quand j'étais en voiture en Italie, par exemple, j'avais la presse à mes basques. Je sortais de voiture, et je me tournais vers les journalistes. Ils prenaient leurs photos, et puis clic, clac… ils repartaient. »

Son voyage en Californie lui redonna une énergie qu'elle avait un peu gaspillée en essuyant les plâtres pour trois jeunes réalisateurs à qui son nom — et sa générosité — devaient permettre de se lancer. Elle a toujours aidé les réalisateurs et je comprends son désir d'encourager le talent. Mais il faut reconnaître que les compétences de ses protégés ne sont pas toujours à la hauteur de son ardeur et de son appétit de travail. Peut-être cela lui est-il égal. Ou peut-être est-ce une question d'argent — encore que participer aux premiers films de réalisateurs inconnus ne soit certainement pas le meilleur moyen d'en gagner. Peut-être aussi vaut-il mieux être occupé que de ne rien faire. Mais je ne peux m'empêcher de m'étonner qu'une femme qui prétend manquer de temps pour faire ce dont elle a envie ait accepté de jouer dans tant de films médiocres, qui ne sont restés que quelques jours à l'affiche. Sans doute n'est-il pas facile, j'en conviens, d'anticiper le résultat d'un projet cinématographique.

Le premier de ces trois films était *Hu-Man*, avec Terence Stamp et Frédérick (de Nina et Frédérick) van Pallandt. Écrit par le réalisateur Jérôme Laperrousaz, ancien documentariste, c'est une histoire de science-fiction dont le rythme n'est pas trépidant. Un acteur, qui s'appelle Terence Stamp, voyage dans le temps avec l'aide de son ancienne petite amie, Jeanne. Le film n'a pas fait recette, mais il a tout de même remporté l'Astéroïde d'Or au festival du film de science fiction de Trieste, en 1975.

Moreau fut sans doute profondément déçue de ne pas participer de plus près au *Jardin qui bascule*, le deuxième film de son protégé, le réalisateur Guy Gilles. Il avait en effet écrit le rôle principal pour elle. Jeanne ayant d'autres engagements, c'est Delphine Seyrig qui interpréta ce personnage mais, pour leur « porter bonheur », Moreau écrivit une chanson qu'elle interprète à la fin du film, accompagnée au violon par son ami Grapelli.

Quant au troisième film qu'elle porta à bout de bras, *Souvenirs d'en France*, elle eut le bonheur d'accompagner ses premiers pas vers le succès. André Téchiné était alors un des débutants que soutenait Moreau. Ce réalisateur français, extrêmement populaire aujourd'hui, n'avait encore signé qu'une œuvre, *Paulina s'en va*, tournée quand il avait vingt et un ans. Il avait parlé à Moreau un peu plus tôt d'un film polémique qu'il voulait faire sur les problèmes de classes. Grâce à son aide, il réussit à trouver l'argent nécessaire pour le tourner.

Souvenirs d'en France est un film politique plein de force et de style qui reste, aujourd'hui encore, l'une des meilleures études sur la bourgeoisie gaulliste libérale. Tourné près de Toulouse, il raconte l'histoire d'une famille du Sud-Ouest de la France, depuis le Front Populaire jusqu'aux années soixante-dix. Ces forgerons, immigrés espagnols qui ont fui la Guerre Civile, gravissent l'échelle sociale et deviennent propriétaires d'une forge, avant de faire fortune à la tête d'une immense entreprise. Moreau interprète le rôle de Berthe, une blanchisseuse d'une intelligence remarquable et d'un courage d'acier, que le fondateur de la dynastie fait épouser à son fils Hector (Michel Auclair) pour soutenir leur nouvel empire capitaliste.

Pendant la Seconde Guerre mondiale, Berthe s'engage dans la Résistance. La famille s'en inquiète, mais en tire avantage. Les années agitées d'après-guerre exigent une nouvelle approche économique et politique. C'est Berthe, industrielle dynamique, qui assurera la survie de l'usine et de la famille.

« Il semblait nécessaire, » commente Téchiné, « d'introduire la lutte de classes dans une histoire de famille, mais ce film ne se résume pas à ça. Ce qui m'a attiré dans le fond, c'était les objectifs contradictoires des personnages et le conflit des sexes. »

Les portraits acérés de ce film furent une véritable révélation pour les Français, peu enclins d'ordinaire à l'autocritique. Téchiné dénonçait avec une brutalité sans précédent la rigidité de certains aspects de la société française. Chose encore plus choquante, il offrait une image sans fard de l'insondable ennui de la vie en province.

Après être restés un instant sans voix, les critiques s'accordèrent à voir dans ce film l'expression d'une nouvelle tendance, plutôt saine, du cinéma français. Moreau explique : « Nous avons essayé de montrer les changements provoqués par la femme que je joue, par cette famille et par l'industrie elle-même. Il s'agit d'une des premières tentatives du cinéma français pour illustrer le passage du temps sur une longue période, ce qui donne au film un parfum tout à la fois romanesque et violent. Tous les personnages, que leur rôle dans le film soit long ou court, sont d'une exactitude et d'une véracité absolues. Bien sûr, Berthe est certainement le personnage dont l'évolution est la plus manifeste. Au début, la famille, surtout la mère, ne veut pas d'elle parce qu'elle est trop prolétaire. Mais une fois que Berthe est entrée dans la famille, elle finit par tout obtenir. »

On y retrouve Moreau dans un rôle qui rappelle celui du *Journal d'une Femme de Chambre*, une femme brillante qui se fait une place dans une classe et dans une société qui n'exigent pas l'intelligence mais où celle-ci, judicieusement utilisée, lui permet de dicter ses règles. Elle vieillit lentement, superbement, traversant les années trente et leur provincialisme étouffant, la terreur de l'Occupation allemande et la modernisation qui intervient à partir des années soixante. C'est certainement l'une des meilleures interprétations de Moreau. De son propre aveu, elle a particulièrement aimé jouer les résistantes. « Peut-être que si j'avais été plus âgée au moment de la guerre, j'aurais été comme elle, mais je n'étais encore qu'une écolière… » Elle hausse les épaules, en tirant sur sa cigarette extra-longue. « Ce n'était pas dans mon caractère. Peut-être que si j'avais été plus âgée… »

Le film devait être présenté au festival de Cannes 1975, mais Moreau présidait le jury cette année-là, et il ne fut pas autorisé à concourir. Il fut toutefois présenté dans le cadre de la Quinzaine des Réalisateurs qui lui réserva un accueil enthousiaste.

Moreau était la cinquième femme à présider le festival, après Olivia de Havilland, Sophia Loren, Michèle Morgan et Ingrid Bergman. « Ça a été une surprise pour moi, parce que je ne vais presque jamais au cinéma. Je ne vais pas voir mes propres films et je n'assiste pratiquement jamais aux premières. Il m'arrive d'aller au théâtre pour voir un ami sur scène, mais je suis très timide et j'évite les galas et les premières. Bien sûr, j'ai pris ce travail de Cannes très au sérieux. Je n'ai pas tardé à me rendre compte qu'on risquait d'être englouti sous la paperasse. »

Au poids des papiers s'ajoutait celui de toute la sélection de films à voir et du protocole draconien lié à la fonction de président. Moreau, qui descend toujours au Carlton, le superbe hôtel XIXe siècle de la Croisette, était aux anges : elle n'avait pas à assurer la promotion d'un film, tout en ayant l'occasion de faire des élégances et d'être fêtée comme une célébrité. Son ami et voisin de La Garde-Freinet, le producteur de la BBC Peter Adam, l'a souvent accompagnée à Cannes. Il raconte volontiers qu'il lui arrivait de se changer six ou sept fois par jour, enchaînant les modèles de grands couturiers. Ses malles contenaient jusqu'à soixante robes prêtées par les maisons de haute couture. « Quand elle est là, c'est une vedette, et elle fait son boulot, » dit-il. « Elle a une grande confiance dans son physique et peut être d'une élégance renversante. »

En 1993, elle est venue donner une master class au festival de Cannes avec un groupe de réalisateurs (parmi lesquels Téchiné dont le film, *Ma Saison préférée*, avec Catherine Deneuve et Daniel Auteuil, était en compétition). Sa présence rappela aux habitués « le bon vieux temps », où la classe faisait tout. Descendant lentement la Croisette dans une décapotable de sport conduite par un séduisant jeune homme, elle salua gracieusement la foule médusée qui faisait le pied de grue sur le trottoir, bijoux étincelants, foulard de soie au vent, incarnation même d'Hollywood-sur-Mer.

En janvier 1975, Anatole Désiré, le père de Jeanne, mourut. Il avait continué à habiter Le Préverger, où ses filles veillaient sur lui. Jeanne a écrit une pièce sur la dernière année de la vie de son père et sur sa mort. Elle la publiera un jour, dit-elle. « Il était malade depuis longtemps », raconte-t-elle. « Je savais qu'il avait un cancer, mais personne ne le lui a dit; pour lui, il est mort de vieillesse. Il n'a été hospitalisé que tout à la fin et il est mort à soixante-dix-sept ans.

Je lui avais fait promettre de ne pas mourir avant mon anniversaire, parce que je devais aller tourner le film de Téchiné. Avant de partir, je lui ai dit: "Je t'en prie, ne me fais pas ça, ne meurs pas avant mon anniversaire." Il m'a jeté un regard très dur. Nos relations sont restées extrêmement agressives jusqu'au bout. Il est mort le 22, la veille de mon anniversaire. J'ai quitté le tournage, bien sûr, et j'ai pris l'avion. Je suis arrivée à Mazirat, son village natal où on avait transporté son corps, le jour de mon anniversaire. »

Jean-Louis Richard et leur fils la rejoignirent pour les obsèques. « Quand nous sommes entrés à l'église, j'ai remarqué que les hommes étaient d'un côté, les femmes de l'autre. Je me suis assise avec mon mari et mon fils, mais toutes les femmes me regardaient. C'était tellement gênant, que je me suis déplacée pour aller m'installer avec elles. » Elle hausse les épaules. Elle est tellement loin aujourd'hui des villageois de son enfance. Pourtant, on sent encore en elle des racines qui s'enfoncent dans ce terroir. Peut-être se manifestent-elles dans la manière dont elle s'occupe de ses plantes et parle à ses fleurs ; ou dans sa passion pour la cuisine. Quelque part, tout au fond, la petite « paysanne » de Cardin est toujours là.

Moreau passa la plus grande partie de l'année 1975 à Paris, dans son bel appartement de la rue du Cirque, à deux pas des Champs-Élysées. Elle l'avait mis à la disposition de Jérôme Laperrousaz pour servir de décor à *Hu-Man*, avec ses lourdes portes de bois, ses hauts plafonds et ses sourdes harmonies de rose et de beige. Elle avait aimé qu'on filme chez elle, car cela lui avait permis de participer de plus près à la réalisation, un métier qui l'avait toujours passionnée et dans lequel elle s'apprêtait à faire ses premiers pas.

Elle n'avait pas beaucoup parlé de ses projets à ses amis. En fait, Orson Welles était le seul à être vraiment dans la confidence. Mais elle savait que son instinct d'actrice n'allait pas tarder à coïncider avec celui de réalisatrice.

Après avoir bouclé *Souvenirs d'en France* en septembre 1974, Jeanne Moreau resta plus ou moins cloîtrée chez elle pendant presque un an, avec Quick pour toute compagnie. Penchée sur son bureau derrière les voilages orange pâle de son vaste salon, elle rédigea son premier scénario.

14

« L'âme est comme un vaste pays inexploré »

« Quand quelqu'un qui n'a jamais mangé que les mets les plus raffinés se fait cuisinier, il serait impardonnable de servir des plats médiocres, » affirme Moreau. « C'est d'avoir travaillé avec tant de grands réalisateurs qui m'a donné l'envie de me lancer moi-même dans la réalisation. »

Ce film éminemment personnel, écrit, dirigé et interprété par Jeanne Moreau, a connu de longues tribulations avant d'arriver à bon port en 1976. Depuis cette soirée en compagnie de Welles à l'Hôtel Meurice où elle avait évoqué ce projet pour la première fois, il lui avait fallu, selon ses propres estimations, neuf ans, une centaine de calepins et soixante-dix kilos de papier avant d'arriver à rédiger un scénario définitif.

Au début, les mots ne lui vinrent pas aisément. Il fallut, pour que sa plume se délie, qu'elle persuade son amie, la romancière Madeleine Chapsal, de venir passer une semaine de vacances chez elle pour l'aider. « Elle me mettait au lit le soir », se souvient Moreau, « mais je glissais mes pages manuscrites sous sa porte, et je les retrouvais le lendemain matin, impeccablement tapées à la machine. Ça a été une libération. Comme si mon écriture avait enfin commencé à exister.

Après quarante ans, un artiste ne peut pas vivre sur le passé, comme un fermier sur ses réserves de grain, » a-t-elle déclaré au moment où elle écrivait son premier jet. « Il faut continuer à travailler, continuer à pousser comme un bourgeon qui fleurit et ne pas sécher sur pied. »

Au cours des trois années suivantes, elle rédigea cinq versions successives du film, qui s'intitula finalement *Lumière*.

Habituée à gérer les problèmes de budget, Moreau assura la moitié de son financement (la somme dérisoire de 600 000 $) grâce à la télévision et à une subvention gouvernementale. Elle conclut ensuite un accord de distribution avec la puissante Gaumont. Il fallait que son film tienne la route financièrement. « J'ai trouvé une productrice, Claire Duval, qui avait produit *Emmanuelle* avec son mari, avant de faire l'histoire de madame Claude, la femme qui avait toutes ces call-girls. Pour elle, je représentais une sorte de certificat de bonnes mœurs ! »

Le 18 août 1975, Moreau passa officiellement derrière la caméra, rejoignant ainsi les rangs des acteurs-réalisateurs. *Lumière* sortit huit mois plus tard.

Le film parle de comédiennes sur scène et en coulisses — le sujet qu'elle connaissait sans doute le mieux. C'était sa manière de défendre la cause des actrices d'un certain âge, et la sienne par la même occasion. C'est un film intimiste, presque privé, la chronique d'une semaine dans la vie de quatre actrices d'âges différents et le récit de leurs relations complexes les unes avec les autres, avec leurs familles, avec d'autres femmes, les hommes, leurs carrières. L'argument à proprement parler est relativement insignifiant, à la Duras ; ce qui compte, ce sont les images et les mots.

« Il y a si peu de bons rôles de femmes au cinéma », expliquait Moreau à l'époque. « C'est parce que les hommes qui écrivent les scénarios ne connaissent plus leurs femmes. Celles qu'ils connaissent, celles avec qui ils couchent et travaillent, ne sont plus représentatives de l'ensemble des femmes, comme autrefois. Le MLF a changé quelque chose. Il me semble que les hommes ont de plus en plus peur d'écrire sur les femmes. Je crois que c'est une réaction qui reflète bien la réalité. Aujourd'hui, avec l'évolution des mœurs sexuelles, les scénaristes paraissent incapables de faire face aux difficultés des relations entre des êtres humains amoureux. Au moins, les femmes de mon film seront réelles. »

L'action se concentre autour d'une réception organisée pour célébrer un prix d'interprétation. Un médecin mourant, brillamment interprété par François Simon, se tue par inadvertance. Les décisions que ce geste impose aux quatre comédiennes constituent la trame du film.

Moreau aurait voulu avoir Audrey Hepburn comme tête d'affiche, mais celle-ci était en train de tourner *La Rose et la Flèche* (*Robin and Marian*) pour Richard Lester. Elle s'adressa à Bibi Anderson, mais l'actrice suédoise répétait *La Nuit des rois* avec Ingmar Bergmann. Elle proposa également le rôle à deux de ses meilleures amies, Silvana Mangano et Anouk Aimée. Elles n'étaient pas disponibles non plus. Elle se résigna donc à interpréter elle-même le rôle de Sarah.

Sarah, l'actrice qui vient de recevoir le prix d'interprétation, est un modèle d'amitié et de chaleur humaine, mais elle n'est pas dépourvue d'un certain égocentrisme viscéral. Elle est tout à la fois très proche et très différente de Jeanne Moreau. « Toute situation se nourrit certainement de votre expérience personnelle, non ? »

Aux côtés de Moreau, la distribution comprenait Lucia Bosè dans le rôle de Laura, la meilleure amie de Sarah, Francine Racette dans celui de la jeune actrice ambitieuse, et Caroline Carter, qui complète le quatuor en jouant les starlettes. S'étant toujours beaucoup intéressée aux acteurs débutants, Moreau engagea plusieurs jeunes comédiens : Jacques Spiesser (*La Truite*), Francis Huster, et Niels Arestrup. Elle aurait voulu qu'Harold Pinter interprète le rôle de l'écrivain, mais il était « en plein scandale à cause de l'affaire de Lady Antonia Fraser ». Elle appela alors l'acteur allemand Bruno Ganz, dont elle avait fait la connaissance par l'intermédiaire de Peter Handke et de Wim Wenders. C'est lui qui joue l'écrivain dont Sarah tombe passionnément amoureuse — un écho cinématographique flagrant de l'aventure de Moreau avec Handke.

Elle venait de refuser le grand rôle de l'infirmière dans l'adaptation cinématographique de *Vol au-dessus d'un nid de coucou* (*One*

Flew Over the Cuckoo's Nest), et avait pensé initialement confier le rôle du jeune Américain à Paris à la vedette de ce film, Jack Nickolson. Mais elle se décida finalement pour Keith Carradine. Je l'ai interrogée à ce sujet.

« J'avais envie d'un charmant jeune homme, très grand, le genre de physique dont manque, me semble-t-il, l'industrie cinématographique française — il n'y a que des petites créatures sombres. Je voulais un grand type qui possède cette qualité purement américaine, cette innocence. J'avais fantasmé sur une vieille photo de Gary Cooper, puis j'ai vu Keith dans un film, je ne sais plus lequel. Plus tard, j'ai trouvé sa photo dans un numéro de *Woman's Wear Daily* que j'avais feuilleté au cours d'un dîner avec le couturier Marc Bohan. J'ai su que c'était lui qu'il me fallait. Je l'ai appelé de Paris, et il a repoussé une séance d'enregistrement pour jouer dans mon film. » Grâce à Moreau, Louis Malle remarqua lui aussi Carradine, à qui il confia le rôle du photographe dans *La Petite*, un an plus tard.

Lumière offre un tableau de l'univers du cinéma empreint d'ironie et fort bien documenté. Mais il s'agit avant tout d'un film sur les femmes, et sur la manière dont elles parlent, sentent, voient les choses. Dans le fond, c'est un film extrêmement personnel qui entremêle savamment les thèmes de l'amitié, de l'amour, de la mort, de l'indifférence, du désir et du cinéma. *Lumière* permet certainement de se faire une bonne idée du métier d'actrice. L'image des amitiés féminines vues par le regard d'une femme est d'une franchise vivifiante. En effet, ces personnages ont *vraiment* l'air de femmes normales, qui traînent à ne rien faire, sans soutien-gorge, sans maquillage apparent, se confient leurs aventures, cherchent l'amour ou aspirent à une nouvelle identité. Moreau laisse ses actrices se révéler, le visage à nu, avec l'assurance suprême d'une femme qui n'hésite pas elle-même à se présenter sans le moindre fard à un parfait étranger. Cette nudité est rafraîchissante en soi et tranche avec les stéréotypes du cinéma, où l'on imagine mal qu'une actrice puisse montrer au public un visage qui ne soit pas le résultat de plusieurs heures de travail.

On a évidemment voulu faire de *Lumière* un « film de femme » — un catalogage qui n'a pu qu'agacer Jeanne Moreau, femme libérée et antiféministe, qui a toujours encouragé l'égalité des sexes et la fin de ce qu'elle appelle la « guerre entre les deux types d'êtres humains ».

« L'égalité est la chose la plus difficile à obtenir. Mais elle est plus facile à obtenir que le bonheur. Elle est précise. Le bonheur est vague et inaccessible, comme la carotte qu'on tient devant un âne. J'éprouve de l'admiration pour les femmes. J'ai essayé de les montrer telles que les hommes ne les montrent pas souvent.

Il existe quelques grands réalisateurs masculins, comme Ingmar Bergman, qui fait des films sur les femmes en puisant dans ce qu'il y a de féminin en lui. Tous les hommes ont un côté féminin. Et les femmes ont un côté masculin, bien sûr. Nous possédons tous les deux. Il s'agit seulement de laisser s'exprimer cette partie. »

Le tournage a eu lieu dans son appartement, rue du Cirque, et au Préverger, avec sa beauté simple, au milieu des objets de Jeanne, de ses chiens, de ses coquelicots, de ses arbres fruitiers. Elle y célèbre en un sens son univers personnel, comme Colette l'a fait dans *La Naissance du jour* pour sa maison de Treille Muscate, à Saint-Tropez. Le résultat est intime et singulièrement touchant, d'une manière presque enfantine, comme si Jeanne Moreau vous faisait partager ses « jouets ».

Au bout des six semaines de tournage et après avoir élagué les 40 000 mètres de négatif pour aboutir à une longueur acceptable, elle s'envola pour Los Angeles où elle devait jouer dans *Le Dernier Nabab* (*The Last Tycoon*) d'Elia Kazan. Pendant ce séjour, elle continua à travailler sur son film, effectuant une partie du montage en communiquant par câble depuis Hollywood avec son monteur de Paris.

Pour Moreau, être à la fois actrice et réalisatrice ne représentait pas un changement tellement spectaculaire. « Je peux marcher et parler en même temps, » dit-elle avec un humour impertinent. « C'est une évolution parfaitement normale pour une actrice qui se passionne pour ce qu'elle fait, qui est curieuse et ne se contente pas d'attendre les directives au milieu des spots. Si vous êtes créative, si vous avez les oreilles et les yeux ouverts, et si vous avez travaillé avec des réalisateurs captivants comme je l'ai fait, il est tout à fait normal d'avoir envie de réaliser un film que vous avez écrit, et d'y jouer. Passer à la réalisation était un vrai besoin pour moi. Les difficultés que j'ai pu rencontrer étaient en moi. L'attitude de l'équipe n'y était pour rien, elle me soutenait entièrement. J'étais complètement paranoïaque, il faut bien le dire. J'étais tellement habituée depuis tant d'années à recevoir des ordres, je me suis retrouvée dans une situation tout à fait incroyable pour moi. J'ai dû surmonter ma paranoïa. Mais je n'ai jamais eu de problèmes. Je n'ai jamais eu à hurler. Je n'ai jamais eu à crier.

On commence la réalisation dans sa tête, en écrivant le scénario. La préparation est excitante : la distribution, les techniciens, les relations passionnantes qui se nouent. On commence ensuite à tourner et les relations changent complètement. C'est exaltant, et parfois frustrant. Et puis, une fois que vous avez fait votre travail, il ne vous reste qu'à partir et à laisser les autres le regarder. »

Lumière est dédié au docteur Elia (Grisha) Shevitch. « Ce n'est pas Grisha dans le scénario, mais ce film est pour lui. C'était un ami très cher, le médecin qui s'est occupé de moi pour une opération délicate. C'était aussi le médecin d'Alain Resnais et de beaucoup d'autres artistes. Il nous arrivait de nous retrouver chez lui pour prendre un verre en fin de journée. Il a passé les derniers mois de sa vie au Préverger. »

Le film fut donné en première projection à Washington avant d'être présenté au Women's International Film Festival (le festival international du cinéma féminin) de New York. Jeanne Moreau se rendit à Washington avec *Lumière*, comme membre d'une délégation de l'industrie française du film, pour inaugurer une semaine française au Kennedy Center. Elle donna également des conférences pour les gens du cinéma américain sur les côtes est et ouest.

Au milieu des années soixante-dix, les réalisatrices n'étaient pas légion et le film de Moreau fit sensation. Le *New York Times* le jugea « extraordinairement bon », tandis que le *Christian Science Monitor* le trouvait « fascinant ». Cependant, *Variety,* revue professionnelle du cinéma, nota que lors du festival du film féminin, Moreau avait été visiblement agacée par les réflexions futiles sur les femmes et les films de certains membres du jury — dont Warren Beaty, qui établit un parallèle entre *Shampoo* et *Lumière*. Elle se drapa dans sa cape et décampa. Sans doute aurait-elle prolongé son séjour en Amérique, si l'annonce de la mort d'André Malraux ne l'avait rappelée en France en toute hâte pour soutenir son amie Florence, fille de l'ancien ministre.

La même année, *Lumière* fut présenté au festival de Cannes où il ne passa pas inaperçu ; il commença ensuite la tournée des festivals internationaux. Certains l'adorèrent ; d'autres, déçus de constater que la *femme fatale* éternelle avait donné naissance à une œuvre aussi banalement féminine, l'éreintèrent en lui reprochant son narcissisme. Si elle avait été un homme, se dirent certains, sans doute l'aurait-on félicitée d'avoir réalisé un film d' « auteur ».

Elle répliqua à ses détracteurs qu'elle aurait parfaitement pu faire un film sur des restaurateurs du Massif Central à la veille de la Seconde Guerre mondiale, mais qu'étant femme et actrice, elle avait choisi de traiter le sujet qu'elle connaissait le mieux. Une âme, vaste pays.

Moreau tira également parti de son expérience d'actrice dans *Le Dernier Nabab*, produit par Sam Spiegel.

« Beaucoup de gens étaient venus me voir quand je travaillais à Paris. J'ai très vite rencontré quantité de monde. C'est comme ça que j'ai fait la connaissance de Walter Wonger, qui aurait voulu que je fasse un film avec Joan Bennett. Malheureusement, il y a eu un scandale sur le tournage, et le film a été annulé. Je connaissais aussi très bien Sam Spiegel. C'est lui qui m'a demandé de jouer dans le *Nabab,* qui a été tourné aux studios de la Paramount. »

Le Dernier Nabab, dont le scénario est d'Harold Pinter, s'inspire du dernier roman (inachevé) de F. Scott Fitzgerald sur la grande époque d'Hollywood. C'est également le dernier film d'un des géants du Hollywood d'antan, Elia Kazan, né à Constantinople.

« Nous avons rapidement découvert que nous avions un point

commun, je pense qu'il est comme moi — il aime être vague », aurait-elle dit pendant le tournage. « "Sadge" adore les acteurs. Il ne les rudoie jamais. Et quand la caméra tourne, on sent qu'il est fasciné. Avec quelqu'un comme lui, on gravirait l'Everest juste pour lui faire plaisir. »

Elle écarte toute idée de similitude entre elle et Didi, le personnage qu'elle joue — une vedette des années trente capricieuse et insupportable qui mène la vie dure aux réalisateurs et se plaint toujours de tout, même du shampooing du studio. Dans ce rôle, Moreau interprète en réalité le premier rôle féminin d'un film à l'intérieur du film, avec pour partenaire Tony Curtis, idole vieillissante du public féminin qui s'inquiète de ne plus être à la hauteur de son passé de sex-symbol.

« Tony était adorable. Il était tellement imprévisible. Il a un sens de l'humour d'une incroyable profondeur. On n'imagine pas ça en le voyant, ni en voyant comment il se conduit ! » confia-t-elle au *Los Angeles Times*.

Robert De Niro, qui venait de tourner *Taxi Driver* et *1900*, jouait le rôle du producteur puéril et irascible, tandis que Jack Nicholson incarnait le syndicaliste communiste dont les idées menacent le statu quo de la structure de pouvoir hollywoodienne. Robert Mitchum interprétait le rôle du chef de studio de la vieille école. C'était une authentique production hollywoodienne, à cent lieues du genre d'équipe auquel Moreau était habituée. « Vous savez comment ça marche, les films de studio à gros budget aux États-Unis. Les feuilles d'appel, les voitures. On ne reste pas dans la salle de tournage entre les prises — tout le monde retourne dans sa loge. Moi, je restais sur le plateau. En France, je reste toujours sur le plateau et je regarde. En Amérique, on n'aime pas ça. Alors je me suis liée avec le chef électricien. Quand on m'a demandé plutôt brutalement de retourner dans ma loge et que j'ai répondu : "Non, je voudrais regarder", il m'a permis de rester. Il m'a installée sur sa grue quand ils répétaient les mouvements. C'était formidable. »

Les critiques ont été très partagées. Aujourd'hui, *Le Dernier Nabab* fait un peu l'effet d'un annuaire de la classe 1976. On y aperçoit Theresa Russell et Anjelica Huston qui ont l'air de deux écolières, tandis que Peter Strauss ressemble à un joueur de base-ball. J'ignore ce qu'est devenue la « découverte » du film, un jeune mannequin du nom d'Ingrid Boulting. Il se trouve que je l'ai interviewée à l'époque et je me souviens parfaitement qu'elle était terrorisée par Jeanne Moreau. Ce qui l'impressionnait le plus, apparemment, c'est qu'au lieu de se contenter de jouer, Moreau interprétait également la chanson du film, composée pour elle par Maurice Jarre, « You Have the Choice ».

Entre la fin du tournage de *Lumière* et le début de celui du *Nabab*, Moreau réussit à se libérer cinq jours pour jouer dans *Monsieur Klein* de Joseph Losey, un film puissant et kafkaïen. Bien qu'il ait remporté un immense succès à sa sortie, ce n'est pas un de ses préférés, mais elle prétend qu'il serait trop compliqué d'expliquer pourquoi. Pourtant, son personnage de Juive élégante dans le Paris de l'Occupation est incontestablement un de ses meilleurs rôles.

Le tournage de *Monsieur Klein* permit à Moreau de retrouver Alain Delon, dont la société, Adel Productions, coproduisait le film. Delon y joue le rôle d'un riche antiquaire, Robert Klein, que l'on confond avec un mystérieux sosie et homonyme juif. Klein est une sorte d'homme à la Rothschild, qui va au concert et fréquente des gens huppés.

Losey raconte qu'il devait faire *À la Recherche du temps perdu*, mais que le projet avait été repoussé une fois de plus. Il était allé se reposer en Italie, quand des personnes qui avaient initialement travaillé avec Constantin Costa-Gavras sur le projet de *Monsieur Klein* lui avaient parlé du scénario et lui avaient dit que Delon s'y intéressait. L'idée de travailler avec Alain l'avait séduit, et il lui avait donc téléphoné.

Le résultat est un film séduisant et obsédant, reflet de la complexité intangible du Paris de 1942, où l'indifférence et la collaboration étaient tacitement omniprésentes. Au goût de certains, *Monsieur Klein* abordait un peu trop directement le problème de l'antisémitisme de ces sombres années.

À cette époque, Moreau remonta enfin sur les planches pour jouer Lulu dans une traduction française de l'œuvre de Frank Wedekind, un rôle qui la captivait depuis très longtemps. La pièce se donnait au Théâtre de l'Athénée-Louis Jouvet, dans une mise en scène de Claude Régy. Cela faisait quinze ans qu'elle attendait de jouer ce personnage, mais elle était loin de se douter qu'il allait lui valoir de telles déconvenues.

Peut-être ce projet aurait-il été mieux reçu au Royal Court de Londres, comme il en avait été question autrefois avec Richardson. En tout état de cause, elle ne réussit pas à donner dans cette pièce la pleine mesure de son talent. Les Parisiens détestèrent *Lulu*. Malgré la difficulté notoire de l'immense rôle principal et bien que, de l'avis de beaucoup, elle en ait donné une interprétation superbe, le courant ne passa pas. Les hurlements de dérision qui saluèrent la représentation portèrent certainement un rude coup à son ego. *Lulu* ne resta qu'un mois à l'affiche.

Peter Adam fit la connaissance de Moreau à cette occasion. Il s'était rendu en coulisses, un soir, pour lui dire combien il désapprouvait l'attitude de ses compatriotes, qui l'avaient sifflée et huée pendant le spectacle. « Je l'ai trouvée toute seule, en peignoir rouge, en train de se laver les pieds dans le lavabo, » m'a-t-il dit. « Je lui ai demandé si elle aurait envie d'enregistrer une émission *Omnibus* avec moi, pour la BBC, et elle m'a immédiatement répondu : "D'accord." De toute évidence, cette proposition la soulageait. »

Au cours de cette brève saison 1976, Moreau imagina un film qui devait s'appeler *La Mise à Mort*, une sorte de moment de vérité — qu'elle interprète comme l'intersection entre le « désir de mort » et le « coup mortel ». Il devait y être question du fils de l'amant de Lulu, dont elle devient également la maîtresse, et qui lui parle des sentiments qu'elle lui inspirait quand il avait quatorze ans. Elle n'a pas exploité cette idée mais, comme elle le dit, l'âme est « un vaste pays inexploré ». Ce projet reste sans doute tapi dans quelque recoin de l'esprit complexe, précis et éminemment vulnérable de Moreau, dans l'attente du moment et du lieu opportuns.

15

« *La vie est faite de nombreux paysages intéressants ; à chacun de se faire sa propre géographie* »

Le 8 février 1977, Jeanne Moreau épousa en secondes noces le réalisateur hollywoodien William Friedkin, au cours d'une cérémonie laïque qui se tint à Paris. Ils avaient pour témoins Florence Malraux et son mari, Alain Resnais. Après la cérémonie, ils allèrent déjeuner tous les quatre au Grand Véfour, dans les jardins du Palais Royal.

« Nous avions vécu à New York, nous connaissions Bill et nous l'aimions bien, » dit Florence Malraux. « Quand il est venu à Paris pour son travail, nous lui avons tout naturellement donné une lettre d'introduction pour Jeanne. Tout s'est fait très vite. »

Ses amis étaient restés bouche bée deux mois plus tôt, quand elle leur avait annoncé la nouvelle. Personne ne s'y attendait. Elle avait toujours dit qu'elle ne se marierait « plus jamais ». Elle a confié à Joan Buck qu'elle avait été la première surprise. « Nous nous sommes mariés parce qu'il me l'a proposé. J'ai été impressionnée par son courage, et terrifiée. »

Ils s'étaient rencontrés une première fois, brièvement, quelques années plus tôt, quand Friedkin était venu en France faire des repérages d'extérieurs pour *French Connection.* Ses amis le décrivent comme un grand gosse, qui donne l'impression d'être « plus vrai que nature ». Il avait débuté dans le métier au service courrier de la télévision de Chicago, la ville où il avait grandi. Son père était cigarier. Il venait de remporter un Oscar pour la réalisation de *French Connection* et de faire fortune avec *L'Exorciste*. Il avait été question que Jeanne Moreau se charge du doublage en français. « J'aurais pu gagner beaucoup d'argent en doublant *L'Exorciste,* mais ça voulait dire six semaines de boulot, » a-t-elle expliqué. « Et six semaines, c'est long ».

Au moment de leur mariage, il avait déjà achevé son œuvre suivante, une reprise du *Salaire de la peur* intitulée *Le convoi de la peur* (*The Sorcerer*). « Je n'aurais jamais imaginé qu'il pourrait se passer quelque chose avec cet homme, » m'a-t-elle dit gaiement. « Mais je ne le regrette pas. Quand il m'a fait sa demande, il y avait une sorte de fil magique entre nous. Peut-être aurions-nous dû rester amants. Ça vous laisse plus de liberté.

Je trouve que l'institution du mariage a perdu tout son sens sacré. On assiste à une véritable désacralisation. La liberté sexuelle a désacralisé la relation sensuelle et sexuelle. On lit à propos de la révolution sexuelle, faites ce qui vous plaît, ne refoulez pas vos désirs, c'est vrai, bien sûr, mais en même temps ça ne l'est pas. Toute chose à son revers, l'obscurité et la lumière, la chaleur et le froid. Le mariage est un symbole. Aujourd'hui, c'est un simple tampon à la mairie, ou une promesse faite devant des prêtres qui appartiennent à une église désacralisée. Il a perdu son sens sacré. Il nous faut des symboles pour vivre. Ça ne sert à rien d'aller à l'église ou à la mairie. »

Les gens étaient émoustillés par l'écart d'âge entre les jeunes mariés. Avec ses trente-six ans (avoués), Friedkin était en effet de douze ans le cadet de Moreau. On en fit grand cas. La déesse de l'amour, disait-on, avait tiré une nouvelle flèche de son carquois et fait une jeune victime de plus.

Après la cérémonie, Moreau plia bagage et suivit son mari aux États-Unis. Ils vécurent essentiellement à Los Angeles, mais aussi à New York, où il avait un appartement sur Park Avenue. En Californie, ils habitaient une propriété de « vedette » typique à Beverly Hill, avec grilles électroniques et domestiques discrets. Peu de gens savaient qu'elle vivait là et ils ne fréquentaient que les amis de Friedkin. Comme elle, m'a-t-elle dit, il n'appréciait pas particulièrement les mondanités. C'était un travailleur acharné.

Cela lui faisait une drôle d'impression d'être Mrs William Friedkin. Lors de ses précédents séjours aux États-Unis, elle avait toujours voyagé en tant que Jeanne Moreau. La situation était un peu différente. En fait, Friedkin souhaitait même qu'elle prenne son nom, mais n'arrivant pas à s'imaginer en « Jeanne Friedkin » sous les projecteurs, elle s'y refusa.

Il voulait aussi que sa femme arrête de travailler. Pendant la plus grande partie de l'année suivante, elle resta chez elle, se rendant aux archives des studios de Warner Brothers pour emprunter des films, qu'elle étudiait pendant des heures pour améliorer ses connaissances techniques. Elle commença également à rédiger son autobiographie, un projet toujours inachevé à ce jour.

« Je suis allée jusqu'à l'âge de quinze ans, puis j'ai laissé tomber. J'avais écrit six cents pages, et il y en avait peut-être trois cents de bonnes. Je l'ai mise en attente parce qu'après tout, je la vis encore, mon autobiographie. Je l'ai commencée trop tôt. J'y reviendrai plus tard, » déclarait Moreau à soixante-cinq ans. « Ou peut-être que j'écrirai un livre de cuisine — ça pourrait être tout aussi révélateur ! »

Le couple Friedkin-Moreau aurait pu former le tandem professionnel qu'ils avaient imaginé lors de leur première rencontre. « Nous avions prévu de faire des films ensemble, mais notre relation nous a tellement absorbés que nous n'avons plus trouvé le temps » dit-elle. Puis elle ajoute : « Ça a été la relation la plus passionnée de ma vie. Et vous savez que j'en ai eu beaucoup. »

Parmi leurs projets communs figurait une émission de télévision de quatre-vingt-dix minutes consacrée aux différentes étapes de la tournée européenne de Neil Diamond. Friedkin devait s'occuper des séquences de spectacle, Moreau de la trame narrative. Elle devait également y faire une apparition, sous la direction de son mari, aux côtés de Bardot, Jacques Tati, Catherine Deneuve et Belmondo, pour faire bonne mesure. Le projet fut finalement abandonné en raison de ce qu'elle a appelé des « désaccords amicaux ».

D'autres réalisations furent envisagées puis remisées, avant qu'ils ne réussissent enfin à monter une émission ensemble. L'Academy of Motion Picture Arts and Sciences demanda en effet à Friedkin de revenir à la télévision pour produire la 49e cérémonie de remise des Oscars ; Moreau était de la partie.

Il semble bien que, le temps passant, le « fil magique » qui les unissait ait commencé à s'effilocher. Une fois séparés par leurs carrières respectives — il tournait un film, *Têtes vides cherchent coffres pleins* (*The Brinks Job*) à Chicago tandis qu'elle-même travaillait sur une œuvre importante —, ils s'éloignèrent l'un de l'autre, brusquement et douloureusement.

« Je crois que Bill n'était pas content que je parte travailler. C'était comme si je l'avais abandonné, » reconnaît Moreau, encore un peu étonnée. « Mais après tout, je suis réalisatrice, moi aussi. »

Rentrée en France pour commencer à préparer son prochain film, elle prit tout de même le temps de répondre à l'invitation de Peter Adam. L'émission (*Omnibus*) fut tournée chez elle, au Préverger. Vêtue d'une robe à fleurs, donnant libre cours à son intelligence acérée et fantasque, tout à la fois obstinée et discrète, elle n'avait certainement rien d'une Californienne d'adoption. Fumant cigarette sur cigarette, elle égrena avec une élocution chargée d'une tension électrique naturelle les images de sa vie cinématographique mouvementée. Galopant avec entrain dans le maquis de l'univers du cinéma, elle ne s'interrompait que pour rire aux éclats. On a peine à l'imaginer en ménagère de Beverly Hills, à cette date ou à une autre.

Adam, qui allait devenir son voisin et monter avec elle d'autres émissions de télévision ainsi que des projets de revues, affirme que, sous ses dehors de vedette sophistiquée, elle était déjà navrée de constater que son couple allait à vau-l'eau. Elle regrettait également d'avoir vendu son appartement de la rue du Cirque.

Nat Segaloff, qui a consacré un livre à Friedkin — *Hurricane Billy* —, prétend que celui-ci demanda le divorce, sous prétexte que Moreau et lui ne vivaient plus ensemble depuis le 30 mars 1978. Dans sa réponse, Moreau contesta cette date, qu'elle repoussa d'un an, au 3 mars 1979. Quoi qu'il en soit, leur divorce fut prononcé le

11 décembre de cette année-là. Les pièces du dossier apprirent à Moreau que son ex-mari n'était en réalité son cadet que de six ans.

Elle rentra à Paris, un peu fauchée, l'air « négligé », pour reprendre le cours de sa vie française. Friedkin, sous le coup de la déception probablement, convola alors avec Lesley-Anne Down, actrice britannique installée à Hollywood. Après un nouveau divorce, il a épousé Sherry Lansing, un temps présidente de Paramount Pictures.

« Ce mariage avec Bill a été une expérience extraordinaire, extrêmement douloureuse et d'une grande violence, mais elle a été si importante dans ma vie que je ne la regrette pas », m'a confié Moreau. « Je suis passée par des moments qui ont été une vraie torture, mais quand on en sort, on se dit qu'on a de la chance d'avoir pu supporter ça.

L'Amérique n'y était pour rien. J'aime l'Amérique. J'aime la manière tangible et immédiate avec laquelle les Américains abordent le succès. J'étais allée en Amérique bien avant ce mariage, et j'y avais été très heureuse. Mais cette fois, ça a été épouvantable, parce que mon mariage a mal tourné. Ça aurait pu arriver n'importe où. C'était un problème entre un homme et une femme.

Je n'ai pas encore compris ce qui nous a attirés l'un vers l'autre, pas plus que je n'ai compris ce qui a foiré ni ce qui a provoqué un antagonisme aussi violent. Peut-être étions-nous prédestinés à vivre ça. Je ne crois pas que Bill garde un mauvais souvenir de moi. Moi, en tout cas, je n'ai pas un mauvais souvenir de lui. Nous ne nous voyons pas souvent. Il a sa vie, j'ai la mienne. »

Quand j'ai demandé à William Friedkin de me parler de son ancienne épouse, son bureau de Los Angeles m'a fait savoir qu'il ne le ferait que si elle lui en intimait l'ordre. Elle m'a dit qu'elle allait lui confirmer son accord par fax, mais elle ne l'a jamais fait. À la réflexion, il m'a paru indécent de m'acharner à consigner tous des détails de ce bref mariage, brisé depuis si longtemps. Mais en parcourant les coupures de presse de l'époque, j'ai relevé ce commentaire sur Moreau qui m'a paru singulièrement pénétrant : « Le cœur de Jeanne est comme une pièce immense où il fait toujours froid.

Un homme arrive, il allume un feu, les flammes dévorent tout puis meurent. Quand il ne reste que des cendres, elle frissonne. Elle sait qu'un feu ne renaît pas de ses cendres. Il faut en allumer un autre. Ça la chagrine. Alors elle passe son temps à chercher l'homme qui ne laissera pas les flammes mourir. »

J'ai trouvé cette description aussi sensible que pertinente.

Le film sur lequel elle travaillait avec passion avant son divorce était *L'Adolescente*. Situé en 1939, il raconte l'histoire d'une fille de douze ans (Laetitia Chauveau) qui vient passer ses vacances avec ses parents dans un village de l'Aveyron. Sous le regard attentif de sa grand-mère (Simone Signoret), elle tombe amoureuse d'un médecin juif (Francis Huster). Mais celui-ci lui préfère sa mère (Edith Clever).

Le vrai sujet de ce film est le passage périlleux de l'enfance à la féminité à travers le premier amour, la première déception. J'ai posé à Moreau la question qui s'imposait : « Quel a été le premier homme que vous avez aimé ?

— Oh, je devais avoir six ans quand je suis tombée amoureuse du coiffeur de mon père ! » a-t-elle répondu avec un rire de gorge. « Il y avait quelque chose dans sa voix. Je me rappelle que cet homme m'a fascinée pendant au moins une semaine ! »

L'idée de son deuxième film, comme celle de *La Mise à Mort* avortée, lui était venue pendant qu'elle jouait dans la désastreuse production de *Lulu*.

« J'ai été frappée par une phrase de Wedekind, où Lulu se dit surprise de ne pas retrouver, avec un des personnages, la proximité qui était la leur lorsqu'il était enfant. Il lui répond : "Le moment le plus douloureux de ma vie a été celui où j'ai compris la vérité sur les relations humaines." Cette prise de conscience peut être dévastatrice à la puberté. Nous avons l'impression d'avoir été dupés pendant douze ou treize ans, d'avoir été mal compris, d'avoir raté des choses graves et importantes, sans penser qu'en même temps, nous avons vécu une période d'innocence que nous ne retrouverons jamais. La perte de la douceur de vivre.

En guise de contrepoint, j'ai choisi l'été 1939, entre le 14 juillet et la déclaration de guerre du 2 septembre, cette année où les gens *savaient* inconsciemment qu'il y aurait la guerre, mais refusaient délibérément de le voir. Ce moment de paix fallacieuse, vacillante, où l'immense nuage noir qui planait sur l'Europe était sur le point de bouleverser la vie de chacun, de transformer définitivement le monde. J'ai trouvé qu'il définissait bien le sens général du film. » Elle voulait, elle veut encore, faire des films pour exprimer ses sentiments sur ces problèmes fondamentaux de l'existence.

L'Adolescente a été écrite en collaboration avec la romancière Henriette Jelinek. Quelque temps auparavant, après avoir lu un de ses livres, Moreau l'avait invitée à venir la voir dans son ancien appartement de la rue du Cirque. Originaire des Landes, Jelinek était plus proche que Jeanne de la vie rurale. C'était la personne idéale pour l'aider à rédiger ce scénario.

Moreau ne regagna définitivement la France qu'en avril 1979, mais elle commença la réalisation de *L'Adolescente* en août 1978. Ce fut le premier jour du tournage des extérieurs dans l'Aveyron que Friedkin l'appela pour lui annoncer qu'il demandait le divorce. On en pensera ce qu'on voudra.

L'Adolescente est un film lyrique, reposant sur un argument touchant, avec un fond de commentaire politique peu courant chez Jeanne Moreau. Bien qu'elle nie tout caractère autobiographique, elle y reprend dans une certaine mesure, comme dans *Lumière*, ses propres expériences — d'enfance, en l'occurrence. Elle avait onze ans en 1939 et découvrit, comme son héroïne, Marie, la vie d'un petit village de campagne, lorsqu'elle vint habiter Mazirat, près de Vichy, avec ses grands-parents, ses oncles et ses tantes. La puberté lui valut certainement les mêmes émois qu'à l'adolescente du film, et elle était certainement aussi consciente qu'elle des menaces de guerre. Il est vraisemblable qu'elle écouta, elle aussi, avec ses parents sur un poste de radio grésillant l'annonce de l'invasion de la Pologne par les troupes hitlériennes. On relève du reste des similitudes frappantes entre les parents de Marie (un père boucher et une séduisante mère hollandaise) et ceux de Jeanne (le bistrotier et la danseuse anglaise).

Le personnage du médecin, elle l'admet, était vaguement inspiré de Grisha (Elia Shevitch). Le seul élément manquant est le curé, une absence due au fait, explique-t-elle, que le prêtre du village où eut lieu le tournage était en vacances et qu'ils ne pouvaient pas se payer un acteur de plus.

Elle était ravie de se retrouver derrière la caméra. Signoret déclara à l'époque que c'était une réalisatrice d'une « rare sensibilité ». « Elle donne des explications intelligentes aux acteurs ; c'est quelque chose que les réalisateurs qui n'ont jamais été acteurs arrivent rarement à faire, » a-t-elle précisé.

Toute la distribution — Simone Signoret aussi bien qu'Edith Clever, Francis Huster et les autres — et toute l'équipe technique avaient accepté d'être payés sur les bénéfices à venir. La demande d'avance que Moreau avait faite à l'État avait été refusée, le film étant jugé trop commercial pour mériter ce genre d'aide. Elle avait dû rassembler auprès de la télévision allemande et française les 100 000 dollars minimum nécessaires pour assurer un financement indépendant. « C'est une mauvaise époque, » se plaignait-elle. « Il n'y a pas de vrais producteurs en France, et les pays étrangers hésitent à acheter nos films. » Une fois achevé, cependant, son film fut distribué dans la plupart des pays, réglant du même coup tous les problèmes financiers de l'équipe.

Moreau ne jouait pas dans *L'Adolescente*, car il n'y avait pas de rôle pour elle, et c'est pleine d'appréhension qu'elle s'attaqua à cette deuxième réalisation. La complicité entre le réalisateur et le directeur de la photographie étant absolument capitale dans toute production cinématographique, elle fit appel au brillant Pierre Gautard, qui régla minutieusement tous les détails de l'image. Son vieil ami, Philippe Sarde, écrivit la musique ; il signa également la chanson du film, qu'elle interpréta en duo avec Yves Duteil. La distribution elle-même comprenait un grand nombre de ses amis. Si Friedkin était l'incarnation du cinéma américain, celle qui était encore sa femme à l'époque n'aurait pu être plus foncièrement française !

« Le premier jour de tournage, on croit avoir tout oublié », dit-elle. « Même si je suis capable de parler aux acteurs avec beaucoup de franchise et de précision, puisque j'en suis une moi-même, j'avais tout de même l'impression de n'avoir pas grand-chose à quoi m'accrocher à part les quelques notes que j'avais prises, le travail de préparation que j'avais fait et mes bonnes relations avec l'équipe. On entre dans un monde complètement nouveau, rempli de surprises. Le problème, dans ce film, c'était la petite fille. Ce n'était qu'une collégienne qui n'avait encore jamais joué. Il fallait que je sois particulièrement attentive avec elle parce qu'elle se rebellait contre mes exigences. Je l'obligeais à aller au-delà d'émotions qu'elle n'avait pas envie d'exprimer, et même pas envie d'éprouver. » (Laetitia Chauveau allait en fait se consacrer à une carrière juridique.)

« Quand on réalise un film, quel que soit le travail de préparation qu'on a fait, c'est comme à la guerre, il y a toujours des problèmes inattendus qui surgissent. Et puis, quand on travaille en extérieurs, sans budget pour des caravanes, on passe la moitié de son temps à essayer de trouver des chaussures confortables, » — Jeanne Moreau souffre d'oignons — « à chercher un endroit où s'asseoir et où faire pipi ! »

Au moment où Moreau et son équipe pliaient bagage dans l'Aveyron, le festival de Paris organisa une rétrospective de ses films. Ce fut probablement un baume pour son âme fatiguée, encore ébranlée par sa déroute conjugale.

Elle avait dû faire la part du feu et annoncer son retour dans la capitale. Mais le Paris dans lequel elle chercha à reprendre pied avait changé. Elle avait pris de l'âge, l'industrie cinématographique n'était plus la même, le style de vie lui-même avait évolué. On approchait des années quatre-vingt. Elle s'acheta un nouvel appartement, petit mais très ensoleillé, rue de l'Université, dans le septième, presque à l'ombre de la Tour Eiffel. Il surplombait une cour plantée d'arbres et avait vue sur la Seine. Florence Malraux habitait le même immeuble. Moreau s'y installa, dans un état de quasi léthargie, et s'enfonça dans une nouvelle période de retraite. Quand elle va mal, elle réagit généralement en fermant ses volets, en verrouillant sa porte et en se réfugiant dans la sécurité de l'oubli.

« C'était une sorte de retraite religieuse », a-t-elle expliqué à Joan Buck, « une période de repli. Elle a duré longtemps. Ça m'a étonnée. »

Joan Buck s'en souvient : « Quand on allait la voir, elle était en djellaba, elle préparait à manger, allumait des bougies parfumées qui répandaient une odeur magique de mousse et de thé, elle décortiquait votre vie et soudain, à brûle-pourpoint, elle vous disait : "Je suis fatiguée maintenant. Il faut que tu partes." Elle vous mettait à la porte, généralement un cadeau en main. »

Elle travaillait paisiblement à la postproduction de *L'Adolescente*, qui ne sortit qu'au Nouvel An de 1979, et elle ne faisait pas grand-chose d'autre. Certains de ses amis disent qu'elle était tout à la fois détachée et angoissée, mais elle fut certainement heureuse d'obtenir le prestigieux Prix de l'ACIC (Association des Cadres de l'Industrie Cinématographique) pour l'ensemble de son activité. La présentation de plusieurs de ses films lors de festivals — à Moscou, Salonique et Chicago — fut sans doute une autre source de réconfort.

Il n'en reste pas moins qu'elle ne déborda pas d'activité pendant l'essentiel de la dernière année de la décennie. Quand le fisc se rappela à son bon souvenir, elle partit pour Montréal jouer dans *Au-delà de cette limite, votre ticket n'est plus valable* (*Your Ticket is No Longer Valid*), un film fort peu mémorable, tourné en anglais avec Richard Harris et George Peppard. Elle a l'air fatiguée et un peu bouffie — presque vulgaire — dans le rôle d'une tenancière de bordel nommée Lili Marlène qui aide Harris à surmonter son impuissance. Inspiré d'un ouvrage de Romain Gary qui traite de l'angoisse de l'impuissance, c'est un mauvais film qui n'a rien à voir avec le livre.

« Ça doit être mon agent de l'époque qui m'a demandé de le faire, » dit-elle en soupirant. « Je n'en ai pas tiré grande satisfaction. Je devais avoir besoin d'argent tout de suite pour les impôts ou autre chose. »

Elle ne s'est probablement pas enrichie avec *Plein Sud*, qu'elle tourna avec Luc Béraud, son « filleul » a-t-elle dit. C'était le deuxième film de ce réalisateur. Dans le rôle d'Hélène, la tante de l'héroïne (interprétée par Clio Goldsmith, fille de sir James, le financier aux multiples talents), elle ne fait qu'une courte apparition à l'écran. Patrick Dewaere, son partenaire des *Valseuses*, ici dégarni et peu avenant, joue le rôle du professeur qui tombe amoureux du personnage de Clio Goldsmith. C'est une comédie déséquilibrée, émaillée d'un certain humour absurde de boulevard. Écharpe au vent et mules noires, Moreau y promène une silhouette excentrique, quand elle ne trône pas dans un grenier d'artiste. Ce n'est certainement pas une de ses plus grandes compositions.

Mille Milliards de Dollars, tourné l'année suivante pour Henri Verneuil, était de plus haut niveau. Dewaere y joue le rôle d'un journaliste dénonçant la corruption politique qui sévit dans une multinationale. Moreau est l'épouse du directeur général, une femme aux yeux enfoncés guettée par l'embonpoint, et qui ne sort de chez elle que pour assister à des réceptions officielles. C'est un petit rôle, mais frappant, qu'elle joue remarquablement bien, l'air avachi et triste. Mais à l'instar des deux films précédents, il n'a pas laissé de trace marquante dans sa filmographie. Les années 1979 à 1981 n'ont pas été de grandes années pour elle.

Elle allait devoir renoncer à être le visage connu d'œuvres de réalisateurs en herbe et s'efforcer de redonner à sa carrière un peu plus d'envergure. Elle avait un choix douloureux à faire entre les petits projets amusants de copains, qui lui permettaient de tuer le temps en faisant ce qu'elle aimait le plus, et la nécessité de concentrer son énergie vers l'intérieur, seule, pour élaborer de nouveaux projets personnels, plus ambitieux.

« Je n'ai aucun regret », commente-t-elle. « Ce qui vous arrive de négatif n'a aucune importance. Une vie est faite de tout, de hauts et de bas. Un acteur est un être humain, avec des hauts et des bas, et il arrive que les bas soient plus féconds que les hauts pour l'être humain et pour l'expression artistique.

Quand on devient adulte, il faut prendre des décisions tous les jours et quand on dit oui à quelque chose, on s'engage dans une direction, quand on dit oui à autre chose, on s'engage dans une autre.

Je me dis qu'il y a peut-être un chemin là-bas, mais bon, j'ai choisi celui-ci. La vie est faite de nombreux paysages intéressants ; à chacun de se faire sa propre géographie. »

Sans doute aperçut-elle tout de même un signe à l'horizon de sa vie, car elle commença alors à jouer davantage les *présences illustres*, représentant son pays et l'industrie cinématographique à l'étranger et dans des festivals de cinéma, plutôt à la ville qu'à l'écran. C'était une sage décision. Elle était habituée à vivre en artiste, et n'avait pas l'intention d'y renoncer. Elle avait beau être déjà une légende, elle était encore bien vivante.

Alors que je lui demandais un jour si elle avait l'intention de poursuivre sa carrière éternellement, elle m'a répondu, irritée : « Je n'ai pas de carrière, je ne suis pas une employée. Je ne travaille pas dans un bureau ni dans une société. Je suis une artiste et quand on est artiste, c'est jusqu'à la mort. Vous n'iriez certainement pas demander à un peintre : Quand pensez-vous arrêter de peindre ? Ni à un écrivain. L'inspiration ne s'arrête pas comme ça. C'est un don de Dieu, et Dieu est trop généreux pour le reprendre — à moins que vous ne gâchiez tout. »

Ce qui n'est évidemment pas son cas. Si l'industrie cinématographique n'avait pas grand-chose à offrir à l'actrice vieillissante, on ne pouvait pas en faire grief à Jeanne Moreau, dont l'enthousiasme demeurait intact. Et Dieu, qu'elle crût en lui ou non, n'avait certainement pas l'intention de lui reprendre ce qu'Il lui avait donné. Il allait simplement falloir qu'elle utilise ce don différemment. Comme elle le dit elle-même, un rôle est un rôle. Restait à trouver les bons.

16

Homosexualité et hétérosexualité, ça ne veut rien dire. On est sexuel ou on ne l'est pas.

Les années quatre-vingt se présentaient mal pour Jeanne Moreau. Elle avait les batteries à plat, mais les factures continuaient à s'accumuler, elle devait entretenir le Préverger, confié à la garde d'Anna Pradella et de son mari Louis, et essayer de rapiécer sa vie à Paris. Il fallait que quelqu'un continue à s'occuper de tout et, dans la vie de Moreau, la seule main à avoir jamais signé un chèque était la sienne. Elle devait continuer à travailler.

Elle raconte également que pendant cette période, elle éprouva le besoin de se retirer pour faire un travail sur elle-même, de se cultiver « comme un lopin de terre ». Cela faisait un certain temps que sa santé lui donnait du fil à retordre, depuis qu'au milieu des années soixante-dix, elle avait découvert qu'elle était affreusement allergique à la plupart des médicaments. On a l'impression qu'elle appelait au secours, mais que personne ne l'entendait.

« Je n'avais pas été très en forme. Il faut que je vous dise que l'année qui avait précédé la mort de mon père [1974], j'avais eu très grave accident dû à une allergie. J'avais bien failli y passer. Je me suis tournée vers la médecine douce. Depuis, je ne jure que par l'homéopathie et l'acupuncture. J'avais tout essayé pour guérir mes allergies. Et puis un beau jour, sans raison apparente, elles ont disparu pour ne jamais revenir.

J'ai supprimé la viande et je suis devenue macrobiotique, mais c'était vraiment assommant. Passer devant tous ces magasins remplis de nourriture et se dire : "Moi, je suis capable de vivre de *riz complet*, de mes petites infusions et de thé." Quand on aime la nourriture, qu'on aime manger et faire la cuisine, ça ne peut pas durer éternellement. »

Elle continue à prendre des tisanes pour dormir et des décoctions de fleurs apaisantes. Quand il arrive à ses amis de se plaindre d'être fatigués ou déprimés, elle leur glisse dans la main une petite ampoule de quelque mixture d'herbes mystérieuses qui leur donnera un coup de fouet.

« J'ai supprimé l'alcool, sauf exceptionnellement un petit Bordeaux, s'il est vraiment bon. » (Joan Buck donne la recette de la version macrobiotique 1967 du punch au champagne de Moreau : du « Dom Pérignon avec des tranches de pêches fraîches dedans ».) « Je n'ai pas bu une goutte d'alcool depuis 1986. Il fallait que j'arrête, et j'ai arrêté complètement. Vous ne me ferez même pas avaler un gâteau avec du rhum dedans. »

Dès qu'elle a l'impression que le monde ne tourne pas rond, Moreau, envahie par un sentiment d'insécurité, s'enfonce dans son univers à elle. Mais ce n'est que pour se reconstruire, avant de replonger, tête baissée, dans le travail. Les épreuves, les chagrins, les échecs, les déceptions, la maladie, la mort font partie intégrante de son existence mais bien souvent, son sens de la gaieté et de la joie lui permet de surmonter la réalité cruelle. Je ne sais pas où elle dissimule ses peurs, ni par quel prodige elle arrive à se retrouver intacte, à éprouver un amour pour elle-même toujours renouvelé. Il est difficile pour un étranger de faire la part de l'intelligence et de l'indifférence dans cette remarquable résistance. Je crois que son caractère l'empêche de s'apitoyer sur son sort. Cette attitude lui est totalement étrangère, et elle la juge « répugnante » — c'est le « côté anglais » de son éducation, dit-elle.

« Quand on sait être heureux, on sait être malheureux. Ma réaction à la douleur affective est d'essayer de comprendre pourquoi c'est si douloureux et en quoi je suis responsable de cette douleur. Cela me permet de découvrir beaucoup de choses. »

Cette persévérance innée décuple, dirait-on, l'attachement de ses collègues, lesquels ne manquent jamais d'accourir dès qu'elle a un projet à leur proposer. Il ne faut pas non plus minimiser l'amour de son public, qui l'accueille fidèlement à chacun de ses retours, lui vouant une tendresse qui n'a d'égale que l'admiration que lui inspire son courage.

Pour elle, l'actrice nourrit la femme, et la femme nourrit l'actrice. Il faut que constamment, l'une alimente l'autre. Comme beaucoup de gens qui se consacrent sérieusement à leur travail, Moreau n'a pas mené (et ne mène pas) une vie mondaine très animée. Son métier — surtout, n'employez jamais ce mot en sa présence ! — est toute sa vie, et elle se lance à corps perdu dans tout ce qui peut lui inspirer une lueur d'intérêt. Au début des années quatre-vingt, ce serait un nouveau disque, des émissions de télévision, de nouveaux rôles de « visage connu » dans des films voués, sans elle, à l'indifférence et, à la fin de 1980, une pièce intitulée *L'Intoxe* au Théâtre des Boulevards à Paris.

Tout était réuni pour faire de *L'Intoxe* un succès. L'auteur, Françoise Dorin, n'était pas seulement une femme comme Moreau les aime ; il se trouve qu'elle était également née le même jour de la même année que l'actrice — un présage de taille pour tous ceux qui croient à l'astrologie. Il s'agissait d'une pièce très contemporaine, sur une présentatrice vedette de la radio qui ne cesse de sermonner son entourage pour essayer de surmonter son angoisse. Jean-Laurent Cochet, un metteur en scène « branché », dirigeait la production et le couturier favori de Moreau à l'époque, le Norvégien Per Spook, avait signé les costumes. C'était, selon toute apparence, un écrin de choix pour retrouver le public parisien.

Mais Moreau découvrit rapidement que s'immerger tous les soirs (et en matinée) dans une telle tempête professionnelle d'agressivité et de colère ne pouvait laisser son psychisme intact. « Je l'ai fait en rentrant des États-Unis après ma séparation avec Friedkin. Je me suis dit, pourquoi pas une pièce de boulevard ? Mon partenaire, Jacques Dufilho, est un acteur extraordinaire. Nous avions une bonne distribution et j'étais contente de travailler avec Cochet.

Mais il y a eu quelque chose avec cette pièce que je ne peux pas expliquer. Je suis devenue aphone, alors je suis allée à l'Hôpital Américain de Paris pour un check-up complet. Tout le monde était très inquiet. J'ai retrouvé ma voix, et je suis retournée au théâtre. Le troisième soir, j'étais de nouveau aphone. Je n'y arrivais pas. J'ai dû faire une allergie à cette pièce. C'est une pièce difficile. Dès qu'elle entre en scène, elle se fait insulter par tout le monde. C'est évidemment très démoralisant, mais un acteur ne prend pas ce genre de choses au sérieux. Je suis capable de jouer La Célestine, un rôle beaucoup plus dur, pendant trois heures, sans le moindre problème de voix. C'était vraiment bizarre. »

Moreau ajoute avec une lueur mauvaise dans le regard : « J'ai pris prétexte de mon épuisement pour ne pas faire le film sur Coco Chanel [*Chanel solitaire* de George Kaczender], pourtant, il n'y avait qu'une journée de tournage chez Maxim's à Paris. J'ai dit que j'étais trop fatiguée. Autant être polie. » (Ce rôle, celui d'Emilienne d'Alençon, fut rapidement réécrit pour Karen Black, qui le reprit au pied levé, quatre jours avant le tournage).

Son rôle dans *L'Intoxe* continuait de la miner, d'autant plus que le public trouvait la pièce déprimante. Au bout de huit mois de représentations, elle renonça. C'était une défaite honorable, cependant, et son interprétation lui valut le Prix Brigadier. Dorin se chargea elle-même du rôle en attendant que Danielle Darieux puisse prendre la relève.

Sa partenaire, Anne Parillaud, qui venait de quitter le monde de la danse pour se consacrer au théâtre, reconnaît que Moreau l'influença profondément, notamment par le professionnalisme qu'elle manifestait en présence d'une difficulté. « Jeanne m'a tout appris sur le travail scénique, sur le professionnalisme, » m'a-t-elle dit, « elle ne renonçait jamais, même quand elle n'en pouvait plus. Vous ne pouvez pas imaginer les forces qu'elle trouvait. » Parillaud et son mentor allaient se retrouver dix ans plus tard dans *Nikita* et *Cœur de Métisse* (*Map of the Human Heart*).

Moreau renonça alors au théâtre. Son corps était au bout du rouleau, mais sa voix possédait toujours cette raucité caressante et séduisante qui domptait les syllabes. Elle avait eu quelque temps auparavant un coup de cœur pour l'œuvre du poète belge Norge (de son vrai nom Georges Mogin), aujourd'hui disparu, qu'elle avait rencontré à Saint-Paul-de-Vence, avec son épouse portraitiste, Denise Perrier.

« Je n'ai fait sa connaissance qu'à cause de sa poésie et ça a été une rencontre extraordinaire. J'adorais ses poèmes et je voulais absolument les chanter. J'ai pris contact avec mon ami, le compositeur Philippe Gérard, qui avait collaboré avec des poètes comme Boris Vian, Louis Aragon et Paul Eluard. »

Ils présentèrent le projet à son producteur de musique, Jacques Canetti, qui édita un double album contenant ses interprétations des poèmes de Norge. Ce disque lui valut le prix Charles Cros.

« On n'aime pas forcément la voix de Jeanne », m'a dit Canetti, qui était déjà un vieux monsieur quand il m'a reçue dans son appar tement de Saint-Cloud dessiné par Le Corbusier. « Mais il n'y a pas beaucoup de disques d'interprètes féminines qui se vendent à cent mille exemplaires. C'est ce qu'elle vendait il y a quelques années. C'est une voix tout à fait intéressante. On la reconnaît immédiatement. Elle est, en un sens, remarquablement personnelle et quand on l'écoute, on entend comme le prolongement de son caractère, presque en tête à tête, exclusivement d'elle à vous.

La première fois que je l'ai entendue chanter, c'était dans *Jules et Jim*. J'ai téléphoné à Truffaut et je lui ai demandé de me céder les droits du *Tourbillon*. À l'époque, je travaillais comme directeur chez Philips, et nous avons sorti le disque. Ça a été un succès du jour au lendemain.

Quand je me suis mis à mon compte, Jeanne est restée avec moi et notre relation est devenue extrêmement profitable, pour elle comme pour moi. Son album *Jeanne Moreau* est toujours extrêmement populaire. Il s'est vendu à bien plus de cent mille exemplaires, ce qui est exceptionnel, même de nos jours. »

Pendant ce temps, de l'autre côté de l'Atlantique, à Broadway, une actrice nommée Elinor Jones se produisait tous les soirs dans sa pièce intitulée *What Would Jeanne Moreau Do ?* Moreau y est l'idole d'un personnage de fiction qui ne cesse de se poser cette question — que ferait Jeanne Moreau ? — avant d'entreprendre quoi que ce soit. Elle espère acquérir la même expérience du monde, la même profondeur et la même intelligence que son modèle.

Je ne sais pas comment Jeanne Moreau répond dans sa propre vie à cette question-là, mais la citation que voici me paraît tout à fait éclairante. « J'ai toujours considéré la vie comme un travail. Une certaine quantité de temps vous a été impartie, et vous devez trouver intérêt, passion, concentration. Vous devez vous cultiver et être fécond. Il m'arrive d'avoir l'impression d'être quelqu'un qui possède un lopin de terre et ne tient pas correctement compte des saisons. »

Quel qu'ait été le rendement de ses récoltes métaphoriques à l'époque où elle tint ses propos, elles n'avaient pas échappé à l'attention du réalisateur d'origine bavaroise, Rainer Werner Fassbinder, représentant de la Nouvelle Vague allemande. C'était un réalisateur prolifique, le plus remarquable enfant prodige du cinéma dit « d'arrière-cour ». Il était capable de tourner un film en quinze jours, et d'être tout de même pris suffisamment au sérieux par la critique pour susciter des jugements acérés tout en attirant un vaste public. Membre du groupe Wenders-Handke, il fut également le premier réalisateur allemand avec lequel Moreau travailla. Elle s'intéressait de près à la Nouvelle Vague allemande et avait pour amis plusieurs de ses principaux chefs de file.

« Dès qu'il y a une Nouvelle Vague quelque part, on sonne à ma porte et les voilà, » dit-elle en riant. « Je les nourris, je lis leurs scénarios et je les envoie travailler chez moi, à la campagne. Il m'est arrivé une fois d'héberger des jeunes réalisateurs allemands au Préverger pendant près de six mois. »

Fassbinder et Moreau s'étaient rencontrés au festival de Berlin, où il présentait *Veronika Voss*. Il l'avait invitée à une petite réception dans une brasserie enfumée. Tout le monde parlait allemand et elle était incapable de suivre la conversation. Constatant qu'il avait été englouti par la foule, Moreau était partie et avait regagné son hôtel. Quelques semaines plus tard, il l'appela pour lui demander de jouer dans son prochain film, *Querelle*. Elle accepta, ce qui obligea Fassbinder à mettre en attente son projet pour lui laisser le temps de terminer son troisième film avec Joseph Losey, *La Truite*, inspiré d'un roman de Roger Vailland.

C'était un vieux projet de Losey qui avait voulu tourner ce film dès les années soixante, en anglais et avec Bardot. Il le réalisa finalement dans les années quatre-vingt, en français et avec Isabelle Huppert. Moreau incarnait l'épouse délaissée de l'homme d'affaires (Jean-Pierre Cassel), esclave de « la truite » (Huppert — une actrice qui, remarque Moreau, est apparemment toujours « nue, à demi nue ou presque nue » à l'écran).

Ce curieux film se passe principalement dans le Jura. Le personnage joué par Isabelle Huppert, Frédérique, est la fille d'un pisciculteur. Quelques scènes se déroulent au Japon, où elle finit par monter un couvoir à truites ultramoderne. Le film n'a pas grand-chose à voir avec les poissons, en fait, mais beaucoup avec les jeux ambigus de la séduction. Frédérique elle-même est un peu asexuée — elle a d'ailleurs épousé un homosexuel —, mais elle séduit un amant hétérosexuel dont l'épouse la protège.

Sombre comme tant de films de Losey, *La Truite* a mal résisté au temps et donne aujourd'hui l'impression d'avoir perdu un peu de son intensité sexuelle poignante. À sa sortie, il provoqua pourtant un certain émoi. Lors de sa présentation au festival de Venise en 1982, une partie du public s'offusqua, notamment en entendant une des répliques de Moreau : « Homosexualité et hétérosexualité, ça ne veut rien dire. On est sexuel ou on ne l'est pas. » Vingt ans plus tard, alors que la sexualité humaine a perdu beaucoup de son mystère, on a peine à croire que pareille évidence ait pu provoquer une telle émotion.

« Ce n'est pas un hasard si c'est moi qui ai dit cette réplique. Elle planait sur le film et Joe ne savait qu'en faire, » a déclaré Moreau à la revue américaine *Interview* alors qu'elle se trouvait aux États-Unis pour la promotion du film. « Il m'a demandé si je pourrais la dire dans le film et j'ai répondu que oui. C'est une chose que j'éprouve profondément. C'est d'une telle vérité, d'une telle lucidité que je m'étonne qu'on ait pu en être choqué. »

Mais si le film de Losey traitait des labyrinthes ambigus de l'hétérosexualité bourgeoise, le projet dans lequel Moreau s'engagea ensuite traçait d'une pointe acérée le portrait d'une homosexualité sans fard. Le public vénitien que sa réplique de *La Truite* avait fait frémir risquait fort d'être pris de convulsions s'il traversait la rue pour aller voir *Querelle*, l'« autre » film de Jeanne Moreau présenté à ce même festival. Il réduisit apparemment au silence jusqu'aux *vaporetti*.

Drame portuaire mettant en scène le désir homosexuel et la mort avec une remarquable recherche de style et sous un jour d'un sordide hallucinant, *Querelle* allait brutalement rappeler à ses admirateurs le souvenir de la Moreau flamboyante, piquante et novatrice. Tiré du roman *Querelle de Brest* de 1947, c'était le second film de Moreau inspiré de Jean Genet, et le dernier que tournerait Fassbinder. Il mourut en effet à 36 ans d'une overdose de cocaïne et de somnifères, quelques semaines après avoir achevé cette œuvre. Cette mort prématurée obligea Moreau à assurer, plus que tout autre interprète, la promotion du film.

Brad Davis (de *Midnight Express*) joue le rôle de Querelle, le marin voleur, trafiquant et prostitué, qui finit par se faire assassin. Franco Nero interprète celui de son patron, Seblon, un lieutenant de marine qui se consume de désir pour lui. Dans l'unique rôle féminin, Jeanne Moreau incarne Madame Lysiane, la propriétaire vieillissante et insatiable du bordel de La Feria qui surplombe le port.

Pour elle, Lysiane est une définition utopiste de « la femme », la « Vierge » ultime. « Le premier jour de tournage, ils m'ont annoncé au téléphone qu'en fait, j'étais la Vierge Marie. Ce n'était pas dans le scénario et comme je n'avais pas vu les costumes, je ne savais pas à quoi le mien ressemblait. Quand je suis arrivée au studio, j'ai découvert une superbe robe blanche avec de la dentelle blanche et, par-dessus, tous les bijoux de la propriétaire du bordel. Je n'en revenais pas. »

Personnellement, je la vois comme une femme encore avide de reconnaissance sexuelle, assistant à un repas où les appétits sont rassasiés par des friandises homosexuelles. Toujours est-il que tout homme qui veut coucher avec Madame Lysiane doit commencer par jouer aux dés avec son mari Nono, un géant noir (Günther Kaufmann). S'il gagne, Lysiane est à lui ; s'il perd, c'est lui qui est à Nono. Dans l'histoire, Querelle perd — mais en même temps, il gagne.

Dans le rôle de Lysiane, Moreau est sensuelle, sexy et aussi râpeuse que du granit pilé. Quand elle s'approche de Querelle, elle est, malgré sa fragilité, impératrice et victime ; une fois encore, le spectre infini d'émotions qui attira tant Louis Malle parcourt son visage à la vitesse de l'éclair.

Elle affirme que l'univers de Querelle lui était étranger. Elle avait connu beaucoup d'homosexuels, mais c'étaient pour l'essentiel des écrivains et des artistes — il n'y avait pas de marin parmi eux. « Je connaissais beaucoup d'auteurs homos publiés par Gallimard. Ils se réunissaient dans ma loge à l'époque où je faisais *Pygmalion* et la pièce de Cocteau [*La Machine Infernale*.] J'ai connu André Gide dans les derniers mois de sa vie. Genet habitait tout près de chez moi ; il venait me chercher pour aller dîner. Plus tard, j'ai fait *Mademoiselle*, sur un scénario de lui. » Moreau a également été la narratrice d'un documentaire, *Jean Genet, Saint, Martyr et Poète*, que Guy Gilles a réalisé pour la télévision en 1975.

Quand Duncan Fallowell de *Time Out* lui a demandé s'il lui était arrivé d'avoir une aventure avec un homosexuel, elle a répondu : « Eh bien, j'ai vécu cinq ans avec Pierre Cardin… Il n'était pas exclusivement homosexuel, puisqu'il vivait avec moi. La sexualité des gens ne m'intéresse pas. Je me fiche pas mal qu'ils entrent dans le monde de la sexualité de telle ou telle manière. On est sexuel ou on ne l'est pas. Mais il vaut mieux être homosexuel que de n'avoir aucune sexualité.

Si on transformait Querelle en femme et qu'on raconte l'histoire du point de vue d'une autre relation homosexuelle, ça fonctionnerait tout aussi bien, » estime Moreau. « Parce que quand on parle de sexualité, la plupart des gens pensent au sexe physique, mais la sexualité commence dans l'esprit, dans l'imagination, et c'est ce que Fassbinder a présenté pour la première fois dans *Querelle* en renforçant un lien artistique déjà existant. »

Le sujet de *Querelle* — le paria, le monstre homosexuel qui vit en marge de la société — a obsédé tour à tour Genet et Fassbinder. La tâche de Moreau, appelée à participer au film d'un réalisateur allemand sur une histoire imaginée par un auteur français, fut sans doute un peu délicate, mais elle n'a jamais eu l'impression que le film cherchait à faire œuvre révolutionnaire. Pour elle, son sujet n'est pas vraiment le sexe.

« Je crois que Fassbinder voulait simplement parler de son obsession et que, par hasard, cette obsession a coïncidé avec celle de Genet. L'idée d'être un voleur, un meurtrier, un traître — en tant que proscrit, qu'homosexuel — relève de l'intellectualisation.

Comme tous les réalisateurs, il était complètement obsédé par son travail. C'était fantastique de travailler avec lui, parce qu'il n'y avait pas la moindre hésitation, on ne perdait jamais de temps. Tout le monde savait, bien sûr, qu'il menait une vie de cinglé, » dit-elle en toute franchise. « Il travaillait comme un fou, il ne dormait que deux ou trois heures par nuit, il buvait et se droguait, je ne sais pas ce qu'il prenait, en tout cas il brûlait la vie par les deux bouts. On l'a trouvé mort un matin devant sa télévision, au milieu de tous ses papiers. Il avait un stylo à la main, parce qu'il se préparait à tourner un autre film.

J'avais eu envie de travailler avec lui à cause de ses films et de la violence de son point de vue. Il avait l'air d'être déchiré par de nombreux conflits. Quand il m'a appelée pour *Querelle*, j'ai accepté immédiatement. J'avais lu le livre, mais je ne m'en souvenais absolument pas et je n'ai pas eu le temps de lire le scénario avant d'arriver à Berlin pour filmer. Quand j'ai vu les dessins des costumes, j'ai compris que je devais ressembler à Dietrich. J'ai aussi chanté la chanson du film ["Everybody Kills the Thing He Loves"].

J'ai vécu une expérience mystérieuse et fascinante avec lui, mais sans paroles. Et alors ? C'est peut-être la relation idéale. Pendant le tournage, il ne me parlait pas beaucoup. La seule fois où je lui aie demandé ce qu'il voulait de moi dans une scène, il a dit : "Sois excellente". J'ai trouvé ça assez beau. Il y avait entre nous un sentiment très intime. De la complicité. Dès le début, il a su que je pourrais lui donner ce qu'il voulait. Il ne savait pas exactement ce que c'était, et moi non plus, mais ça s'est passé comme ça. Fassbinder savait parfaitement ce qu'il faisait quand il m'a donné un rôle dans son film.

Je l'appelais mon "danseur inconnu". C'est comme si on se trouvait dans une salle de bal, à attendre d'être invitée à danser, et voilà qu'un inconnu, un étranger se dirige vers vous. Vous commencez à danser et c'est merveilleux. Travailler sur ce film, c'était comme danser. J'ai aimé la danse, j'ai aimé le film. »

Avec son sourire provocant, elle ajoute : « L'Angleterre a été le dernier pays à accorder un visa d'exploitation à *Querelle*. Il a fallu faire des coupes pour qu'il soit projeté. »

À peine ce film terminé, Moreau se rendit à Londres pour une séance de questions-réponses organisée par le *Guardian* sur la scène du National Film Theatre, où l'on projetait alors *L'Adolescente*. Elle arriva de Paris sans entourage, avec Brad Davis dans son sillage, et descendit au Claridges, où elle fut, paraît-il, expulsée du bar parce qu'elle était en pantalon.

L'interviewer du *Guardian* était Don Allen, une personnalité du monde médiatique, auteur de *Finally Truffaut*. Moreau était d'humeur charmeuse, sa fameuse voix plus rauque que jamais. Sa sœur Michelle était dans la salle avec ses deux enfants, Michael et Danielle.

« Elle m'a donné du fil à retordre, » avoue Allen. « Un bon interviewer sait que son rôle consiste à appuyer sur le bon bouton et à laisser la vedette prendre le relais. Avec Jeanne Moreau, la note était au flirt badin ; je lui ai donné une foule de possibilités de reprendre la balle au bond, de marquer des points et de "diriger" l'interview. Le public s'amusait, et nous aussi. L'approche à la John Freeman ou à la Anthony Claire n'était pas pour cette fois. »

Il lui demanda si elle se considérait comme une femme fatale, un rôle qu'on lui avait souvent confié à l'écran. Elle rit d'un air charmeur, leva les yeux au ciel. « Bien sûr que non, je ne me considère pas comme une *femme fatale*. Je ne vois pas comment je pourrais avoir cette impression. C'est une provocation ? »

Quand Allen s'interrompit brièvement sur un : « Puis-je vous demander... », Moreau intervint d'un gloussement séducteur : « Je vous en prie — rien ne l'arrêtera ! »

Ils parlèrent de sa longue carrière, si variée. De toute évidence, le cinéma restait pour elle ce que Truffaut appelait « une industrie magique », quelque chose qui devait apporter un peu de plaisir dans la vie. « À quoi bon prétendre changer le monde ou délivrer un message dans les films ? Essayons d'aider les gens à se sentir bien, essayons de les divertir.

Je n'ai jamais été mécontente de mes films ni de mon interprétation, parce que je ne vais pas les voir. Une actrice ne devrait pas voir ses films. Quand on crée un personnage, on a son propre monde. C'est autre chose, c'est une vie rêvée. J'aime incarner les rêves d'autrui. »

Alors que l'interviewer lui demandait si elle n'était pas blasée d'avoir fait ce métier pendant si longtemps, elle déclara énergiquement : « Non, je ne suis pas blasée. Bien sûr que non, vous pensez ! Je ne crois pas que qui que ce soit dans le métier puisse être blasé. » Puis elle s'arrêta et répéta le mot : « "Blasé" — qu'est-ce que ça veut dire ? »

Pendant toute la séance, elle flirta de manière éhontée, riant de son rire de gorge râpée par la fumée et accumulant les répliques scandaleusement enjôleuses. Malgré certaines réponses un peu cinglantes — elle rétorqua ainsi à Allen qui l'interrogeait sur son expérience de femme, devant et derrière la caméra : « Voyons, je suis un être humain, non ? » —, elle n'éluda aucune question. Elle se contenta de désamorcer celles qui ne l'intéressaient pas, en prononçant une brève conférence improvisée sur quelque sujet impalpable comme le subconscient ou le sens de la vie.

Comme Allen allait le découvrir, ce schéma se reproduirait dans ses interviews à venir. « « Jeanne Moreau est quelqu'un que j'admire et que je respecte. Elle a été partout, elle a tout fait, généralement à fond de train et jusqu'au bout. Ses idées sur la vie ne sont peut-être pas d'une originalité époustouflante, mais au moins ce sont les siennes, et de toute évidence, elle les prend et se prend suffisamment au sérieux pour veiller à ce qu'on y prête attention. N'ayant jamais été une bimbo évaporée — ce terme n'existait même pas quand elle était jeune —, Moreau incarne peut-être la version française de la pin-up pour intellos. »

Avec Moreau, il n'y a pas de questions indiscrètes, il n'y a que des réponses impertinentes. Elle maîtrise à la perfection l'art de la formule provocatrice. Peut-être ne cherche-t-elle pas à transformer la société, mais elle prend certainement plaisir à la secouer un peu, la tête coquettement inclinée, le sourcil levé en accent circonflexe.

17

« Je vois la vie comme un voyage, et la mort comme un accident naturel dans la vie générale de l'univers. »

Après *Querelle* en 1982, Jeanne Moreau bouda le cinéma pendant quatre ans.

Il est difficile de définir cette période d'absence à l'écran car, si elle continua à avoir de nombreuses activités, celles-ci n'ont guère laissé de traces. Et les projets avortés — interpréter Sarah Bernhard à Broadway, par exemple — furent plus nombreux que ceux qui se concrétisèrent, en matière de théâtre en tout cas.

« C'était une jolie idée, reposant sur une correspondance entre Bernhardt et Françoise Sagan. Le metteur en scène imaginait initialement deux femmes sur le plateau, assises sur des chaises, en train de lire les lettres, » explique Moreau. « Je lui ai expliqué que j'adorais être sur scène, mais que je détestais être assise sur une chaise à lire une lettre. J'aime le mouvement. À l'époque, il n'y avait pas encore de texte. Florence Malraux et Françoise y travaillaient. Quand le projet a été prêt, je n'étais plus libre. Je le ferai peut-être plus tard. Pourquoi pas ? »

Elle prit, pour la première fois, le temps de voyager pour elle, dans le rôle de la vedette. Elle honora de sa présence un certain nombre de cérémonies, où des foules de personnages secondaires entraient et sortaient de son orbite. Michael York se rappelle s'être trouvé sur la même scène qu'elle, en une circonstance de ce genre, une soirée de gala organisée au Palace Theatre en 1983, à New York.

« Nous participions à un spectacle de variétés qui s'appelait *Parade of Stars*. La mise en scène était d'Alex Cohen. Il s'occupait des Emmy Awards et connaissait tout le monde. Je crois que Jeanne et moi avons fait notre petite scène avant George Burns mais après Raquel Welsch. Nous avons donné un extrait de *Phèdre* en français. Je jouais Hippolyte ou quelqu'un d'autre — à vrai dire, je ne sais plus exactement qui — et Jeanne jouait la divine Sarah jouant Phèdre. En fait, fondamentalement, elle jouait simplement la divine Jeanne ! Mes relations avec elles se sont limitées à cette courte scène, mais nous avons passé ensemble un moment bref mais concluant. En ce qui me concernait, c'était un rêve complètement inattendu. »

Elle assista également à un grand nombre de festivals de cinéma : New York, où l'on projeta deux de ses films en 1982, *L'Adolescente* et *La Truite,* le festival du film français de Sarasota, puis Tokyo et Vancouver. À Berlin, elle était présidente du jury comme au festival de New Delhi et à celui de Toronto. Elle fit la tournée de quelques universités des États-Unis et du Japon pour prononcer des conférences et, à l'invitation du grand acteur italien Vittorio Gassman, elle donna des cours de théâtre, notamment sur Pirandello, aux étudiants d'art dramatique de Florence.

Elle commença aussi à s'intéresser de plus près au petit écran. Elle dirigea le festival de télévision de Monte-Carlo, alors qu'elle venait d'imaginer et de présenter une immense série sur les grandes stars d'Hollywood pour Radio Monte-Carlo. Ces émissions l'incitèrent d'ailleurs à fonder sa propre société de production.

Moreau avait écrit un scénario inspiré d'un roman de Drieu La Rochelle, *Beloukia*, qu'elle avait l'intention de tourner au Maroc. Elle avait encore un autre texte dans ses tiroirs, intitulé *Désirs*, écrit en collaboration avec l'auteur américain Jim Harrison. C'était une histoire d'hommes, comme le roman de Drieu, et elle envisageait de le réaliser en Australie, où elle s'était récemment rendue pour un film qui ne s'était jamais fait. Elle espérait que le rôle principal conviendrait à Robert De Niro. Aucun des deux projets ne se concrétisa.

C'est dans ce contexte qu'elle créa Capella Films en 1982 avec Klaus Hellwig, un producteur et un ami. Ils voulaient réaliser des portraits d'actrices en 16 millimètres pour la télévision, intitulés *Sept Stars plus une* (On se doutera de l'identité de la huitième). Le premier et unique portrait qu'ils achevèrent était un téléfilm de cinquante-six minutes consacré à celle qui avait été l'héroïne de Jeanne Moreau, Lillian Gish.

« Je suis très attirée par le destin des vedettes féminines du cinéma, » m'a-t-elle confiée. « Le cinéma me fascine et j'aimerais en savoir plus long sur l'industrie du film américain et sur son histoire. J'ai parcouru tout le pays pour des hommages à Gish. Bette Davis avait accepté de faire un film avec moi, Ava Gardner aussi. J'étais même arrivée à approcher Greta Garbo, elle ne voulait pas qu'on la voie, mais elle aurait accepté de parler. »

Les autres actrices qui devaient faire l'objet d'une émission étaient Liz Taylor, Faye Dunawaye, Meryl Streep, Jane Fonda et Jessica Lange, mais Capella s'effondra à la suite de la mort soudaine d'Hellwig.

« Il avait une tumeur au cerveau. Ça a été un choc terrible. C'était un homme extraordinaire, il avait produit *Providence* de Resnais et c'était un merveilleux associé. Malheureusement, ça a été la fin de notre série. »

Après la disparition de Capella, Moreau attendit plusieurs années pour recréer une société. Ce fut Spica Production, en 1992. Spica est une étoile de la constellation de la Vierge qui, dit-elle, est représentée par une gerbe de blé et symbolise la fertilité. Elle a dessiné elle-même le logo du papier à lettres de la société, une gerbe toute simple entourée d'un « S ». Elle n'avait plus d'agent et toutes ses activités transitaient par cette société, qu'elle dirigeait avec son assistante de longue date, Armelle Oberlin, dans un joli petit bureau situé dans un des grandioses immeubles aux sols de marbre du boulevard Haussmann.

Le siège de Spica, que j'ai visité dans les années 1990, jouxtait celui des Films Arena du producteur Bruno Pesery (président de Spica). On y retrouvait l'intemporelle touche Moreau : un balcon débordant de fleurs et une lucarne qui offre une vue superbe sur Paris, tel que Pissarro l'a peint.

Une série télévisée réalisée par Canal Plus sur la magie du cinéma vint alors ranimer l'intérêt de Jeanne Moreau pour les dessous du métier. Cette série était intitulée *Les Ateliers du Rêve*.

Consacrée aux grands studios de cinéma du monde entier, elle dévoilait également le secret de certains effets spéciaux. Entourée de morceaux de polyester, Moreau expliquait ainsi comment on fabrique de la « neige » avant d'être entourée de flammes sortant de robinets à gaz ; cinglée par une averse diluvienne projetée par des tuyaux suspendus, elle en sortait parfaitement sèche.

Elle a participé à plusieurs téléfilms au milieu des années quatre-vingt, des projets intéressants dans l'ensemble, dont deux étaient destinés à la télévision britannique.

Son premier film pour la BBC était *Vicious Circle*, inspiré de la pièce *Huis Clos* écrite par Jean-Paul Sartre en 1944. Elle y jouait le rôle d'Inès, la lesbienne qui va jusqu'au meurtre et pousse son amie au suicide. Elle accepta cette composition, parce qu'elle sortait un peu de l'ordinaire et qu'elle avait très envie de travailler avec Omar Sharif. Cherie Lunghi et Nickolas Grace faisaient partie de la distribution, tandis que Kenneth Ives signait la réalisation.

Grace raconte : « Une sorte de lutte de hiérarchie diplomatique se déroulait entre Omar et Jeanne tous les soirs, pour déterminer qui paierait le dîner. Ils ne m'ont jamais laissé payer. Ils étaient tous les deux incroyablement généreux. Omar adorait aller dîner en ville, parce qu'il voulait que quelqu'un le raccompagne ensuite pour l'aider à apprendre ses répliques, mais Jeanne s'en allait et apprenait son texte toute seule. »

Voici comment Moreau décrit son rôle : « Inès était un personnage très puissant, tout à fait nouveau pour moi. C'est une lesbienne et une femme dévorée par une pulsion destructrice à l'égard des gens qu'elle aime. Elle a poussé son mari sous un tram et incité sa complice lesbienne à se suicider. C'est tellement cru et brutal ; les personnages n'ont rien à perdre puisqu'ils sont morts. »

Je murmure quelque chose, sous-entendant que le rôle est un peu risqué. Elle lève les mains pour me reprendre. « Plein de risques, peut-être, mais jamais risqué. Ma vie n'a jamais été risquée. C'est simplement comme ça que les journalistes la voient. Ma vie est trop passionnante pour être risquée. » Ses célèbres lèvres esquissent une moue et elle hausse les épaules dans ce geste typiquement français. « Vous savez, il faut du temps pour apprendre à s'ouvrir à la vie. »

De retour en France, elle tourna *L'Arbre* pour Antenne 2 sous la direction de Jacques Doillon. Puis, en 1985, elle joua dans un épisode de la série de Nadine Trintignant, *Le Tiroir Secret*, avec Michèle Morgan et Marie-France Pisier. Moreau incarnait la maîtresse de l'époux disparu de Michèle Morgan. (Cette année-là, les deux actrices furent décorées de la médaille de Commandeur des Arts et des Lettres).

L'Arbre était un petit film très sombre, sur la mort. Moreau y jouait le rôle d'une grand-mère qui essaie, avec sa petite-fille (Julie Jézéquel), de comprendre le seul événement capable de les réunir : la mort de celle qui a été la fille de l'une, et la mère de l'autre. Dans ses interviews, Moreau a toujours abordé le sujet de la mort comme une sorte d'aboutissement évident de la vie. Elle n'a pas peur de mourir et ne redoute pas ce qui peut l'attendre au-delà. Catholique non pratiquante, elle ne craint pas la fin, mais déclare que, quelle que soit l'heure, elle arrivera un peu trop tôt. Elle a l'impression qu'il lui faudra toujours quelques années supplémentaires pour être « assez propre pour passer de l'autre côté, pour [s']améliorer ». « J'aimerais arriver à ma dernière heure avec mon petit paquet de vie solidement emballé, bien ficelé. »

Elle s'est passionnée pour la lecture du *Livre des morts tibétain* et pour les cérémonies locales traditionnelles qui cherchent à préparer les gens à la mort. Tous les livres de philosophie et de psychologie qu'elle a lus lui ont permis de se faire sa propre vision des choses.

« Rien ne commence ni ne s'arrête à un moment précis. Plus vous vieillissez, plus vous vous rendez compte que tout est le fruit de ce que vous êtes. Je mourrai, j'aurai pris de l'âge comme n'importe qui d'autre, mais que je meure à soixante-quinze ans ou à quatre-vingt-cinq, je sais que je mourrai jeune.

J'ai connu de profondes angoisses et un violent sentiment d'impuissance. À une époque, je vivais les rideaux fermés, la lumière m'était aussi insupportable que l'idée de me réveiller. Mais j'ai toujours eu le sentiment que la mort physique n'arrête pas la souffrance; le supplice est plus grand si vous pensez que la mort n'y mettra pas fin. On dit que c'est un grand sommeil, mais ce n'est pas vrai.

Le décès de vieux amis, comme Orson, Luís, François et Joseph, a transformé le paysage de ma vie, mais je n'ai pas pleuré longtemps. [François Truffaut est mort pendant qu'elle tournait *The Last Seance*, en 1984. Luís Buñuel et Joseph Losey étaient morts l'année précédente, tandis que Simone Signoret et Orson Welles disparaissaient l'année suivante.] Les gens sont vivants tant que vous pensez à eux et que vous continuez à être influencés par eux. Ils sont puissamment vivants dans ma vie quotidienne.

Je vois la vie comme un voyage, et la mort comme un accident naturel dans la vie générale de l'univers. Je crois que c'est pour ça que les planétariums me fascinent autant — c'est la chose la plus proche de l'éternité, de ce qui continue encore et toujours, des mouvements cosmiques qui dépassent la vie humaine. »

S'inspirant profondément de ses propres idées sur la vie après la mort, elle participa à *The Last Seance* pour Granada Television. Tourné dans les studios de Manchester, ce film était réalisé par June Wyndham-Davies d'après Agatha Christie. Moreau y joue le rôle de Madame Exe, une femme prête à sacrifier tout et tout le monde pour entrer en relation avec sa fille défunte. Une fois de plus, elle provoque une mort, celle du médium chargé de jouer les intermédiaires (interprété par Norma West).

Moreau a accepté ce rôle, dit-elle, parce que cette histoire entretenait des liens singuliers avec ses propres souvenirs d'enfance. L'intrigue se situait en 1933, l'année même où Jeanne commença à accompagner sa grand-mère maternelle, Elizabeth Buckley, à des séances de spiritisme, dans le nord de l'Angleterre.

« Mon oncle Jack, le fils de grand-maman, avait vingt-cinq ans quand il s'est noyé au large de Liverpool. Elle a eu tant de chagrin qu'elle a entrepris, en vain, une longue quête pour entrer en relation avec lui, pour lui dire adieu. Un médium a prétendu que je possédais moi-même des dons paranormaux, alors elle s'est dit qu'elle aurait peut-être plus de chances si je l'accompagnais. Ça a été une expérience marquante, mais je n'ai jamais eu peur.

On m'a dit que je pourrais avoir des visions, peut-être même voir Jack, en me concentrant sur un bouquet de fleurs ou sur un verre d'eau, mais ma mère me l'a interdit. Elle était tout à fait contre. Je n'ai jamais travaillé la question, et je n'en ai pas envie. Je dirais qu'au fil des ans, il m'est arrivé d'avoir des prémonitions. Disons les choses comme ça : je sais que j'ai un instinct très sûr. Je me demande si c'est le fruit d'une certaine connaissance, de l'expérience. Nous savons que les mots veulent dire telle ou telle chose, mais au-delà des mots, les gens expriment parfois autre chose. J'ai l'impression de savoir ce que ressentent les gens. Ils n'ont pas besoin de me le dire. C'est intuitif.

Je suis très superstitieuse, ça me vient effectivement de ma grand-mère irlandaise. Je sais lire le tarot — avec une précision effrayante, aux dires de mes amis — et autrefois, les présages m'inquiétaient. Quand j'étais jeune, j'avais inventé un jeu de prédiction, ça me permettait de me faire de la bile pour l'avenir… »

Je la revois à Cannes cette année-là, en 1985. Elle avait pris l'initiative d'organiser une cérémonie très personnelle à la mémoire de Truffaut au Palais des festivals. Toute menue dans sa robe rouge vif, elle se tenait à l'extérieur du halo de lumière — « le projecteur appartient à Truffaut ». On projeta *Vivement Truffaut !,* un documentaire en forme d'hommage conçu par Claude de Givray, le co-scénariste de Truffaut, un vieil ami du temps des *Cahiers*, dans les années cinquante. Plus d'une vingtaine d'acteurs qui avaient travaillé avec Truffaut vinrent ensuite sur scène, partager son projecteur et dire quelques mots sur l'homme qu'ils avaient connu. Dans son intervention, Moreau sut merveilleusement cristalliser l'essence de la Nouvelle Vague, la passion et l'énergie qui l'avaient sous-tendue.

La cérémonie s'acheva par une bruyante standing ovation. Tous ceux qui étaient présents sur scène posèrent pour un « portrait de famille » ; on pouvait voir, aux côtés de sa femme Madeleine et de ses filles Eva (ainsi nommée en hommage au film de Losey) et Laura (d'après celui d'Otto Preminger), Fanny Ardant la maîtresse de Truffaut, Deneuve, Depardieu, Brialy, Aznavour, Bisset, Léaud, Fossey et bien d'autres encore.

Alors que Moreau renouait avec son passé anglais, elle se vit contrainte de trancher certaines de ses racines françaises les plus profondes. En 1984, elle vendit Le Préverger à la créatrice Laura Ashley. Elle ne pouvait plus faire face à son entretien.

Triste jusqu'aux tréfonds de l'âme, Moreau ferma les portes et les volets bleu mistral sur ce chapitre de sa vie. Elle dit adieu à Anna et Louis, qui partirent commencer une vie nouvelle dans les Pyrénées. Tant de ses amis étaient morts, tant étaient partis ; l'esprit des lieux avait changé. Des regrets, dit-elle, elle n'en a pas… mais ils étaient là, vacillant comme une bougie constamment sur le point de s'éteindre.

« Vient un moment où vous comprenez que quelque chose est fini. Je ne voulais plus avoir à m'occuper d'une maison secondaire. Je trouvais que c'était mieux de louer un appartement à Paris et de passer mon temps libre à voyager à l'étranger au lieu d'aller dans ma maison de campagne. J'avais envie de visiter d'autres pays, de retourner en Amérique ou au Japon, de rencontrer des gens, de voir comment ils vivent, de savoir ce qu'ils pensent. J'ai découvert que quel que soit l'endroit où j'allais, si j'avais l'impression d'être au bon endroit au bon moment, en train de faire ce qu'il fallait avec les gens qu'il fallait, peu importait où j'étais. Ça pouvait être en Grèce, dans un hôtel de Tokyo ou en Russie. Ça n'avait pas d'importance. Je me sens citoyenne du monde. J'ai beaucoup de chance parce que, partout où je vais, les gens me connaissent. Ils ont vu des choses que j'ai faites, ils m'invitent, alors je me sens vraiment proche du monde. »

L'une de ses premières odyssées la conduisit aux États-Unis, où elle devait enfin faire ses débuts à Broadway dans une reprise de *La Nuit de l'iguane* de Tennessee Williams. Au départ, on lui avait proposé le rôle de Maxine, celui qu'avait incarné Bette Davis en 1969 et qu'Ava Gardner avait joué dans le film de John Huston en 1964. Mais Maxine était toujours considérée comme « trop américaine » pour Moreau. Elle accepta alors l'autre grand rôle féminin, celui d'Hannah Jelkes, la vieille fille aux aspirations spirituelles que le matérialisme laisse insatisfaite.

Les représentations commencèrent, comme le veut la tradition de Broadway, par une tournée d'essai en province, en l'occurrence à Baltimore, au Morris A. Mechanic Theatre. En raison de la notoriété dont Moreau jouissait aux États-Unis, tous les critiques de New York et de Washington se précipitèrent pour voir le spectacle. Ils le virent, ils ne l'aimèrent pas et ils le dirent. Ils détestèrent tout particulièrement l'accent de Moreau. Elle obtint les plus mauvaises critiques de sa vie. La première eut lieu le 15 octobre et le spectacle s'acheva le 9 novembre 1985, sur la même scène.

Selon elle, l'échec de l'*Iguane* était dû à une combinaison de plusieurs facteurs. « Il ne s'agit pas de rejeter toute part de responsabilité, parce que j'y suis certainement pour quelque chose. Au fond, quatre semaines de répétition, ça ne suffisait pas. En plus, une de ces semaines avait été consacrée aux éclairages. Le metteur en scène, Arthur Sherman, n'était pas assez costaud pour cette aventure. Mon partenaire, Michael Moriarty, est un très bon comédien, mais ce n'est pas un homme généreux. C'était la première fois de ma vie que je répétais avec un acteur qui avait des écouteurs sur la tête et qui écoutait de la musique pendant qu'il travaillait avec ses partenaires. Eileen Brennan, qui jouait aussi dans la pièce, a failli tout plaquer. J'étais exaspérée, j'aurais dû dire tout de suite que ça n'allait pas, mais j'étais étrangère, alors…

Le type du *Washington Post* avait raison. Le spectacle, qui devait encore se roder, était brut, inachevé et l'acoustique était si mauvaise qu'on avait du mal à entendre ce qu'on disait. Ce n'était pas bon. Je veux bien parler de l'*Iguane* parce qu'il m'a appris un tas de choses — à surmonter l'impression d'insuffisance qu'on éprouve face au public, à répéter avec un sentiment de frustration, à accepter de sentir que le vrai spectacle se trouve quelque part et qu'on n'y est pas. Ça m'a confirmé que le professionnalisme est essentiel. On ne plaisante pas avec les émotions humaines. Avec des œuvres d'art comme l'écriture de Tennessee Williams, il faut aller profond, profond, profond. »

Moreau fit ses bagages et quitta Baltimore. Elle avait évidemment pensé que la pièce continuerait, et serait donnée à Broadway. Elle avait même organisé un échange d'appartements avec Joan Buck, qui souhaitait passer quelque temps à Paris.

« Elle est restée chez moi comme prévu, » dit Buck. « À mon retour, j'ai trouvé qu'elle avait "nettoyé" ma vie. Mon appartement était parfait, plein de l'atmosphère harmonieuse et sereine que Jeanne sait si bien créer. Elle avait soigneusement emballé toute ma "fausse" porcelaine et l'avait rangée au fond de l'armoire à linge. Elle avait empilé mes torchons intelligemment. Elle avait acheté certains objets qu'elle estimait que je devais absolument avoir, comme un type bien précis de casserole Le Creuset, et laissé derrière elle ce parfum magique qui n'appartient qu'à Jeanne. Mon appartement ne m'avait jamais paru aussi confortable ni aussi serein.

C'était très émouvant d'habiter chez elle, rue de l'Université. C'était un lieu très intime, la retraite de Jeanne. Chaque porte était peinte d'une couleur différente, toutes dans des tons de coucher de soleil. Chaque porte était recouverte d'un épais rideau. Très subtil, très excentrique, très Verseau. Une mystérieuse armée de Philippins silencieux venait faire le ménage. L'air embaumait les bougies parfumées. Dans la salle de bain, il y avait des flacons d'eaux de Cologne précieuses, qu'elle avait mis là pour moi.

Elle n'avait que quelques meubles, des petits meubles années soixante, un pouf, des petites ottomanes de cuir. Très peu de mobilier — une sorte de simplicité luxueuse, avec un soupçon d'austérité. La minuscule chambre d'amis servait de bibliothèque. L'autre chambre à coucher, minuscule elle aussi, lui servait de bureau, avec une simple table à tréteaux et une chaise haute. Son lit se trouvait dans la plus grande pièce, le salon. Je m'y couchais, songeant à l'envergure de son talent, de sa vie et de son âme. Sa ligne privée, près du lit, sonnait souvent et me réveillait. Orson Welles est mort cet automne-là pendant qu'elle était à New York. La moitié du monde a téléphoné pour prévenir Jeanne et c'est moi qui décrochais. Répondre pendant toute la nuit à ces innombrables appels concernant Welles a été une expérience bizarre, déstabilisante. »

18

« J'ai décidé que mon verre serait toujours à moitié plein, jamais à moitié vide. »

En 1986, au moment où elle revint au cinéma, Moreau était une légende vivante. Si l'on regarde ses films de l'époque, on voit qu'elle y aborde de front les rôles de femme âgée. À l'approche de la soixantaine, ses traits trahissaient désormais la « mort métaphysique » qu'elle avait subie après son mariage avec Friedkin. La caméra fixe toujours cette immense joie flamboyante qu'elle porte en elle, mais il s'y ajoutait à présent une profonde tristesse celtique, une ombre de mélancolie. Il faut reconnaître qu'un certain nombre des films auxquels Jeanne Moreau avait participé à cette époque avaient en quelque sorte glissé à travers les mailles du cinéma international comme du menu fretin, et que ses inconditionnels devaient se contenter de ses grands films d'autrefois, encore inscrits au répertoire.

Elle était présente, sans être tout à fait là.

Tous ceux qui tenaient à elle furent certainement soulagés d'assister à la réhabilitation de son image, vers la fin des années quatre-vingt. On organisa des rétrospectives en France, à Quimper, mais aussi à l'étranger, à l'Institut français de Londres, puis à Lausanne. Elle fut invitée à présider l'Académie des Arts et Techniques du Cinéma (1986-1988), l'institution qui organise la remise des Césars. Elle partit au Japon tourner un documentaire sur Renoir pour la télévision japonaise, qu'elle compléta l'année suivante par des émissions sur Cézanne et Gauguin.

Pendant que la télévision française préparait la réalisation d'une émission intitulée *Jeanne Moreau : Mystère et Beauté*, on lui proposa enfin quelques rôles substantiels dans des films importants. Contre toute probabilité, le tourbillon de la vie allait la projeter vers une petite Nouvelle Vague, repoussant les flots gris de l'accablement qui avaient récemment commencé à lécher ses rivages.

Tous ces films n'étaient pas des chefs-d'œuvre époustouflants et tous ne furent pas primés, mais c'étaient des réalisations honnêtes, qui lui convenaient parfaitement, avec de vrais rôles, au lieu de simples apparitions.

On peut citer ainsi *Le Paltoquet*, une « comédie surréaliste aux accents buñuéliens », selon Claude Piéplu. Le paltoquet du titre (Michel Piccoli) est serveur dans le bar dont Jeanne Moreau est tenancière. Un groupe de joueurs (Daniel Auteuil, Richard Bohringer, Philippe Léotard, Claude Piéplu) et une prostituée (Fanny Ardant) doivent aider un policier (Jean Yanne) à enquêter sur un meurtre. À cent lieues du polar français traditionnel, cette réalisation de l'extravagant Michel Deville est d'un chic fou et d'une brillante espièglerie.

On y retrouve Moreau au mieux de sa forme, joyeuse, excentrique, manifestement à l'aise avec ses partenaires — les nouveaux visages du cinéma français — comme Auteuil et Bohringer. C'est un vrai plaisir de la revoir pétillante de vie, en bistrotière sexy, pétrie de cynisme, conservée dans l'alcool mais jamais ivre, et de constater que son je m'en foutisme — haussement d'épaules, attitude insouciante — est resté insolemment intact.

« Quand Michel [Deville] est venu me voir, il m'a bien fait comprendre que j'étais libre d'inventer ma personnalité physique pour ce rôle, et c'est ce que j'ai fait. J'ai trouvé la distribution absolument exceptionnelle. J'avais vraiment envie de participer à cette aventure avec eux. C'est tellement rare qu'un film réunisse les meilleurs acteurs d'un pays sur un pied d'égalité. »

Elle a tourné le film de Deville à la suite d'un autre, réalisé par

Michel Drach et intitulé *Sauve-toi Lola*. C'est là encore, un film quelque peu surréaliste, non pas visuellement cette fois, mais psychologiquement. Drach y aborde un sujet grave, le cancer, avec une légèreté surprenante. Lola (Carole Laure) est une avocate parisienne atteinte d'un cancer. Moreau, une épouse d'ambassadeur portée sur la bouteille, la rencontre au Club du Cancer. Sa première apparition à l'écran, les traits tirés et coiffée d'une abominable perruque, laisse sans voix. On dirait une parodie Grand Guignol de Liz Taylor dans un de ses plus mauvais jours. Le film regorge de petites touches dans le style de *Vol au-dessus d'un nid de coucou*, montrant Moreau sous un jour délirant, littéralement méconnaissable, rotant et pétant à l'envi. L'ingrédient inévitable des films tardifs de Moreau — le baiser du jeune homme à la femme âgée — n'a pas été oublié.

Son troisième rôle de 1986 devait être celui d'une autre alcoolique, mais il fut transformé à sa demande en personnage de femme pieuse qui croit aux miracles. *Le Miraculé*, une comédie de Jean-Pierre Mocky, offre une image superbement grinçante du système hospitalier français, et porte un regard insolent sur la société française en général. C'est l'histoire d'un vieillard (Jean Poiret), qui simule une paralysie après un accident pour toucher une indemnité. Accompagné d'une ancienne prostituée confite en dévotion (Jeanne Moreau) et traqué par un assureur muet qui flaire l'escroquerie (Michel Serrault), il se rend en pèlerinage à Lourdes. Plongé dans la piscine, il en ressort paralysé pour de bon, alors que l'assureur, tombé à l'eau par mégarde, recouvre la voix. C'était véritablement le film de Poiret et Serrault, à qui Moreau sert essentiellement de faire-valoir, mais il possède un charme suranné et une insolence qui convient parfaitement aux trois acteurs.

Il semble que dans ses films de l'époque, Moreau ait été particulièrement sensible au sort que la société fait aux femmes d'un certain âge. « Je n'admets pas les conventions sur les femmes de plus de quarante ans : elles sont imbaisables, et elles sont toutes alcooliques et névrosées. Dans les scénarios des films de Drach, de Deville et de Mocky, toutes les femmes que j'interprétais devaient être alcooliques. Je ne voyais pas ce que ça apportait aux rôles, et je les ai poussés à ne plus en faire une caractéristique déterminante. »

Quant au premier de ces préjugés, elle s'est employée elle-même à le réfuter. Cette cause lui tenait évidemment à cœur et elle n'a jamais hésité à s'exprimer clairement sur ce sujet — « Elle a vieilli, elle baise moins : c'est une attitude inconsciente et conventionnelle à l'égard des femmes », a-t-elle fait remarquer à Mark Ginsburg dans *Interview*. C'était une question qu'elle n'éluderait pas non plus à l'écran.

Quand on lui a demandé si elle avait vraiment eu une liaison avec un homme beaucoup plus jeune qu'elle, elle a répondu : « Oui, bien sûr, mais je n'ai jamais pensé à leur âge, et ils ne pensaient pas au mien. Quand j'avais quarante-quatre ans, j'ai vécu pendant trois ans avec un jeune homme, un Français, que j'avais rencontré quand il avait dix-neuf ans. Aujourd'hui, il est marié, il a des enfants ; sa femme est charmante. Mais nous avons vécu une grande histoire d'amour. Je considère l'amour comme les héroïnes fin de siècle de la littérature française, qui s'écrient si souvent : “Je me suis donnée !” L'amour, c'est l'amour, vous vous donnez, vous ne portez pas votre âge en devanture. De toute façon, nous étions tellement plongés dans notre aventure que nous ne pensions pas à l'âge de l'autre. »

« J'ai décidé que mon verre serait toujours à moitié plein, jamais à moitié vide, » dit fréquemment Moreau. Grâce à ce soudain regain de souffle — avait-elle compris qu'un verre à moitié vide n'est pas tout à fait l'inverse d'un verre à moitié plein ?— , elle vit l'occasion de faire un vrai come-back et ne la laissa pas échapper. Son courage fut récompensé de manière spectaculaire — on en parle encore dans tout Paris.

Laissons-la raconter son histoire : « J'ai entendu parler d'un metteur en scène allemand, Klaus-Michael Grüber, un génie, on le considérait comme le meilleur du monde. Il venait de la Schaubühne de Berlin et avait révolutionné la mise en scène des classiques en France. Il vit le plus souvent à Paris, mais il monte des pièces et des opéras à travers toute l'Europe. Un jour, le défunt Michel Guy, qui était alors directeur du festival d'Automne de Paris, m'a dit que M. Grüber aimerait bien travailler avec moi. Cela faisait dix ans qu'il pensait à une pièce tout à fait particulière, inspirée du cinquième chapitre d'un roman intitulé *Les Irresponsables*, de l'écrivain autrichien Hermann Broch. Broch s'était installé aux États-Unis au moment de la guerre et était mort à Chicago en 1951.

Au début du cinquième chapitre, une femme, une servante — on ne sait pas quel âge elle a, mais elle n'est plus toute jeune — entre dans une pièce où un homme, un invité du château, est couché. Il fait la sieste. C'est un dimanche après-midi, il fait chaud, les rideaux sont tirés, mais il y a un rayon de soleil. Elle porte un vase qu'elle pose sur la table. L'homme somnole. Elle entreprend peu à peu de lui raconter l'histoire de la maison où il se trouve, et de la famille qui en était propriétaire. C'est sa propre histoire. C'est une fille de la campagne. Elle est domestique depuis l'âge de treize ans, et elle n'a jamais parlé de tout ça.

Pendant qu'elle poursuit son récit, une incroyable histoire de crime et de passion se met en place, tout doucement, très calmement, sans cris ni bruit. Elle est amère et elle avoue. Quand c'est fini, au bout d'une heure vingt, elle sort. C'est tout. »

Tandis que le récit de Zerline se dévidait sur scène, Moreau prenait une pomme et commençait lentement à la peler. Elle racontait l'histoire d'une baronne, froide envers son mari, mais qui répond aux avances d'un Don Juan. Elle a une fille de lui, et Zerline en est la servante. La fin du monologue révèle que Zerline est amoureuse du mari trahi. Quand Moreau, avec pour tout instrument sa voix si singulière, avait fini de parler, elle reposait la pomme épluchée sur l'assiette.

« Quand Klaus-Michael m'a demandé de jouer Zerline, j'ai dit oui, parce que j'avais entendu dire beaucoup de bien de lui et que j'adore la scène. Mais nous ne nous attendions pas à ça. Ça a été une réussite à la fois littéraire et populaire. Le premier soir, le succès a été incroyable. Je me demande encore pourquoi. Peut-être parce que ça traite d'émotions et d'instincts très puissants : l'avidité, l'attirance sexuelle, la haine, la vie et la mort. »

La pièce, *Le Récit de la Servante Zerline*, a été donnée au Théâtre des Bouffes de Nord de Peter Brook. On vit Moreau y renaître de ses cendres telle un phénix et remporter son plus grand triomphe scénique depuis l'époque d'*Une Chatte sur un toit brûlant*. Tout le monde s'accorde à dire qu'elle releva magistralement un défi hors du commun, tenant le public en haleine par la puissance de son interprétation, avec pour tout soutien un mot, çà et là, de son partenaire, Hans Zischler, qui était assis sur le divan, écoutant le récit de sa vie. Il ne prononçait au total qu'une douzaine de paroles.

La férocité et l'énergie tranquilles de Moreau étaient superbes, exprimant tout l'orgueil d'une femme trahie dans ses attentes, infiniment plus grande par l'esprit que ses supérieurs sociaux. Tout son corps semblait chargé d'électricité, dégageant une force incroyable. Les gens que je connais qui l'ont vue dans *Zerline* en parlent encore. Et la première chose qu'ils disent, c'est qu'ils ont beaucoup pleuré, qu'elle les a profondément émus.

Son dernier agent, Georges Beaume — alors le grand maître des agents parisiens — affirmait que dans le rôle de Zerline, Moreau possédait la qualité de Sarah Bernhard au début du siècle : « Toute entière voix, présence et charisme ».

« C'est quelque chose qui ne s'apprend pas. On l'a, ou on ne l'a pas. Jeanne l'a, » m'a-t-il dit, dans son bureau situé à quelques minutes à pied de l'appartement de Moreau. « Pendant les dix années où j'ai été son agent, avant qu'elle ne s'occupe elle-même de ses affaires, je n'ai jamais vu ce "quelque chose" l'abandonner. Elle est comme Katharine Hepburn, elle vit dans un petit royaume dont elle est reine. Elle a ce que les autres n'ont pas. »

Entre 1986 et 1989, Moreau a joué Zerline 330 fois, dans toute la France, reprenant le rôle à Paris au Théâtre de l'Atelier, et dans onze pays, dont l'URSS, l'Italie, le Canada et l'Allemagne. En 1988, pour ses soixante ans, elle a reçu en guise de cadeau d'anniversaire le Molière de la meilleure actrice, ainsi que l'équivalent allemand d'un Oscar.

La période de léthargie était définitivement révolue.

Le rôle de Zerline arriva à un moment où, aux dires de ses proches, sa vie privée était au plus bas. Elle subissait les effets d'une ménopause tardive, mais exacerbée. Quand elle commença les répétitions, elle était, semble-t-il, à bout de nerfs. Les choses ne se passèrent pas bien. Grüber, un homme très exigeant et très imaginatif, n'est pas un metteur en scène comme les autres et elle eut du mal, d'abord, à le comprendre. C'étaient deux magiciens, mais il fallut un certain temps à leurs magies pour s'accorder. Elle avait un rhume qui n'en finissait plus. Elle avait grossi. Elle pleurait pour un oui ou pour un non en répétitions et fut à deux doigts de renoncer. Dans l'état de nervosité où elle était, son estomac se révoltait contre toute nourriture. Elle n'avait pas encore renoncé à l'alcool et buvait beaucoup. Le tempérament de Zerline n'était pas celui de Jeanne ; et comme cela s'était déjà produit avec d'autres compositions scéniques, à l'étape des répétitions, son personnage l'entraînait vers l'abîme.

« Je crois que le vrai problème était qu'elle avait du mal à jouer une vieille femme pour la première fois, » commente Francis Biras, le créateur des décors — et de son costume spartiate, l'uniforme des domestiques des années 1890, qu'il décrit comme une sorte d'habit de religieuse. « Elle interprétait en réalité une femme plus âgée qu'elle. Elle se teignait les cheveux en blond très pâle parce qu'elle ne les voulait pas blancs.

Ça a été une période difficile de sa vie, aussi. Elle était fatiguée, presque malade, et sa carrière de vedette internationale de cinéma était sur le déclin. Il y avait beaucoup de changements dans sa vie. Elle a perdu quinze kilos. J'ai dû retoucher son costume, le rétrécir de douze centimètres au cours des six premiers mois. Mais ça l'a complètement requinquée. »

« Il n'est jamais trop tard pour un lifting », a dit Moreau. Voici comment elle voit les choses : « J'ai perdu tant de poids en jouant ce rôle que je me suis fait faire un lifting. Parce que j'avais beaucoup maigri. J'ai fait un lifting des yeux quelques mois après celui du visage. Je ne voulais pas tout faire en même temps. Je ne me souviens plus très bien, mais je crois que je m'étais fait tirer les paupières à l'époque de *La Grande Catherine*, mais cette fois, c'était à cause de la perte de poids. Ça a été une époque extraordinaire pour moi. J'en ai été très reconnaissante à Klaus-Michael.

Klaus-Michael est la seule personne au monde avec qui j'aimerais retravailler, n'importe où, sur scène, au cinéma, peu importe.

C'est un être exceptionnel. Il n'accorde jamais d'interviews, ne parle pas aux journalistes. Il n'a pas suivi la tournée. Il n'est venu qu'une fois à Milan, au Piccolo Teatro ; à cause de la disposition du théâtre, il fallait refaire le décor. »

Contrairement au cinéma, le théâtre a toujours de grands rôles à offrir aux actrices d'âge mûr. Je lui ai demandé en quoi le travail scénique se distingue de ce qu'on fait devant une caméra.

« En fait, on utilise les mêmes moyens, mais autrement. Au cinéma, on peut commencer par une scène qui se trouve à la fin de l'histoire puis, le lendemain, reprendre une séquence du début. Il faut donc être très proche de son personnage, tout en restant très instinctif. Il ne faut pas être surpris quand un réalisateur comme Orson Welles arrive avec une nouvelle scène, qui ne figure même pas au scénario ; voilà pourquoi je n'attache pas grande importance au scénario.

En plus de cette fragmentation du scénario, pendant les six ou douze semaines de tournage, on est dans un autre monde. On se fait de nouveaux amis, très proches. Le monde extérieur n'existe pas. Faire un film, c'est comme être à bord d'un bateau, à cette différence près que chaque jour est une urgence. Et puis, il y a l'isolement après, la solitude, et le fait de se retrouver seul, sans les amis avec qui vous avez fait le voyage.

Un film exige une concentration différente. Au cinéma, on ne peut pas tricher, parce que la caméra enregistre tout. Votre visage doit résister au regard inquisiteur de la caméra. Si on a l'impression d'avoir été un peu faible dans une scène qui se passe plus avant dans le temps, on peut compenser par une autre scène, tournée deux jours plus tard, mais qui concerne quelque chose qui se passe plus tôt dans l'histoire. Ça a l'air très compliqué, mais il faut maintenir tout le temps un équilibre délicat. Je crois que le mieux, c'est de faire un film juste pour le plaisir de savoir que quelqu'un que vous admirez a besoin de vous.

Sur scène, on commence, et on va jusqu'au bout. Mais l'interprétation évolue, elle n'est jamais la même. Certains acteurs et metteurs en scène pensent que les répétitions doivent permettre de mettre au point ce qu'on va montrer au public tous les soirs, régulièrement. Il faut se raccrocher à ce travail, c'est sûr, mais chaque fois qu'on commence, il faut avancer, il faut évoluer avec le public, il faut se soumettre à lui. Son attitude peut vous inspirer de nouveaux sentiments, de nouvelles émotions. Mais pour moi, en définitive, jouer, c'est communiquer avec les gens, ce n'est pas leur plaire.

En fait, le bâtiment se construit à partir du projet que vous avez devant vous en répétition. Vous pouvez ajouter une tour, une fenêtre, fermer une fenêtre, détruire une porte, en percer une autre. Voilà comment ça avance, encore et toujours, et ça reste en vie. Tous les soirs, vous savez que vous êtes fidèle à vous-même, fidèle au public et que vous donnez le meilleur de vous.

Le plaisir de faire vivre des personnages ne cesse d'augmenter. Il faut tirer le maximum de ce don exceptionnel qui vous a été offert à la naissance : capter l'attention des autres. Plus le rôle qu'on joue contient de facettes, plus on a de chances d'exister à leurs yeux. Au début, on pense à l'effet qu'on produit, ensuite, il suffit d'être là. Mais tout de même, le succès est d'une importance capitale. Il ne faut pas se compromettre, mais si on n'a pas de succès, on ne vous engage plus. »

En 1987, entre ses représentations de *Zerline*, Moreau joua dans un nouveau film, *La Nuit de l'Océan*, d'Antoine Perset, un jeune réalisateur. Elle avait participé de près à l'organisation de cette production hispano-suisse à petit budget. Jean-Louis Richard y tenait un rôle et c'était un sujet comme elle les aimait — une variation sur le thème, désormais bien connu, du jeune homme et de la femme d'un certain âge. Après tout, les femmes de plus de soixante ans *sont* encore séduisantes. Le problème de l'inceste était aussi présent, en filigrane.

Moreau y joue le rôle d'une mère de cinquante ans, affligée par la disparition de son fils en mer. Elle se livre à une sorte de transfert en couchant avec le meilleur ami de celui-ci, un jeune homme de vingt-cinq ans (incarné par Pierre-Loup Rajot).

Perset rattache son idée initiale à un accident survenu à l'un de ses amis qui s'était noyé en mer. Moreau eut sans doute un léger frisson de déjà vu en se rappelant sa tournée des médiums avec sa grand-mère irlandaise qui essayait de faire le deuil de son propre fils.

« Jeanne m'a aidé à accomplir le chemin nécessaire pour aborder et traiter le tabou de l'inceste entre mère et fils, » commente Perset. « Elle a mis dans son interprétation du personnage une puissante sensualité et une profondeur de sentiment qui dépasse tout ce que j'avais pu imaginer. »

Moreau a expliqué son intérêt pour ce film à sa sœur Michelle, désormais pigiste au *Guardian,* sur le lieu de tournage en Bretagne : « Quand on m'a proposé ce film, en 1983, je l'ai refusé purement et simplement. Puis j'ai essayé de comprendre pourquoi j'avais réagi aussi violemment. Et je me suis rendu compte qu'à ce moment-là, le rôle était simplement présenté comme celui de "la mère".

J'ai fini par accepter pour les raisons mêmes qui m'avaient poussée à refuser. Il m'obligeait à affronter ce que ça veut dire, pour moi, d'être mère, et la question de l'inceste dans ce contexte. La situation incestueuse du film m'attirait beaucoup. Nous lisons assez souvent dans le journal des histoires de pères qui abusent de leurs filles. La presse n'en fait pas tout un plat, et les condamnations sont généralement légères. On tolère ça, plus qu'on ne l'admet. Mais il y a un refus complet, un tabou absolu, sur la possibilité d'un acte de passion entre une mère et un fils. Dans ce film, cependant, il n'y a pas d'inceste direct. Elle fait l'amour avec le meilleur ami de son fils. »

Cette situation la renvoyait à une observation qu'elle fait souvent : si personne ne songe à critiquer la liaison d'un homme avec une jeune femme, pourquoi l'inverse est-il jugé si déplaisant ?

« Ce n'est toujours pas accepté. Quand les distributeurs potentiels ont vu le film, ils ont été scandalisés. Aucun distributeur n'a voulu le diffuser. C'était trop choquant. Vous vous rendez compte ?

Dans l'esprit des gens, une femme ne peut avoir de sexualité qu'entre la puberté et la ménopause. C'est une attitude qui doit évoluer, et elle le fait, lentement. On commence tout doucement à comprendre que les femmes de quarante, de cinquante, soixante et même soixante-dix ans vivent toujours leur sexualité, leur sensualité ; qu'elles continuent à approfondir leur vie intérieure, leur spiritualité. Il n'y a pas de limites. »

19

« Comme tout être humain, j'ai tout en moi : le meilleur comme le pire. »

Zerline avait beaucoup fait pour rehausser le prestige de Moreau, qui allait remporter un nouveau triomphe avec le rôle extraordinaire d'une vieille entremetteuse, dans une remarquable production de *La Célestine* de Fernando Rojas.

À l'été 1989, elle commença à jouer Celestina, la furie espagnole de cette tragédie de la Renaissance. C'était au festival d'Avignon, où elle avait fait ses débuts en 1951. Sur scène, dans la Cour d'Honneur du palais des Papes, tout était presque comme autrefois — malgré le développement considérable du festival et la disparition de certaines des grandes figures d'autrefois, comme Gérard Philipe et Jean Vilar. Mais Jeanne était heureuse d'être de retour, surtout dans un spectacle de la Comédie Française.

« J'aime toujours énormément travailler sur scène. J'adore les répétitions, j'adore tous les préparatifs, j'adore ce moment si particulier, qui précède l'entrée en scène. Ce temps est à moi. Personne ne me dérange. Quand je suis au théâtre, je m'occupe moi-même de mon maquillage. Ça me prend à peu près dix minutes. Je n'aime pas que des inconnus me touchent le visage, et j'aime créer le visage que j'ai choisi quand je travaille sur scène. Ce n'est évidemment pas pareil au cinéma — il faut un type de maquillage différent. »

Mis en scène par Antoine Vitez, le spectacle fut ensuite donné à Paris, à l'Odéon, dans le cadre du festival d'automne. Incarnation du mal dans ses vêtements volumineux, la bouche balafrée de rouge à lèvres, Moreau collectionna les éloges dithyrambiques. Michael Billington écrivait dans le *Guardian* : « Elle émet des étincelles électriques ; elle est prédatrice, vaniteuse, voyeuriste, obscène et truculente ». John Peter, du *Sunday Times*, voyait en elle « une clocharde royale qui est à la fois mère-poule et vautour, mal fagotée, énergique et rusée... qui éveille chez les gens de puissantes forces assoupies. »

Quand on lui a demandé si elle se reconnaissait dans ces descriptions, elle a répondu qu'elle reconnaissait le personnage. « Comme tout être humain, j'ai tout en moi — le meilleur comme le pire, » a-t-elle ajouté d'un air énigmatique.

En novembre 1989 Kathleen, la mère de Jeanne, mourut.

« Elle vivait avec mon beau-père dans un petit appartement, dans une maison de retraite de Brighton, près de chez ma sœur. J'avais toujours été très proche d'elle. Elle m'a beaucoup aidée et je crois qu'elle était fière de moi. Elle était toujours plus en forme quand tout allait bien pour moi, et quand j'étais active, que je faisais des choses, ça avait l'air de lui donner de la force. Ça a été une grande perte pour moi. »

Ayant franchi le cap de la soixantaine, Moreau mettait, semble-t-il, les bouchées doubles.

Elle joua d'abord le rôle titre d'une série de six épisodes pour la télévision, inspirés d'*Ennemonde* de Jean Giono. Elle y incarne une mère de neuf enfants qui tombe amoureuse d'un lutteur de foire, découvrant ainsi le véritable amour. Elle fit une apparition dans *Jour après Jour* du jeune réalisateur Alain Attal. Elle fut également la narratrice de l'histoire de Klaus Barbie, *Hôtel Terminus*, pour Marcel Ophüls, qu'elle connaissait depuis des années.

Elle reprit brièvement place sur l'échiquier international avec un petit rôle provocant dans le thriller captivant de Luc Besson, *Nikita*, qui raconte l'histoire d'un crime politique — et qui imposa Anne

Parillaud auprès du grand public. Moreau y joue le rôle de l'experte en étiquette sociale et en artifices féminins qui transforme Nikita, l'ancienne droguée, en femme élégante. (Hollywood a considérablement développé le rôle de Moreau, repris par Anne Bancroft, dans la version américaine du film de Besson, *The Assassin*).

« Il n'y a pas de "petits rôles" pour quelqu'un comme Jeanne, parce qu'elle est toujours grande, » déclare Georges Beaume, son agent pour ce film. « Mais Luc n'avait pas osé le lui proposer parce qu'il avait l'impression que c'était un rôle trop mince pour elle. Il avait peur qu'elle le prenne mal. Alors je suis allé lui en parler à la place de Luc, et j'ai découvert que c'était une vraie fan de Besson. "S'il veut de moi, il m'aura !" a-t-elle répondu sans hésiter. J'ai dit à Luc de foncer. »

Moreau poursuit : « J'étais en vacances aux Seychelles avec ma sœur quand Luc m'a faxé quelques dessins et m'a demandé si je voulais qu'il me raconte l'histoire, ce qu'il n'avait pas très envie de faire. Alors j'ai dit : "Si vous n'en avez pas envie, ne le faites pas. Le tout, c'est que vous m'expliquiez exactement ce que vous voulez de moi." Il a répondu : "Profitez de vos vacances, nous déciderons ça quand nous nous verrons," et c'est ce que nous avons fait. Je crois que sa plus grande qualité est son obstination. Elle le mènera loin.

Je ne savais pas du tout qui était Nikita, mais je pouvais déduire de ses apparitions dans nos scènes communes qu'elle avait beaucoup de choses à apprendre, alors j'ai improvisé, c'est tout. » (Quant à savoir si Moreau fut contente de son interprétation, personne n'en saura rien, car elle n'a pas vu le film.)

Elle accepta un autre tout petit rôle, où elle était attifée en femme exotique — on dirait la grand-mère de Mata Hari —, dans une comédie légère intitulée *Alberto Express* (réalisée par Arthur Joffe, le fils du réalisateur Alexandre). Comme pour tant d'autres « petits » films, son nom figure en grosses lettres sur l'affiche — et elle y est, bien sûr, embrassée par le jeune héros. Des baisers du jeune premier, elle en reçoit à profusion dans *La Femme Fardée*, où elle joue le rôle d'une célèbre cantatrice qui profite d'une croisière pour apprendre son métier à un gigolo en herbe, interprété par le séduisant fils de Delon, Anthony.

« J'aimais bien le roman [de Françoise Sagan] dont il s'inspirait et le réalisateur, José Pinheiro, était un de mes amis. Anthony [Delon] avait encore beaucoup à apprendre, mais ça a été un film agréable à faire », dit-elle sans mordre à l'hameçon des histoires d'amour inter-générations que je lui lançais.

Désormais, Moreau était vraiment de retour au premier plan, les journalistes se bousculaient pour lui consacrer des articles, portant aux nues sa beauté, son charme, son talent. Les revues publièrent même des reportages sur les magasins où elle fait ses courses (« J'adore le Marks and Spencer de Londres »), les salons de thé où elle vient prendre un éclair ou acheter des marrons glacés, ses boutiques de prédilection, aujourd'hui Saint-Laurent Rive Gauche plutôt que Cardin.

À un âge où d'autres femmes auraient peut-être adopté un style légèrement assourdi, elle éclatait d'entrain — une survivante hors du commun, dans une forme éblouissante, ayant retrouvé toute sa vivacité. La joie qu'elle éprouvait à avoir repris pied la rajeunissait. Elle avoua alors à Joan Buck, qui lui rendit visite à Paris, qu'elle avait l'impression d'avoir dix-neuf ou vingt ans.

« "C'est un sentiment très juvénile de changement, de vie nouvelle," a-t-elle dit. Elle rayonnait de beauté, le visage frais, lisse, une véritable renaissance, avec un sourire impatient d'enfant le premier jour des vacances, » affirme Buck.

Son lifting n'y était certainement pas étranger, mais en voyant les films qu'elle a tournés à l'époque, force est de constater qu'elle semblait avoir perdu d'un coup plusieurs dizaines d'années. Contrairement à ses collègues de Hollywood, elle ne fait pas mystère de ses liftings, un sujet qui m'avait valu bien des insomnies car je ne savais comment l'aborder. Et c'est d'elle-même qu'elle a parlé de ses cheveux grisonnants ; elle a horreur de perdre du temps à aller chez le coiffeur.

« Je n'y vais que pour les racines. Mes cheveux gris poussent très bizarrement, » m'a-t-elle expliqué, en penchant la tête pour me faire voir. « Ils poussent ici, derrière et, comme chez les hommes, sur les côtés — on dirait un prêtre orthodoxe ! »

Pour bien marquer son bonheur retrouvé, Moreau a emménagé dans un nouvel appartement à Paris, spacieux, avec des fenêtres de tous les côtés et des balcons contenant à grand-peine une jungle de fleurs, des roses à l'est (le salon), des hortensias à l'ouest (la cuisine), tout embaumé d'une chaude odeur de musc et de bois. Donnant sur une longue place près de la rue du Faubourg St Honoré, à deux pas de l'Arc de Triomphe, il est situé dans le vieux quartier russe du XVIe. Lorsque le vent souffle du bon côté, elle peut entendre les cloches de l'Église orthodoxe.

Je lui ai rendu visite dans ce havre de sécurité et de sérénité, rempli de vases de fleurs exotiques. Avec ses murs couleur froment, ses plafonds bleu ciel et ses tissus moelleux ou rêches (essentiellement importés d'Angleterre), on se croirait presque à la campagne. Elle a fait cadeau de la plupart de ses collections, à l'exception de ses œufs décoratifs. Elle ne les collectionne plus mais ses amis continuent à lui en offrir. Elle possède quantité de chaussures, soigneusement rangées dans des boîtes empilées. L'impression générale est celle d'un vaste espace bien ordonné, malgré les scénarios de films qui jonchaient l'entrée lors de ma première visite, attendant qu'elle ait le temps de les lire. Des étagères chargées de livres courent sur les murs de son grand bureau. Elle possède quelques jolis tableaux et quelques souvenirs de ses films fétiches, comme le clap de *Je m'appelle Victor*, ou un paravent aborigène, rapporté d'un tournage en Australie.

Jusqu'au bout du monde [*Until the End of the World*], le film qui l'a conduite aux antipodes, a été réalisé par Wim Wenders en 1990. Contemporain de Fassbinder, Wenders fait partie du groupe de réalisateurs allemands que Moreau connaît de longue date. Tous nés à la fin du IIIe Reich et ayant évolué dans les milieux underground des années soixante, ils ont créé le *Filmverlag der Autoren*, épine dorsale de l'avant-garde allemande. La deuxième partie de la carrière de Moreau est émaillée de collaborations épisodiques avec ces cinéastes. Elle connaissait Wenders depuis seize ans avant que l'occasion de travailler ensemble ne se présente.

« Dans *Jusqu'au bout du monde*, j'avais écrit un rôle, » explique Wenders, « pour une aveugle qui recouvre enfin la vue, à la fin de sa vie. Ce n'était pas facile de trouver quelqu'un pour jouer ce rôle. Je voulais qu'elle soit belle, douce, sage, forte, que l'on puisse croire qu'elle avait été amoureuse de son mari (joué par Max von Sydow) toute sa vie. Le choix de Jeanne s'imposait. Je n'aurais pas pu faire ce film sans elle. »

Les scènes de ce film futuriste dans lesquelles elle joue ont été tournées en Australie, où les deux personnages principaux — une Parisienne (Solveig Dommartin) et l'étranger qu'elle rencontre, Sam (William Hurt) — font un curieux pèlerinage. Il va voir sa mère (Moreau), qui vit en plein désert australien. La jeune femme s'y rend également, mais en quête d'un nouveau destin.

Moreau n'eut apparemment pas la tâche facile, tant avec Dommartin, qui cherchait encore ses marques, qu'avec Wenders, le petit ami de celle-ci qui avait quelque mal, dit-elle, à affronter les problèmes. Mais Moreau aimait l'Australie et les Australiens le lui rendirent bien.

Un de ses partenaires, l'acteur aborigène Ernie Dingo (qui joue le rôle de Burt dans le film) m'a dit : « Aux Gold Coast Studios de Brisbane, où une partie de la production s'est faite, les gens faisaient la queue devant sa loge, juste pour lui demander un autographe. »

Moreau fêta ses soixante-deux ans à l'autre bout du monde — à Mosfilm, les studios nationaux de Moscou construits dans un parc, à côté du « château » où Staline a vécu jadis. À l'époque de la perestroïka, alors qu'elle était en tournée avec *Zerline*, un spectateur lui avait fait parvenir un scénario. L'auteur n'était autre que Roustam Khamdamov, un réalisateur originaire d'Ouzbékistan, plus ou moins oublié car cela faisait seize ans qu'il n'avait plus obtenu l'autorisation de tourner.

« Il avait écrit le scénario et il ne voulait personne d'autre que moi pour ce film, » explique Moreau. « Le texte avait été traduit en français et je l'ai lu. Je me suis dit que ça avait l'air d'une histoire un peu folle, mais j'avais du temps libre, alors j'ai accepté de le faire. Ils ne pouvaient pas me payer, évidemment, mais j'ai dit que ça ne faisait rien, que nous réglerions ça plus tard. En fait, ils n'avaient vraiment pas un sou, même pas de quoi me loger et me nourrir. Il a donc fallu que nous trouvions un coproducteur. J'ai pris contact avec beaucoup de gens, mais ils ont tous refusé. Je n'étais pas raisonnable, voilà ce qu'ils m'ont dit. »

Finalement, Serge Silberman, celui-là même qui l'avait aidée bien des années auparavant dans *La Femme de chambre*, se porta à son secours. Il avait alors soixante-treize ans. Il prit à sa charge 25 % du budget (près de 600 000 £), une partie de l'assistance technique et 16 000 mètres de pellicule en échange des droits de distribution de l'œuvre achevée en Europe. Ingénieur de formation, il était devenu producteur après la Seconde Guerre mondiale. Moreau reconnaît qu'il était toujours prêt à prendre des risques.

« Jeanne m'a parlé du film et de Roustam. J'ai vu un court métrage qu'il avait fait, j'ai lu un synopsis du nouveau scénario et j'ai visionné plusieurs prises de vues en noir et blanc qui en avaient déjà été faites », a dit Silberman. « J'ai décidé de prendre une participation minoritaire dans la production, avec Mosfilm. »

Moreau avait été engagée comme « star » et elle reçut un accueil en conséquence. Danièle Heymann du *Monde* a décrit son arrivée : « Une baleine à roues aux vitres teintées est venue la chercher à l'aéroport de Moscou. On lui a assuré que cette limousine brinquebalante avait jadis transporté Staline en personne. »

Comme tous les autres, Moreau travaillait pour 200 roubles par mois (un peu moins de 2000 francs de l'époque). Elle devint ainsi officiellement coproductrice, son salaire devant être prélevé sur les éventuels bénéfices. Elle avait pour loge une cabane de toile installée dans un coin et son costume comprenait des bas de soie filés et, exhumées de sa collection personnelle, les chaussures qu'elle portait dans *Jules et Jim*.

Peter Adam, envoyé à Moscou par l'édition allemande de *Vogue* pour écrire un article sur Moreau, a passé de longues soirées avec elle dans ce bastion de la « vieille Russie » qu'est l'hôtel Sovietskaïa, claquemurés dans la suite qu'avait occupée François Mitterrand. « Cela faisait un an ou deux que nous ne nous étions pas vus, depuis son dernier passage à Londres à la British Academy of Film and Television Arts, dont elle était devenue membre associé. J'étais aussi censé faire un documentaire sur le tournage du film russe, mais il est tombé à l'eau, alors nous avons passé l'essentiel de notre temps à parler, à jouer aux cartes et à manger ensemble. Je crois que nous nous sentions tous les deux très seuls, là-bas.

Jeanne emporte toujours des valises pleines d'ustensiles de cuisine et de provisions. En Russie, la situation était encore très instable et il n'y avait rien à manger, à part de la viande tendineuse et du bortsch ; elle faisait le dîner sur son petit réchaud, dans sa chambre. Pour Noël, l'église locale lui avait procuré une oie et un excellent chou rouge, alors elle nous a préparé un vrai festin. Le confort était un peu sommaire au Sovietskaïa, et Jeanne est quelqu'un de très exigeant. Elle les a drôlement remués pour s'assurer que j'aie ce qu'il y avait de mieux, jusqu'aux sels de bains ! »

Le film s'appelait *Anna Kamarazov*, un titre inspiré d'un bon mot relaté par Nabokov — alors qu'il demandait à une de ses étudiantes américaines pourquoi elle voulait apprendre le russe, elle lui répondit : « Pour pouvoir lire *Anna Kamarazov* en version originale. » C'est ainsi que Tolstoï et Dostoïevski, Anna Karénine et les frères Karamazov se trouvèrent indissolublement liés.

C'est l'histoire d'une femme qui rentre à Leningrad dans les années quarante après avoir passé vingt ans dans un camp de travail stalinien. Libérée, mais incapable de trouver sa place dans le monde d'après-guerre, elle se met à tuer et à voler pour porter secours aux plus démunis. Le film est conçu tout à la fois comme une comédie et une tragédie.

Il a été présenté à Cannes en 1991, mais le moment était apparemment mal choisi. En ces jours grisants marqués par les réformes de Mikhaïl Gorbatchev, il ne présentait guère d'intérêt que pour les inconditionnels de l'avant-garde ; dans l'ensemble, on s'accorda à le juger terriblement démodé.

Pourtant, « Jeanne éprouvait un attachement romantique pour toute cette entreprise, » se souvient Georges Beaume, qui l'avait accompagnée à Moscou. « Elle pensait que ce serait quelque chose de tout à fait spécial, et elle a accompli un travail incroyable sur son personnage. Mais le film n'a pas tenu ses promesses, il n'a pas été à la hauteur de ses espérances. Le battage a été bien meilleur que le résultat. Mosfilm n'a pas versé un sou. »

Le réalisateur, qui n'a plus fait de film depuis, ne possède même pas de copie d'*Anna Karamazov*. C'est Silberman et Moreau qui la conservent, en France.

Tout le monde attendait avec impatience le prochain film de Moreau, *Le Pas Suspendu de la Cigogne*. Trente ans après *La Notte* d'Antonioni, il devait réunir Moreau et Mastroianni une nouvelle fois.

Réalisé par le cinéaste grec de gauche Theo Angelopoulos, que Moreau avait rencontré à Cannes lorsqu'elle était venue présenter *Anna Karamazov*, le scénario avait été écrit pour ces deux acteurs. Le producteur était le président de Spica, Bruno Pesery, d'Arena Films.

Ce récit de personnes déplacées, tourné dans une région hivernale et désolée, est à cent lieues de la Grèce ensoleillée et insouciante des cartes postales touristiques. Abordant le problème de la frontière, un sujet sur lequel beaucoup de gens n'ont pas envie d'attirer l'attention, le film se situe dans une petite ville grecque, juste au-delà de ce qui était alors la frontière avec la Yougoslavie.

C'est l'histoire d'un jeune journaliste (Gregory Karr) qui croit reconnaître un homme politique grec, disparu du temps des colonels (Mastroianni), au milieu de la foule de réfugiés albanais, turcs et kurdes. Le journaliste fait venir Moreau, qui joue le rôle de la femme de Mastroianni, pour l'identifier après trente ans de séparation. Ils se rencontrent clandestinement sur le pont qui franchit la rivière séparant les deux pays.

« Nous tournions tout près de la véritable frontière yougoslave », raconte Moreau, « dans une petite ville appelée Florina, et nous avons été violemment attaqués par l'archevêque orthodoxe grec nationaliste, Avgoustinos. Il nous a plus ou moins excommuniés parce que l'histoire évoquait l'ouverture des frontières. Il était tellement monté contre nous qu'il faisait carillonner les cloches de l'église quand nous tournions, pour nous empêcher de prendre le son. On nous reprochait aussi d'être pour le Marché Commun, parce qu'ils avaient l'impression que l'Angleterre les avait trahis. Avec en plus le froid et la neige, c'était vraiment atroce. Si nous sommes restés, Marcello et moi, c'est uniquement parce que Theo est quelqu'un de vraiment brillant. »

Selon Aliki Roussin-Croney, l'expert conseil du film, ils n'avaient vraiment pas envie de rester : « Les conditions étaient franchement épouvantables. Il faisait moins vingt, et cet endroit était un vrai dépotoir. Mastroianni a attrapé une pneumonie et il a repris l'avion pour l'Italie dès qu'il a pu. Moreau était mal fichue, elle aussi, et se montrait très réservée. Ils logeaient dans des hôtels différents, elle dans le meilleur, lui dans le plus défraîchi, au centre ville, avec Theo, et ils ne se voyaient pas beaucoup. Mastroianni était venu avec sa gouvernante, avec ses casseroles et ses spaghettis, alors ils mangeaient ensemble. Moreau restait à l'écart, toute seule, je crois. Mais dès que les caméras tournaient, c'étaient de vrais professionnels. La scène où ils se rencontrent sur le pont, après une parenthèse de trente ans dans leur mariage, est belle, touchante. »

Moreau partit ensuite se réchauffer sous le soleil de la Guadeloupe.

Pendant qu'elle se trouvait à New Delhi en 1985 pour présider le festival de cinéma, Jeanne Moreau fit la connaissance de Marguerite Yourcenar. Toujours vigoureuse à quatre-vingts ans passés, le célèbre écrivain d'origine belge lui proposa immédiatement de faire une excursion avec elle dans le Rajasthan. Moreau fut obligée de refuser car elle avait déjà pris des engagements mais, en août 1991, elle monta sur scène, dans la Cour de la Charité de Carpentras, pour rendre hommage à Yourcenar, première femme élue à l'Académie Française, en lisant des extraits de *L'Œuvre au noir*. Ce roman, qui se situe au Moyen Âge, raconte l'histoire d'un certain

Zeno, un hérétique qui s'apprête à faire des découvertes capitales pour les débuts du monde moderne.

« Je percevais derrière cette vieille femme la jeunesse incroyable de sa créativité littéraire. J'ai donné trois soirées de lecture à Carpentras, dans cet adorable vieux couvent, à ciel ouvert, avec les étoiles qui glissaient au-dessus de nos têtes, » raconte Moreau. « Ça a été un instant de beauté incroyable, de la poésie pure. Les gens trouvent que la poésie, c'est ennuyeux, mais moi, je trouve ça prodigieux. Je lis de la poésie depuis que je suis toute petite. La poésie me nourrit l'âme. »

Moreau avait découvert l'acupuncture en 1967 dans le cadre de son approche holistique de la santé. Aussi tendit-elle l'oreille quand le jeune réalisateur Didier Martini lui proposa de jouer le rôle d'une acupunctrice dans son film, *À Demain*.

« Bien que le film présente un aspect autobiographique pour Didier et sa famille, j'ai trouvé que le rôle était un peu autobiographique pour moi aussi, parce que je m'étais intéressée de près à cette technique fascinante. Le héros du film est un petit garçon, Didier, fils d'une famille de médecins, dont la grand-mère est la première femme d'Europe à pratiquer l'acupuncture. Je jouais le rôle de cette grand-mère et j'ai beaucoup appris sur l'art de manipuler les aiguilles. »

Après quoi, elle accorda une fois de plus son soutien à un jeune réalisateur, en acceptant le rôle de la redoutable religieuse dans *Cœur de Métisse* (*Map of the Human Heart*) de Vincent Ward.

C'est une histoire bizarre et belle, celle de l'amour qui lie Avik (Jason Scott Lee), un Esquimau canadien coupé de ses racines tribales, et Albertine (Anne Parillaud), une jeune Indienne métisse qu'il a rencontrée dans un sanatorium (dirigé par Jeanne Moreau), où ils sont venus soigner leur tuberculose. Ils sont arrachés l'un à l'autre pour être renvoyés chez eux, et Avik est mis au ban de son propre peuple. Il s'engage dans la RAF au début de la guerre, et retrouve la belle Albertine.

« Comme tout le monde, j'avais vu *Jules et Jim*, » dit Ward, un

Néo-Zélandais. « J'avais rencontré Jeanne en Australie quelques années plus tôt et, avec mon co-scénariste, Louis Nowra, j'avais imaginé le personnage de cette religieuse catholique franco-canadienne sévère en pensant à elle. Nous nous étions dit qu'elle pouvait être dure et apporter cette dimension au personnage. Je tenais d'autant plus à elle qu'Anne [Parillaud] et elle sont très proches.

Mais quand j'ai envoyé le scénario à Jeanne, elle a dit non. Je n'ai pas cessé de la relancer. Je me disais que, comme elle venait d'être excommuniée à cause du film d'Angelopoulos, ça lui donnerait peut-être envie de jouer sœur Banville, qui dirige le sanatorium de tuberculeux comme un camp militaire et sépare de force les deux orphelins.

Finalement, elle m'a proposé de venir la voir. J'étais mort d'angoisse. J'étais allé acheter des fleurs et j'avais pris un taxi pour me rendre chez elle, mais j'étais tellement énervé que j'ai oublié le papier avec le numéro de son appartement dans le taxi. Il n'y avait pas de noms sur les sonnettes, et le taxi était reparti, alors il a fallu que je rentre à mon hôtel, que je trouve son numéro et que je l'appelle pour lui expliquer ce qui s'était passé. Quand nous nous sommes enfin rencontrés, elle a dit : "Je sais ce que vous voulez, et vous savez ce que je vais dire." Elle a dit oui. C'est une sorte de jeu qu'elle joue avec infiniment de charme et de grâce. Elle me terrifiait au début, mais elle a fini par prendre fait et cause pour ce projet. »

Bien qu'elle n'aime pas beaucoup jouer les récitantes, ses deux emplois suivants se limitèrent à cela. Ils n'auraient pu être plus différents. Elle accéda d'abord à une demande de son ami Claude Berri (producteur du remake de la *Reine Margot* avec Isabelle Adjani) et du réalisateur Jean-Jacques Annaud. Elle prêta ainsi sa voix, en anglais aussi bien qu'en français, au récit de *L'Amant*, le film à succès tiré du roman autobiographique de Duras sur une histoire d'amour est-ouest dans le Saigon des années vingt. Son timbre prête à ce film une sensualité infiniment supérieure à celle des corps nus, pourtant superbes, des principaux acteurs, Jane Marsh et Tony Leung.

« J'ai immédiatement accepté d'être la voix. Je n'allais pas laisser passer l'occasion de dire le texte d'un aussi beau roman, » dit Moreau.

« C'est très flatteur de penser que ma voix peut servir de truchement à l'auteur — en anglais et en français. »

Son second rôle de narration lui fut proposé par son ami Bruno Ganz, qui faisait lui-même la voix allemande du documentaire de Peter Cohan, *L'Architecture du Chaos*. Moreau prit sa place dans la version française.

« Le film parlait de la fascination d'Hitler pour l'art. Personnellement, j'ai trouvé très, très intéressante la manière dont Cohan aborde le national-socialisme à travers la fascination d'Hitler pour la peinture, l'architecture etc., » explique-t-elle. « Bien que je ne parle pas allemand, je trouve qu'il y a beaucoup de choses captivantes dans l'histoire allemande et j'étais contente de pouvoir en transmettre quelques-unes.

Avant la chute du mur, j'avais sérieusement envisagé de louer un appartement et d'aller vivre un an à Berlin. Je ne crois pas que la langue pose un problème. J'ai une bonne oreille, alors je peux facilement donner *l'impression* que je parle allemand, même si ce n'est pas vrai ! »

20

« Il m'a suffi de discuter avec elle pendant cinq minutes pour désapprendre tout un tas d'inepties qu'on m'avait inculquées pendant des dizaines d'années »

Alec Guinness

Comme Alec Guinness, Jeanne Moreau compte parmi les vétérans les plus illustres du cinéma mondial. Les années ne lui ont rien fait perdre de son aplomb ni de sa volonté de vivre comme elle l'entend. Elle serait plutôt plus passionnée que jamais pour son métier, et prête à se battre farouchement pour l'avenir de son art. En sa présence, j'ai cherché, vainement, à déceler la flétrissure, les meurtrissures du papillon qui a trop longtemps frôlé la flamme. Mais elle adore toujours le feu des projecteurs et reste prête à tout donner dès qu'ils se braquent sur elle.

À Cannes, en 1993, elle a dirigé des master classes en compagnie de huit autres réalisateurs. Elle est entrée dans la salle — un volcan en tailleur rose hortensia, écrasée par la stature de Robert Altman — et pendant plus de deux heures, elle a tenu le crachoir avec ténacité et courage. Elle se débarrassait des perturbateurs d'un revers de la main, encourageait d'autres auditeurs à poser des questions précises. Toujours aussi menue, elle est encore capable de faire trembler les hommes. Elle n'est pas femme à accepter de perdre son temps et, si elle a l'art d'entraîner les autres dans son sillage, ceux qui refusent de la suivre ont l'impression que le poids de sa désapprobation reléguera à jamais leur âme dans une sorte de purgatoire. Je l'ai vue à l'œuvre lors d'une conférence de presse, à Paris, où elle était venue soutenir « Équinoxe », un festival qui se tient chaque année à Bordeaux et rassemble des scénaristes pendant une semaine. Quand un journaliste eut le malheur de lui poser une question personnelle, elle l'expédia *ad patres* sans lui laisser le temps de rependre son souffle.

En cette même année 1993, elle était membre du jury de Cannes, présidé par Louis Malle. Elle représentait également l'ARP, une association européenne d'Auteurs, Réalisateurs et Producteurs, qui défend la création cinématographique et les droits d'auteurs. Le dernier soir, chargée d'animer la cérémonie de remise des prix, il lui a suffi de quelques mots pour se présenter : « Je suis Jeanne Moreau, je suis actrice ».

Elle était aussi responsable, cette année-là, de la Commission d'Avances sur Recettes, une fonction où elle a succédé à Bernard-Henri Lévy et s'est montrée d'une efficacité impitoyable.

Quand je l'ai interviewée à l'époque, elle m'a dit : « J'ai lu quatre cents scénarios au cours des neuf premiers mois, et j'ai eu à sélectionner ceux qui méritaient d'être financés. Jack Lang [alors ministre de la Culture] m'a demandé de m'en charger, parce qu'il existe bien des façons de faire des films et que ma connaissance du cinéma va au-delà du travail d'acteur. Il m'a donné carte blanche pour choisir les gens qui m'entourent à la CAR. Mon équipe comprend des producteurs, des scénaristes, des réalisateurs, une directrice de la photographie, un producteur exécutif — toutes les branches du métier. »

Évoquant son travail derrière son grand bureau de bois, elle avait tout de la femme d'affaires implacable. « Nous recevons des dizaines de scénarios, dont les auteurs doivent avoir fait au moins un premier film, » dit-elle en tirant sur une longue cigarette et en esquissant un geste vague en direction du couloir où d'autres textes empilés encombraient le parquet. « Pour lire tout ça, il a fallu que je renonce à jouer pendant des mois et des mois. C'est à cause de mon boulot à la CAR qu'on m'a demandé de participer au projet d'Équinoxe. Le festival de Sundance, celui qu'a créé Robert Redford, nous a aidé en nous envoyant des scénaristes. En France, on a du mal à trouver des scénaristes prêts à partager leurs connaissances et à passer une semaine loin de leurs bureaux. Ça n'a pas été facile de monter ça.

La CAR et Équinoxe doivent permettre d'incarner des personnages, des histoires, de nouveaux films. » Elle tourne vers moi des yeux remplis d'expérience et hausse les épaules. « Est-ce que toute la vie n'est pas une question d'incarnation ? »

Je lui ai demandé si elle avait l'impression d'avoir neuf vies, comme un chat. « Bien sûr, » a-t-elle répondu d'un regard en biais, « et peut-être même plus. »

Un des films de Moreau que je préfère est *La Vieille qui Marchait dans la Mer*. Pour ce tournage, elle a touché un cachet mirobolant (près de deux millions de Francs), le plus important qu'on lui ait accordé depuis des années, et son portrait fascinant de « Lady M. » lui a valu son premier César, en 1992.

Dans cette comédie audacieuse et mordante de Laurent Heynemann, inspirée d'un roman de San Antonio, Moreau incarne une beauté mondaine fanée qui s'est reconvertie dans une carrière d'arnaqueuse. Elle prend pour partenaires son vieil amant, un ancien diplomate débauché répondant au nom de Pompilius (l'inénarrable Michel Serrault), et Lambert (Luc Thullier), un jeune plagiste de belle prestance. Sans elle, ce film aurait pu sombrer dans une vulgarité sans nom, mais elle a su tirer son épingle du jeu d'une manière admirable.

Le début du film a pour cadre les somptueux paysages de la Guadeloupe. Le jeune Lambert est chargé de faire marcher dans la mer Lady M., qui souffre d'arthrite. La vieille dame le prépare à de plus grands desseins, souhaitant moins en faire son amant que sa créature. L'action se déplace ensuite sur la Côte d'Azur, dans son élégante villa, où Moreau et Serrault (qui étaient apparus ensemble à l'écran pour la dernière fois dans *Le Miraculé*) échangent un flot ininterrompu d'insultes plus ignobles les unes que les autres, tandis que Lambert apporte un peu de sang neuf dans l'existence du vieux couple.

C'est une étude de caractère profonde et noire, un portrait de tyrannie morale et, par moments, Moreau y semble encore plus ravagée que la regrettée Bette Davis. Serrault, à la fois sclérosé et sénile, la pousse à faire assaut d'ignominie.

« Je crois que c'est un de mes meilleurs rôles, » s'exclame-t-elle. « Je n'arrivais plus à marcher normalement après le film à cause de cette maudite canne, et je ne savais plus parler correctement après tous ces jurons. Mais le personnage m'a fascinée et j'ai téléphoné à l'auteur, Frédéric Dard, un dimanche matin, pour lui demander d'écrire une suite pour moi. »

Non content d'être un des films les plus politiquement incorrects, les plus effrontés, les plus ouvertement (mais délicieusement) de mauvais goût que l'on ait jamais tournés, il illustrera à jamais la différence profonde entre monde francophone et monde anglophone. Je l'ai vu pour la première fois en Afrique du Sud, où bon nombre de spectateurs ont quitté la salle, scandalisés, en faisant une moue horrifiée, puis en Angleterre, où j'ai pu observer exactement la même réaction. Ce film a eu la carrière la plus courte de l'histoire de l'Everyman, un cinéma de Londres dont le public soutient d'ordinaire farouchement toutes les réalisations étrangères. Je l'ai vu un peu plus tard en France, au milieu d'une salle comble tordue de rire, qui applaudissait à chaque turpitude. Le film est resté très longtemps à l'affiche et a valu un César à Jeanne Moreau. Quand celle-ci est venue le recevoir, les dignitaires rassemblés pour la circonstance ont bien failli pousser leur dernier soupir d'extase. Vive la différence !

On peut évidemment se demander pourquoi une actrice aussi élégante et qui jouit d'une réputation aussi incontestée que Jeanne Moreau ne s'autorise pas à « vieillir dignement » — autrement dit, à prendre sa retraite.

Une partie de la réponse réside certainement dans la tradition de la vieille dame scandaleuse chère au cinéma français. Une autre tient évidemment à l'indifférence légendaire de Moreau au qu'en-dira-t-on. Mais surtout, et c'est sans doute la raison essentielle, elle n'a pas mis grand-chose de côté pour ses vieux jours.

« Oh, je travaillerai jusqu'à ma mort, » ronchonne-t-elle. « Je n'ai pas de retraite. Je n'ai jamais fait d'économies. Un plan épargne retraite ? Je ne sais pas ce que c'est. J'avais bien pensé en ouvrir un, mais je ne l'ai pas encore fait. Pourquoi est-ce que je ne pourrais pas être encore à l'écran à quatre-vingt-dix ans ? À ce moment-là, je ferai peut-être tout autre chose. Je serai peut-être productrice. Paf ! En tout cas, je travaillerai sûrement jusqu'à ma mort. »

Le rôle suivant sur lequel elle jeta son dévolu n'était pas moins audacieux. *The Clothes in the Wardrobe*, un film de Waris Hussein tourné pour la BBC, était une adaptation du roman farouchement anticonformiste d'Alice Thomas Ellis, consacré aux anciens coloniaux installés, à la fin des années cinquante, dans l'Angleterre des banlieues. L'histoire tourne autour du mariage prévu mais inopportun entre une jolie adolescente (Lena Headley) et son voisin ennuyeux à périr (David Threlfall). Julie Walters incarne la mère divorcée de la jeune fille, et Joan Plowright celle du fiancé. Mais Moreau leur vole la vedette dans le rôle de la séduisante Lili. Avec son exotisme, ses cheveux rouge feu et sa liberté d'esprit, Lili, une vieille amie anglo-égyptienne du Caire, vient délivrer tous les personnages d'une fadeur mortelle et éviter à la pauvre promise un mariage condamné d'avance. Tout cela aboutit à une scène où Lili suborne le futur marié dans la serre, sous les yeux horrifiés et scandalisés de sa mère, de sa fiancée et de sa belle-famille. À l'instant crucial, elle se retourne vers l'assemblée médusée et décoche en gros plan ce sourire archaïque que Truffaut avait immortalisé dans *Jules et Jim*.

« Je l'ai fait exprès, en hommage à *Jules et Jim*, » explique Hussein. « Je voulais que sa présence s'impose à tous. Mais j'ai dû veiller à ne pas donner l'impression d'être obséquieux. Jeanne déteste les flagorneurs et les imposteurs. Elle ne demande pas à un réalisateur de l'adorer, elle lui demande de la diriger. »

Lili a été un de ces personnages de « vieille dame indigne » que Moreau affectionne. « Je remercie du fond du cœur la personne, quelle qu'elle soit, qui a pensé à moi pour ce rôle, » a-t-elle faxé à la productrice Norman Heyman pour lui donner son accord.

« Mais je ne ressemble pas à Lili », dit-elle en s'excusant. « Elle est un peu excessive à mon goût. Je ne supporterais jamais de vivre à côté d'une femme comme ça, mon Dieu ! Je suis quelqu'un de calme. Je ne fais pas intrusion dans la vie d'autrui. Mais je crois que parfois, dans notre vie, nous aimerions rencontrer quelqu'un comme elle, quelqu'un qui mettrait tout sens dessus dessous, prendrait le pouvoir et ferait surgir des choses restées latentes. »

Ce film, que j'adore sincèrement, a été distribué aux États-Unis sous le titre *The Summer House*. Il avait même été pressenti à l'époque pour une nomination aux Oscars.

Après *The Clothes in the Wardrobe*, qui lui avait permis de renouer avec ses attaches anglaises, elle accepta de parrainer avec Claude Sautet l'unique festival anglais consacré au cinéma français, qui se tient chaque année à Edinburgh et à Glasgow.

Elle avait encore joué dans un autre film anglais, *A Foreign Field* (d'après le vers du poème de Rupert Brooke), interprétant cette fois le rôle d'une ancienne putain. Ce film tourné en Normandie pour la BBC raconte l'histoire d'un petit groupe d'anciens combattants venus rendre hommage à leurs camarades enterrés dans un cimetière militaire local. On découvre rapidement que deux des anciens soldats (Leo McKern et John Randolph) s'étaient à l'époque disputé les faveurs, qu'ils croyaient purement romantiques, d'Angélique (Moreau). Ils lui donnent rendez-vous dans le village où ils avaient été cantonnés à l'époque. Elle y vit toujours, dans une maison de retraite.

Réalisée par Charles Sturridge, c'est une œuvre d'équipe dont le générique comprenait également Alec Guinness, Lauren Bacall et Geraldine Chaplin. Moreau avait, paraît-il, choisi elle-même ses costumes disgracieux, des vêtements dans lesquels la plupart des actrices de sa génération n'accepteraient jamais d'être vues. Interrogée à ce sujet, elle expliqua qu'elle tenait à ce qu'ils correspondent au personnage qu'elle jouait, surprenant ainsi ceux qui ne la croyaient pas aussi professionnelle et qui pensaient qu'elle tenait davantage à son image.

Guinness joue le rôle d'Amos, un soldat qui ne s'est pas remis psychologiquement d'une explosion d'obus pendant la bataille de Normandie. Il m'a dit qu'il regrettait de ne pas avoir connu Moreau plus tôt. « Si seulement je l'avais rencontrée il y a vingt ans, mon propre jeu en aurait certainement bénéficié, » m'a-t-il dit. « Il m'a suffi de discuter avec elle pendant cinq minutes, un après-midi en Normandie, pour désapprendre tout un tas d'inepties qu'on m'avait inculquées pendant des dizaines d'années. Elle est délicieuse et passionnante, pas seulement en tant qu'actrice mais personnellement. J'aimerais tellement mieux la connaître ! »

En 1993, on a vu Moreau dans l'émouvant *Je m'appelle Victor*. Dans ce premier film de Guy Jacques, encore un nouveau réalisateur, elle incarne Rose, la grand-tante de Victor, une vieille dame acariâtre qui vit recluse à l'étage, dans sa chaise roulante, depuis la guerre. Les voisins la croient morte, mais Victor et Rose partagent une complicité saugrenue et charmante.

Ce film m'a donné l'occasion d'évoquer avec Moreau son rapport avec la vieillesse.

« Oh, mais j'ai commencé à me vieillir quand j'avais à peine vingt ans. Dans les *Caves du Vatican*, j'ai dû jouer une vieille femme usée, au lourd passé. À mon âge, une femme peut voir bien des choses. Je vois la terre qui vieillit autour de moi. Les arbres que j'ai connus tout jeunes ont poussé et vieilli. Je sens une synthèse. Le privilège de l'âge est que je me sens plus confiante, je suis plus calme. J'en sais davantage sur moi, je suis moins égocentrique. En France, en tout cas, on reste une femme même à soixante ou soixante-cinq ans. Nous remplaçons la jeunesse par le charme et le *savoir faire*. Nous avons une tradition littéraire de femmes âgées passionnées, dans Balzac, par exemple, dans Stendhal, Colette, Choderlos de Laclos. Leurs œuvres sont pleines de femmes d'un certain âge. Le glamour, ça peut être très contraignant, vous savez. »

Alors, pourquoi ne pas jouer les grand-mères ?

« Je pourrais être une grand-mère à l'écran, mais on ne joue pas une grand-mère, on joue un personnage. Il se trouve que c'est une grand-mère, c'est tout. »

Compris !

Il me semble pourtant que Moreau aurait pu faire une très bonne grand-mère. Elle aurait su inculquer à ses petits-enfants la discipline et leur apprendre à aimer les livres, à apprécier les traditions et à avoir conscience du destin. Elle aurait sans doute eu plus de temps à leur consacrer qu'elle n'en a eu — alors qu'elle était une vedette et un sex-symbol — pour son fils.

Il y a à New York un homéopathe qui s'appelle Dominique Richard et qui prétend être le fils de Jeanne Moreau. Un peu comme le personnage de la pièce de John Guare, *Six Degrees of Separation*, inspiré d'une histoire vraie, qui réussit à se faire passer pour le fils de Sidney Poitier, ce Richard a, lui aussi, exploité la supercherie avec succès.

« Il m'arrive de rencontrer des gens dans la rue, à New York, qui me disent : “Oh, votre fils m'a sauvé la vie”, ou bien “Il a fait des prodiges avec le dos de ma fille” », raconte Moreau. « Je ne l'ai jamais rencontré, je ne le connais pas, il ne me connaît pas, il ne m'a jamais rencontrée. Au début, ça me fâchait, parce que c'est un mensonge et que je n'aime pas les menteurs. Puis je me suis dit qu'après tout, c'était un honneur. Il y en a eu un autre encore, un musicien d'un groupe pop américain, qui prétendait être mon fils. Mais je n'ai qu'un fils, Jérôme. »

De toute évidence, leurs relations n'ont pas été de tout repos, ni pour l'un ni pour l'autre. Je me rappelle ce jour où elle m'a accueillie sur le pas de sa porte, blême et manifestement bouleversée. Jérôme s'était fait renverser par une voiture en Californie, où il s'est établi. Il souffrait d'une double fracture de la jambe. Aucune mère n'aurait pu être plus inquiète. Son angoisse l'enveloppait comme un manteau.

« Mon fils est à l'hôpital, son père a de la fièvre, toute ma famille est au lit, » me dit-elle d'une toute petite voix, décomposée. J'ai été décontenancée par cette vulnérabilité inattendue de la part d'une femme inflexible qui pouvait, je le savais, se montrer aussi impérieuse que le président de la République. Mais j'ai été heureuse aussi — et soulagée — de découvrir que sa cuirasse n'était pas sans défaut.

Moreau a toujours eu sa propre famille cinématographique, avec quantité de « filleuls » comme Luc Béraud, et de « filleules » comme Anne Parillaud.

« Anne est l'une de nos grandes actrices, » a-t-elle déclaré dans les années 1990 alors qu'on l'interrogeait sur les « jeunes espoirs » du Septième art. « Elle ne manque pas de caractère, en tant qu'individu. Au-delà du talent, qui est un don du ciel, il y a une personnalité extraordinaire. C'est aussi le cas de Juliette Binoche et de Sandrine Bonnaire. J'adorerais réaliser un film avec elles. Elles possèdent tout le registre. Elles seront encore là dans quarante, cinquante ans. Parmi les nouvelles, il y a Judith Godrèche, Irène Jacob et Fanny Bastien. Ce sont nos futures vedettes, c'est certain.

À soixante-cinq ans, je ne me dis plus "Oh, j'aimerais bien travailler avec untel." Je ne suis pas une débutante, je n'attends pas à côté de mon téléphone. C'est l'inverse. Maintenant, les gens veulent travailler avec moi et c'est moi qui prends les choses en main. Si j'ai envie de travailler avec quelqu'un, je me débrouille pour le faire. J'assure la production. Je prends mon téléphone et je les appelle. »

En 1995, elle s'apprêtait à réaliser son troisième film, *Adieu, Bonjour* avec une distribution comprenant Anouk Aimée, à partir d'un scénario qu'elle écrivait en collaboration avec Emmanuel List, le scénariste de *Je m'appelle Victor*.

« Je n'ai pas de problèmes d'inspiration pour écrire. J'ai tous les contes de fées du monde, toute la mythologie. Si j'ai un problème avec un personnage, j'essaie de le situer dans cette incroyable famille de dieux, de demi-dieux et d'humains. La mythologie contient tous les aspects de la nature humaine, avec sa violence, ses duels, son amour, tout. Je me laisse porter par mes livres sur la mythologie. Je lis tellement — de la mythologie, Shakespeare, de la philosophie, de la poésie soufie, de la poésie japonaise. J'ai absolument *besoin* de lire.

Pendant les interruptions de ce tournage, je vais réaliser un documentaire sur Cannes, qui doit être prêt en 1997, pour le cinquantenaire du festival. Il n'est pas impossible non plus que je tourne *Richard III* avec Ian McKellen. »

Située dans le Londres des années 1930, cette version de *Richard III* s'inspirait d'une réalisation scénique de la Royal Shakespeare Company avec McKellen. Celui-ci, qui a écrit le scénario, devait coproduire le film, réalisé par Alex Cox, avec un budget de 7 millions de dollars.

« Un personnage capital de la pièce est la reine Marguerite, » m'a confié McKellen. « En fait, elle était originaire d'Anjou et nous nous sommes dit que ce serait formidable d'avoir la plus grande actrice de cinéma française vivante. Nous avons proposé le rôle à Jeanne et elle a dit oui. C'est la pièce la plus populaire de Shakespeare. Ça devrait être un film très populaire. »

À ses temps perdus, Moreau écrit aussi un dictionnaire subjectif, une vision personnelle du monde, classée par ordre alphabétique, sur le modèle de ce qu'a fait Alexandre Dumas. En 1994, elle m'a dit en riant qu'elle ne dépasserait sans doute jamais la lettre « A ».

« Avec deux films présentés en Amérique (*La Vieille Femme* et *The Summer House*) et la grande rétrospective de mon œuvre au Musée d'Art Moderne de New York, je vais passer une grande partie de l'année à voyager. S'il me reste du temps, je ferai un nouveau disque avec Jacques [Canetti], des poèmes de Jacques Prévert et peut-être une des nouvelles chansons écrites par Jean-Louis Murat. »

Quand elle parle, elle a l'air tout à la fois prudente, et insouciante. Mais ce n'est qu'une apparence. Elle fait comme si tout était facile, comme si cette vie si bien remplie lui était venue naturellement, mais on est perpétuellement conscient d'autre chose — d'un certain désarroi, peut-être, qui lui vient en constatant qu'elle n'aura pas le temps de rendre justice à tout ce que la vie a à offrir. Sous le vernis, on a l'impression que si quelque chose vient à se dérégler dans le train sans cahot de Jeanne Moreau, celui qui arrive à l'heure sur le bon quai déraillera, s'effondrera sur le talus dans un immense fracas, ses roues tournant dans l'air.

« Je crois que ce que j'aime le moins chez moi, c'est ma disposition naturelle à la profondeur. Le Verseau est un signe rigide, et il y a quelque chose de rigide en moi. C'est peut-être la présence de Saturne, en tout cas, il y a quelque chose de strict contre quoi je suis constamment obligée de lutter. Ce n'est pas que je n'aie pas d'humour. J'adore m'amuser. Mais je ne suis pas assez ludique. Je ne suis pas capable de jouer pour arriver à mes fins. Je n'ai pas un sens du jeu très développé. J'aimerais bien pouvoir être plus détendue. Je suis très stricte. Bien sûr, je fais face, mais disons que c'est un de mes problèmes, cette rigueur. C'est certainement dur pour mes proches. J'attends beaucoup de mes amis, mais ils doivent quand même s'amuser avec moi, autrement ils ne seraient plus là après toutes ces années !

Parce que je suis très stricte avec moi-même, il faut que je m'organise correctement. Tant que je suis organisée, je ne suis pas épuisée ni inquiète. Pour ça, il faut que je sois seule. Le luxe de la solitude est un besoin pour moi. De toute façon, je suis quelqu'un de très timide. Je veux bien aller faire les boutiques, mais je n'aime pas les soirées mondaines, les réceptions, les dîners, où on parle de tout et de rien. J'aime avoir de vraies conversations, avec un ou deux amis, devant un bon repas que j'ai préparé pour eux.

Je n'ai pas de compagnon en ce moment, mais je n'exclus rien — c'est très émouvant d'être aimée et très difficile de résister. Il se trouve que j'ai du travail et qu'il faut que je sois seule pendant un certain temps. De toute façon, on ne vit jamais seul, même si la solitude est votre domaine. On fait partie d'une communauté, la communauté du monde.

J'ai vécu tant de relations merveilleuses — certaines avec des gens qui ne sont pas connus, d'autres avec des gens connus — comme Louis et Pierre — certaines avec de très jeunes gens. Tant de grandes amours. Il m'arrive de me dire : “Quelle curieuse personne tu es.” La vie, c'est ce que vous avez été et ce que vous devenez. Ce qu'elle a de plus fascinant, c'est ce que vous devenez. »

21

« *Je vieillis, mais que voulez-vous que j'y fasse ? Que je me tire une balle dans la tête ?* »

> Ce que Jeanne Moreau est devenue pendant ces dernières années ne manque pas d'intérêt. « On prend de l'âge, et alors ? » commente-t-elle. « Je suis mon passé, je suis mon présent, et je porte mon avenir en moi. Je vieillis, mais que voulez-vous que j'y fasse ? Que je me tire une balle dans la tête ? Je ne me suis jamais souciée de mon âge. Quand on a terriblement, douloureusement peur de vieillir, ça se voit. Pour moi, l'âge est un chiffre, rien de plus. L'âge n'a pas d'importance, c'est la force vitale qui compte.

Ça me fait penser à une réplique formidable qu'il y avait dans un de mes films : "J'ai toujours pensé que je mourrais jeune. Maintenant, c'est trop tard." »

Cette philosophie personnelle a trouvé une illustration exemplaire au lancement de la rétrospective « Viva Moreau ! » organisée par l'Institut Français de Londres en 1998. J'observai avec inquiétude une femme de soixante-dix ans, ménageant un genou blessé (conséquence d'un accident de voiture), monter sur scène en boitillant. Comment ne pas admirer la nonchalance avec laquelle elle s'installa dans son fauteuil, avec une langueur et une grâce incomparables, pour bavarder avec l'acteur Paul Ryan. Allumant une cigarette, elle sourit et commença à parler dans son anglais fleuri, flirtant ouvertement avec son interlocuteur comme une jeune fille.

« Il y avait sur son visage quelque chose qu'on ne remarque généralement que chez des femmes qu'on aime ou chez des gens qu'on a connus toute sa vie, cet instant où ce qu'ils ont été dans leur jeunesse resurgit devant vous, » se rappelle Ryan. « Alors que la conversation devenait plus détendue, il s'est passé quelque chose de très subtil, de très intime. Il fallait être là pour le ressentir, c'est quelque chose qui n'arrive que dans la vie, et qu'aucune prise de vues ne pourrait capter. J'en ai été tout étonné, surtout devant plusieurs centaines de personnes comme c'était le cas. Elle peut donner à sa guise l'impression d'avoir 20, 30 ou 40 ans, ce n'est pas un problème pour elle, elle se conduit en conséquence. »

L'âge lui autorise toutes les libertés, toutes les excentricités. Loin de vieillir dignement, elle est restée dangereusement alerte, vive comme une brise fraîche et d'une sensualité toujours assurée. Une coupe courte et chic, fruit des conseils de Sharon Stone, a remplacé ses longues boucles. Elle sait qui elle est et ce qu'elle veut faire, mais reste ouverte aux suggestions.

« On ne peut pas rester immobile. Le monde change tout le temps. Rien ne dure dans la vie. Les gens disent que c'est narcissique de regarder en soi, de se concentrer sur soi, » commente-t-elle, relevant ses sourcils comme des antennes. « Mais c'est bon de regarder à l'intérieur, si ce que vous y trouvez est sain. »

Ses intérêts restent vastes, son appétit insatiable. Au cours des dernières années, elle a tout fait : rédigé des scénarios, présenté des spectacles, encouragé de jeunes cinéastes européens, mis en scène un opéra et une pièce de théâtre, joué, raconté de cette voix enrouée par une vie de cigarettes, tourné en vedette invitée un épisode de la célèbre série américaine *Urgences* et incarné la mère de Depardieu dans une série télévisée consacrée à Balzac.

Elle a été l'éminence grise de festivals de cinéma de Delhi à Marrakech, de Yokohama à Dublin, de Hagesund à Cannes, jouant les ambassadrices du cinéma français. Comme le fait remarquer Derek Malcolm, fondateur du festival international du film de Kent : « Elle considère qu'il est de son devoir d'aider. Elle éprouve un immense respect pour son métier et exige le même respect. Elle peut être vraiment à cran si le festival est désorganisé par manque de professionnalisme. C'est une vraie professionnelle, à l'ancienne. »

Le prestige international dont elle jouit transparaît dans la pléthore de distinctions qui lui a été accordée.

« Aucune distinction ne ressemble à une autre. Chaque fois, c'est une expérience différente, qui provoque des émotions mêlées, de curieuses réactions », dit-elle.

En 1996, elle a été la deuxième femme reçue à la BAFTA (British Academy of Film and Television Arts). En 1998, l'Academy of Motion Pictures Arts and Sciences de Hollywood lui a consacré une rétrospective extraordinaire. En 1999, elle a reçu l'Ours d'or au festival de Berlin et a été, en 2001, la première femme élue à l'Académie des Beaux-Arts, accédant ainsi officiellement à l'immortalité.

Vêtue de l'uniforme brodé rendu obligatoire par Napoléon, deux semaines tout juste avant ses 73 ans, Mademoiselle Moreau a fait son entrée au son d'un roulement de tambours dans la rotonde bourrée à craquer, sous la célèbre coupole de l'Institut de France. Elle a été présentée, fort opportunément, par son ancien amant, Pierre Cardin. Évoquant leurs amours à Venise, dans la grande chambre qui avait abrité jadis Musset et George Sand, le couturier a provoqué les rires embarrassés de l'assemblée. « Est-il plus belle raison d'exister ? » demanda-t-il.

Le récent choix de films de Moreau a été aussi éclectique qu'intéressant.

En 1995, elle a tourné dans *Par-delà les nuages* (*A di là delle nuvole*) réalisé par Antonioni, une œuvre composée de quatre brefs récits liés par une trame narrative, filmée par Wim Wenders. La distribution ressemble à un Who's Who de grosses pointures du cinéma, avec Marcello Mastroianni, John Malkovich, Fanny Ardant, Sophie Marceau, Irène Jacob, Vincent Perez et Jean Reno.

En Italie toujours — en Sicile et à Rome —, elle a tourné *Il manoscritto del principe* avec le réalisateur Roberto Ando, dont c'était le premier film. C'est l'histoire de moments intimes de la vie de Giuseppe Tomasi di Lampedusa, l'auteur du *Guépard*, que Visconti a adapté au cinéma. Le personnage de Moreau, Alessandra Wolf, est l'épouse du psychanalyste autrichien de Lampedusa. Michel Bouquet et Laurent Dassieffe figurent aussi au générique.

Elle a retrouvé Jean Reno pour *Un amour de sorcière*, un conte de fées tourné en anglais à Paris et réalisé par René Manzor, spécialisé dans les films d'action et d'aventure, coscénariste du *Monsieur N* d'Antoine de Caunes. Dans ce film, elle incarne une sorcière, mentor de Vanessa Paradis, un duo de personnages assez proche de celui d'*À tout jamais* (*Ever After*), une reprise impitoyable de l'histoire de Cendrillon, avec Drew Barrymore, tourné en Dordogne et réalisé par l'Américain Andy Tennant.

On peut également mentionner deux films déclinant les thèmes de la guerre et de l'antisémitisme qui ont dû lui rappeler ses souvenirs d'adolescente sous l'Occupation. Il s'agit, pour le premier, de *I Love You, I Love You Not*, tourné à New York et en Allemagne pour le réalisateur américain Billy Hopkins. Il a pour sujet la relation entre une jeune fille (jouée par Clare Danes) et sa grand-mère (Moreau), rescapée des camps de la mort. Le second était *Lisa* de Pierre Grimblat qui évoque de douloureux souvenirs du début des années 1940, ceux d'une Française âgée, Lisa (Moreau), qu'un jeune cinéaste (Benoît Magimel) incite à revivre son histoire d'amour passionnée avec un acteur juif disparu pendant la Seconde Guerre mondiale.

« J'étais adolescente pendant l'Occupation, et j'avais parfaitement conscience de ce qui se passait. Personne n'en parlait, mais des filles venaient à l'école avec l'étoile jaune, et un beau jour, elles disparaissaient. Par provocation, mes amies et moi nous avons porté de petites étoiles jaunes que nous avions confectionnées. Les professeurs et le proviseur du lycée étaient fous. Mon père s'est fâché. Ils étaient tous morts de peur. Mon père travaillait dans un restaurant qui avait inscrit sur sa porte : "Interdit aux Nègres et aux Juifs."

On n'avait pas besoin de m'expliquer ce qu'était l'antisémitisme. »

La plus importante sortie de cette période fut, en 1996, *La Propriétaire* (*The Proprietor*), réalisé par Ismail Merchant et produit par Merchant Ivory Productions. Moreau y incarne une femme qui, dans les années soixante, a joué un rôle important dans le façonnement de la culture occidentale. Le film se déroule à New York, où elle vit à présent, et à Paris, d'où elle vient. Mais revenant à Paris trente ans plus tard, elle doit se rendre à l'évidence : elle ne comprend pas le monde moderne qu'elle a contribué à inventer.

Nous nous sommes rencontrées à Londres pour en parler.

« Elle découvre que l'appartement parisien dans lequel elle a grandi est en vente, alors elle décide de l'acheter », raconte Moreau. « Alors qu'elle s'apprête à vendre son appartement de New York et qu'elle se débarrasse de tous ses oripeaux new yorkais pour rentrer "chez elle", sa vie part en lambeaux comme les couches de peinture de l'appartement. Le sujet du film, c'est ça : aller d'un endroit à un autre, renoncer à quelque chose pour repartir de zéro, cela vous ouvre le monde.

J'ai été fascinée par cette femme. Le film parle de choses très concrètes ; les fantômes, les cauchemars, la réconciliation entre passé et avenir, tout cela en fait partie. Tout était là, il suffisait de s'ouvrir. »

Le tournage de *La Propriétaire* a été à l'origine d'une amitié sincère entre Moreau et Merchant. Ils s'étaient rencontrés quelques années auparavant à une réception de l'Ambassade de l'Inde à Paris organisée en l'honneur de l'acteur Shashi Kapoor, qui jouait dans le premier film réalisé par Merchant, *Un Héritage exorbitant* (*In Custody*). Le réalisateur avait inscrit son nom sur la liste des invités simplement parce qu'il avait envie de faire sa connaissance. Elle qui évite d'ordinaire les mondanités s'était décidée à venir, poussée par une raison obscure. « Jeanne pense que les gens ne se rencontrent que s'ils y sont destinés, et elle a peut-être raison. En effet, nous aurions déjà pu nous rencontrer à deux reprises, mais ça ne s'était pas fait, » m'a dit Merchant. « Dès l'instant où elle est arrivée à l'Ambassade, j'ai eu l'impression que je la connaissais depuis toujours, qu'un lien existait déjà entre nous. Et nous avons senti, l'un comme l'autre, qu'il était inéluctable que nous travaillions ensemble. Plus tard, j'ai inventé une histoire et commandé un scénario en pensant à elle. Jeanne ne savait rien de mes projets jusqu'à ce que je lui offre le scénario de *La Propriétaire* le 23 janvier, pour son anniversaire.

Elle m'est très chère. Il y a entre nous un lien d'amitié incroyable qui n'est donné qu'à peu de gens sur terre. Je l'admire depuis que je l'ai vue à New York dans *Jules et Jim* dans les années soixante, et sa rencontre a ouvert un nouveau chapitre de ma vie. »

Mais c'est aussi un nouveau chapitre de la vie de Moreau qui s'est ouvert en 1999, quand elle a fait la connaissance de la Toulousaine Josée Dayan, réalisatrice connue de télévision, sur le tournage d'une série télévisée consacrée à Balzac. Elles se sont retrouvées pour *Les Misérables,* une autre série de Dayan, où Moreau incarne une religieuse, un rôle qui aurait comblé son défunt père — lui qui avait toujours souhaité que sa fille devienne professeur d'anglais ou, à défaut, religieuse.

Dayan, fumeuse de cigares invétérée, est, comme Jeanne Moreau, animée par un enthousiasme indéfectible, par « une force intérieure », comme elle le dit elle-même. Elles étaient également ravies de travailler ensemble sur un projet. « Un travail d'équipe, c'est ça qui me plaît, pas un travail solitaire. »

Elles se retrouvent également dans leur amour de la musique. Le père de Dayan était chanteur d'opéra ; quant à Moreau, son goût pour la chanson n'est plus à prouver depuis *Jules et Jim*. Une compilation de ses chansons venait du reste de sortir. Elles se sont lancées ensemble dans la réalisation d'un téléfilm pour Canal Plus, inspiré de *Zaïde* de Mozart, un opéra inachevé de 1779 qui se situe à la cour d'un sultan. Le film n'est jamais sorti, mais l'expérience leur a été profitable et elles ont assuré collectivement la mise en scène de la grande œuvre historique de Verdi, *Attila*, à l'Opéra Bastille. Grâce à la présence de Samuel Ramey, de Maria Guleghina, de Carlo Guelfi et de Franco Farina, accompagnés par l'orchestre et les chœurs de l'Opéra de Paris, ce fut un grand événement de la scène lyrique parisienne. J'ai pris l'Eurostar de Londres avec son amie, la productrice Norma Heyman, pour aller assister au spectacle, mais le soir que nous avions choisi, les techniciens se sont mis en grève et l'œuvre a été donnée en version de concert, sans éclairages. Jeanne nous a formellement interdit d'assister à cette représentation.

« Je suis une contribuable et je ne soutiens pas cette grève, » protesta-t-elle au téléphone. « Je ne veux pas que vous voyiez notre opéra ainsi dépouillé. » Alors, bon gré mal gré, nous avons repris le train, nous privant ainsi du plaisir de la rejoindre à l'entracte pour partager une coupe avec Bertrand Delanoë. Le premier long métrage que Dayan a tourné avec Moreau est *Cet Amour-là*, inspiré des mémoires de Yann Andrea relatant son amour et son attachement hors du commun pour Marguerite Duras, au cours des 16 dernières années de sa vie. C'est un tour de force pour Jeanne Moreau, qui trouve en face d'elle un partenaire à sa mesure dans le jeune acteur, Aymeric Demarigny, qui incarne l'ami homosexuel de Duras. Demarigny a été engagé dans des circonstances tout à fait singulières. Dayan avait vu des photos d'un jeune homme qu'elle avait contacté pour lui proposer de faire un bout d'essai. Elle lui envoya le scénario et l'appela le lendemain, lui demandant s'il était libre dans l'après-midi. Il lui répondit qu'il avait lu le scénario mais préférait ne pas auditionner. Il avait en revanche un ami à lui proposer, qui lui conviendrait certainement.

« Josée a été sidérée, » raconte Moreau, « qu'un acteur sans emploi se conduise comme ça. Elle s'est tout de suite mise en relation avec l'ami en question, Aymeric, elle l'a rencontré et m'a appelée immédiatement parce qu'elle voulait nous voir ensemble. Nous faisions un couple parfait.

Ce que nous voulions, Josée et moi, c'était dépasser la reconstitution précise, » poursuit Moreau. « Ç'aurait été une trahison. Cette histoire est intemporelle — c'est l'histoire d'une passion scandaleuse. Marguerite ne pouvait pas comprendre qu'un homme ne veuille pas coucher avec elle. Pour elle, la tendresse était le détail qui venait après la passion. J'aime la tendresse. Il fallait que nous soyions précises, mais aussi que nous rendions les émotions essentielles qui, pour un acteur, doivent venir de l'intérieur.

C'est un beau film. Je joue Marguerite, mais on ne m'appelle jamais Marguerite. Le personnage est une femme, un écrivain. C'est une sorte d'hommage non seulement à Marguerite, mais à Virginia Woolf, Sylvia Plath. »

Moreau a continué en même temps à faire de la mise en scène et elle a monté en 2000 sa propre adaptation française de la pièce de Margaret Edson *Un trait d'esprit* (*Wit*), qui raconte la mort d'un professeur d'université américain atteint d'un cancer, Vivian Bearing, spécialiste des poèmes de John Donne. La pièce a valu en 1999 le Prix Pulitzer à Edson, une enseignante travaillant avec des enfants en difficulté et qui avait assisté pendant plusieurs années des malades en phase terminale. Moreau avait découvert cette pièce à New York, et l'avait adaptée et traduite avec Stéphane Laporte.

« C'est ma première tentative de mise en scène théâtrale », explique-t-elle. « Avant, je n'avais jamais pensé à ça. Je n'étais pas inspirée par le spectacle américain. J'ai tout de suite imaginé un dispositif scénique différent. Et puis, étant anglaise par ma mère, donc bilingue, j'ai tenu à faire l'adaptation avec Stéphane, qui en avait écrit la traduction. Ça m'a permis d'aller au plus profond, de choisir les mots justes. Nous avons également traduit certains poèmes de John Donne. Et puis j'ai tout organisé : la distribution, le son, les lumières, les décors, tout. » Elle voit dans cette œuvre un « drame épique, la victoire de l'esprit sur la matière. »

Dans *Recto-Verso*, un hommage télévisé présenté par Paul Amar juste avant la première de la pièce à Chaillot, on peut voir Moreau, emmitouflée dans un anorak, en train de faire répéter son équipe, général passionné à la tête d'une petite armée. La remarquable Ludmilla Mikaël, qui interprète le rôle de la victime du cancer, affirme que Moreau les a poussés, elle et le reste de la distribution, à aller plus loin qu'ils ne l'avaient jamais fait, à « dépasser la peur » en s'adressant directement au public.

« J'aime les acteurs. Je suis exactement comme eux, » explique Moreau. « J'ai connu des périodes de doute, j'éprouve ce qu'ils éprouvent. En tant que metteur en scène, on est responsable du projet, alors qu'en tant qu'acteur, on est protégé, on est responsable de soi et de ses relations avec le reste du groupe. Mais la mise en scène n'est pas un art précis. Je n'ai jamais dirigé les choses avec une précision absolue. Je passe l'essentiel de ma vie comme un bouchon sur l'eau, à suivre l'intrigue. »

Lorsqu'elle s'est rendue à Londres à la fin des années 1990, elle a été vivement impressionnée par deux pièces, *Stones in His Pockets* de Marie Jones et *Fallen Angels* de Noel Coward dont elle s'est empressée d'acquérir les droits d'adaptation française. Elle ne sait pas encore si elle les mettra en scène, mais elle les garde en réserve, attendant son heure.

Elle a évoqué récemment son dernier projet théâtral en date dans une interview accordée aux *Cahiers du cinéma* (2002) : « Je prépare le spectacle que je vais monter avec Fanny Ardant au théâtre, pour l'hiver 2003/2004. Il s'agit de *Phèdre* de Yannis Ritsos, un écrivain et poète grec. Je travaille avec Gilles Aillot sur les décors, les costumes, la lumière. Ce sera joué aux Bouffes du Nord, puis il y aura une très longue tournée. »

Elle n'a pas perdu son besoin instinctif de soutenir la nouvelle génération, à qui elle consacre toujours une large part de son temps. Constamment prête à accorder aux jeunes réalisateurs les encouragements dont elle a peut-être manqué, elle a été pendant plusieurs années à la tête de *Shooting Stars*, un comité du festival de Berlin destiné à appuyer les jeunes comédiens. Son enthousiasme vivifiant se concentre essentiellement sur Équinoxe, dont elle a été la marraine avant d'en devenir la présidente. Cette association a été fondée en 1993 par son amie Noëlle Deschamps, qui partageait avec Moreau un bureau au Centre National du Cinéma. Chargées d'évaluer les scénarios, elles jugèrent que les subventions de l'État encourageaient une écriture bâclée. Ainsi naquit Équinoxe. Cette association dispose aujourd'hui d'un financement solide (Canal +, Fondation Daniel Langlois, Sony) et de l'avis de beaucoup, elle représente l'équivalent européen de Sundance, la fondation de Robert Redford.

« Notre vocation est d'encourager des échanges internationaux entre cinéastes. Deux fois par an, nous sélectionnons vingt scénarios et nous organisons un atelier d'une semaine, qui donne l'occasion à de jeunes scénaristes de rencontrer des producteurs, des réalisateurs et des scénaristes du monde entier, » explique-t-elle.

Équinoxe a son siège au cœur du vignoble bordelais, au château de Beychevelle, où des pelouses soigneusement tondues, qui descendent vers l'estuaire de la Gironde, enchâssent élégamment des statues du XVIIIe siècle. Ce cadre, remarquablement cinématographique, aurait fait un décor idéal pour *L'Année Dernière à Marienbad*. Sa terrasse dallée a sans doute vu se concrétiser plus de projets de films que tout autre lieu de France. En qualité de présidente, Moreau arbitre et conseille sur l'écriture des scénarios. Elle a su persuader des scénaristes payés en millions de dollars de prodiguer gratuitement leurs conseils à des débutants sans le sou, soucieux d'améliorer leurs scénarios, avant de chercher un producteur.

« Il va sans dire qu'un bon scénario est l'élément le plus vital d'un film. » Elle raconte joliment qu'elle avait prêté son premier scénario, *Lumière*, à Truffaut qui l'avait emporté et en avait réécrit sans vergogne chaque page. « C'était une histoire racontée d'un point de vue féminin et il l'avait transformée en quelque chose d'entièrement masculin. J'étais folle de rage et je l'ai traité de sale macho. »

Elle continue à participer elle-même à la rédaction de scénarios, le dernier en date étant coécrit avec Marceline Loridan. Il a été tourné avec Anouk Aimée.

« Elle [Marceline Loridan] est allée à Auschwitz quand elle avait 15 ans et elle y est retournée cinquante ans après. Je devais interpréter son propre personnage retournant à Auschwitz. Et j'ai eu tout d'un coup le sentiment profond d'une tricherie. Donc j'ai refusé le rôle et je trouve que c'est une très bonne idée de l'avoir confié à Anouk Aimée. »

Que faut-il à un scénario pour qu'il retienne son attention ?

« Quand je prends un scénario, il faut qu'il soit propre et inspire un sentiment immédiat de vision et de rythme. Je fais rapidement une première lecture puis, deux ou trois jours plus tard, je le relis lentement, en prenant des notes. L'action et le style peuvent être brillants, mais si j'éprouve la moindre résistance, c'est mauvais signe.

Si le scénario est trop achevé, c'est un livre, pas un film. Un scénario n'est qu'un projet. C'est un objet mouvant. Il doit suggérer, c'est un squelette sur lequel la chair viendra se poser. Il change et évolue pendant tout le tournage. Bien souvent, la magie ou les défauts n'apparaissent pas avant la dernière prise. »

Entre la fondation d'Équinoxe et aujourd'hui, en ce début d'année 2003, Moreau a passé au crible 7500 scénarios dont plus de 180 ont été retenus pour des ateliers et 59 — dont *Ma Vie en Rose* et *The Last of the High Kings* — ont été réalisés. Près de 200 scénaristes ont suivi le séminaire sous l'œil vigilant de plus de 140 conseillers.

Toujours férue de littérature, Moreau aime travailler avec des écrivains. Joyce Carol Oates décrit le projet sur lequel elles ont collaboré, une histoire qu'elle avait écrite et qui s'appelle *Solstice* : « Tous les jours où nous avons travaillé ensemble, ici, chez moi, dans l'ambiance quasi rurale de Princeton, dans le New Jersey, » m'a-t-elle écrit, « ont été une aventure pour moi. Nous passions plusieurs heures à travailler le matin, puis nous nous interrompions pour un bref déjeuner : Jeanne descendait toujours nonchalamment vers notre mare, dans un coin boisé, elle fumait une cigarette et se plongeait dans une profonde contemplation. Nous nous remettions au travail l'après-midi.

Solstice raconte une amitié intense, peut-être démoniaque entre deux femmes, dont l'une est artiste et l'autre a l'air d'une femme plus ordinaire, normale. Jeanne s'est identifiée aux deux, mais manifestement un peu plus avec l'artiste destructrice. Elle en aurait donné une mise en scène superbe. »

Les rôles étaient destinés à des actrices américaines comme Susan Sarandon, Jessica Lange ou Diane Keaton, mais le projet, soutenu initialement par Merchant Ivory Productions, est actuellement au point mort.

« Merchant Ivory étaient financés par Disney, et ils ont refusé le projet parce que c'était une histoire un peu particulière d'amitié passionnée entre deux femmes », dit Moreau. « Ce n'est pas politiquement correct ». Mais l'a-t-elle jamais été ?

La dernière fois que j'ai vu Jeanne Moreau, c'était au festival international de Flandre, en Belgique, un festival consacré aux musiques de films. Elle était venue recevoir un prix au nom de son ami, le défunt compositeur, Georges Delerue, mais les organisateurs avaient tenu à lui décerner une récompense à laquelle elle ne s'attendait pas. Sous l'œil impitoyable des projecteurs, en très gros plan, on a pu voir son visage parcouru d'une multitude d'émotions.

« Après toute cette musique, les mots paraissent bien faibles, » dit-elle de ce timbre rauque si familier, redevenue sirène, voix avant que d'être un visage. « Quand je reçois un prix comme celui-là, je sais que pour beaucoup d'actrices et d'acteurs, c'est comme la fin de quelque chose. Pour moi, ça continue. Voilà ! »

Comme elle l'a toujours fait, Jeanne Moreau continue à jouer le jeu, et elle le joue bien, donnant et recevant, augmentant inlassablement la mise, prête à partager avec les autres. « Je n'ai jamais renâclé à donner des entretiens, j'aime beaucoup parler, pas avec tout le monde. J'aime bien parler, échanger, et j'ai rencontré des gens formidables, donc ma réputation allait peut-être au-delà de mon rôle d'interprète. Il faut dire que je suis née bénie, d'une mère anglaise. Le cadeau de la langue anglaise, c'est toute une culture. L'anglais m'a ouvert beaucoup de portes. »

« Je suis ouverte à tout, » dit la femme qui a fait remarquer un jour qu'elle a la bouche à l'envers. « C'est ce qui m'a permis de rencontrer tant de gens merveilleux, et de faire tant d'expériences exceptionnelles. Avancer. Être curieuse. Il faut être curieux, autrement on ne se met jamais en route. Tout ce qu'on fait, c'est toujours pour la première fois — quand on refait quelque chose, ce n'est jamais le même jour, à la même heure, au même endroit. C'est toujours une nouvelle expérience, non ?

Ma devise est qu'il faudrait que je sois où je suis censée être, avec les gens avec qui je suis censée être, à faire des choses que je suis censée faire, mais tout l'objectif de ma vie est de dire : “Attention, ne te laisse pas enfermer par ce qu'on attend de toi. Suis ta voie.” »

Annexes

THÉÂTRE

1948-1951 Membre de la Comédie Française
1951-1952 Membre du Théâtre National Populaire

Autres activités théâtrales

1953 *L'Heure éblouissante* Anna Bonacci
1954 *La Machine Infernale* Jean Cocteau
1955 *Pygmalion* George Bernard Shaw
1956 *La Chatte sur un toit brûlant* Tennessee Williams
1958 *La Bonne Soupe* Félicien Marceau
1974 *La Chevauchée sur le lac de Constance* Peter Handke
1976 *Lulu* Frank Wedekind
1980 *L'Intoxe* Françoise Dorin
1985 *The Night of the Iguna* (La Nuit de l'iguane) Tennessee Williams
1986 *Le Récit de la Servante Zerline* Hermann Broch
1989 *La Célestine* Fernando de Rojas

FILMOGRAPHIE
(avec réalisateurs)

1949 *Dernier Amour* Jean Stelli
1950 *Meurtres* Richard Pottier
Pigalle-Saint-Germain-des-Prés André Berthomieu
1952 *L'Homme de ma vie* Guy Lefranc
Il est minuit, Docteur Schweitzer André Haguet
1953 *Dortoir des Grandes* Henri Decoin
Julietta Marc Allégret
1954 *Touchez pas au Grisbi* Jacques Becker
Secrets d'Alcôve Henri Decoin (épisode : *Le Billet de logement*)
Les Intrigantes Henri Decoin
La Reine Margot Jean Dréville
1955 *Les Hommes en blanc* Ralph Habib
M'sieur la Caille André Pergament
Gas-Oil Gilles Grangier
1956 *Le Salaire du Péché* Denys de la Patellière
1957 *Jusqu'au dernier* Pierre Billon
Les Louves Luis Saslavsky
L'Étrange Monsieur Stève Raymond Bailly
1958 *Trois Jours à Vivre* Gilles Grangier
Échec au Porteur Gilles Grangier
Ascenseur pour l'Échafaud Louis Malle
Le Dos au mur Edouard Molinaro
1959 *Les Amants* Louis Malle
Les Quatre Cents Coups François Truffaut
Les Liaisons Dangereuses Roger Vadim
1960 *Five Branded Women* (*Cinq femmes marquées*) Martin Ritt
Dialogue des carmélites, R.P. Burckberger et Philippe Agostini
Moderato Cantabile Peter Brook
1961 *La Notte* Michelangelo Antonioni
Une Femme est une femme Jean-Luc Godard
1962 *Jules et Jim* François Truffaut
Eva Joseph Losey

1963 *The Trial (Le Procès)* Orson Welles
La Baie des Anges Jacques Demy
Peau de Banane Marcel Ophüls
Le Feu follet Louis Malle
1964 *The Victors (Les Vainqueurs)* Carl Foreman
Le Journal d'une Femme de Chambre Luís Buñuel
The Train (Le Train) John Frankenheimer
1965 *Mata-Hari, agent H21* Jean-Louis Richard
The Yellow Rolls-Royce (La Rolls-Royce jaune) Anthony Asquith
Viva Maria ! Louis Malle
1966 *Chimes at Midnight (Falstaff)* Orson Welles
Mademoiselle Tony Richardson
1967 *The Sailor from Gibraltar (Le Marin de Gibraltar)* Tony Richardson
The Deep (alias *Direction Towards Death, Dead Reckoning*) Orson Welles (inachevé)
Le Plus vieux Métier du Monde Philippe de Broca (épisode : *Mademoiselle Mimi)*
1968 *La Mariée était en noir* François Truffaut
1969 *Great Catherine (La Grande Catherine)* Gordon Flemyng
Le Corps de Diane Jean-Louis Richard
1970 *Le Petit Théâtre de Jean Renoir* Jean Renoir
Monte Walsh William Fraker
Alex in Wonderland Paul Mazursky
1971 *Comptes à rebours* Roger Pigaut
L'Humeur Vagabonde Edouard Luntz
The Other Side of the Wind Orson Welles (inachevé)
1972 *Chère Louise* Philippe de Broca
The Immortal Story Orson Welles
1973 *Nathalie Granger* Marguerite Duras
Absences Répétées Guy Gilles
1974 *Je t'aime* Pierre Duceppe
Les Valseuses Bertrand Blier
La Race des Seigneurs Pierre Granier-Defferre

1975 *Joanna Francesca (Jeanne la Française)* Carlos Diegues
Le Jardin qui bascule Guy Gilles
Hu-Man Jérôme Laperrousaz
Souvenirs d'en France André Téchiné
1976 *Lumière* Jeanne Moreau
Monsieur Klein Joseph Losey
1977 *The Last Tycoon (Le Dernier Nabab)* Elia Kazan
1979 *L'Adolescente* Jeanne Moreau
1981 *Plein Sud* Luc Béraud
1982 *Your Ticket is no Longer Valid (Au-delà de cette limite, votre ticket n'est plus valable)* George Kaczender
Mille Milliards de Dollars Henri Verneuil
La Truite Joseph Losey
Querelle Werner Fassbinder
1984 *L'Arbre* Jacques Doillon (Antenne 2)
1985 *Vicious Circle* Kenneth Ives (BBC)
1986 *The Last Seance* June Wyndham-Davies (Granada TV)
Le Tiroir Secret Nadine Trintignant (Canal Plus)
Sauve-toi, Lola Michel Drach
Le Paltoquet Michel Deville
1987 *Le Miraculé* Jean-Pierre Mocky
1988 *La Nuit de l'Océan* Antoine Perset
Ennemonde Claude Santelli
Jour après Jour Alain Attal
Hôtel Terminus Max Ophüls (voix seulement)
1989 *Nikita* Luc Besson
Alberto Express Arthur Joffe
1990 *Anna Karamazov* Roustam Khamdamov
La Femme fardée José Pinheiro
1991 *Until the End of the World (Jusqu'au bout du monde)* Wim Wenders
Le Pas suspendu de la Cigogne Theo Angelopoulos
La Vieille qui marchait dans la mer Laurent Heynemann
Map of the Human Heart (Cœur de Métisse) Vincent Ward
À Demain Didier Martiny

L'Amant Jean-Jacques Annaud (voix seulement)
L'Architecture du chaos Peter Cohan (voix seulement)
1992 *The Clothes in the Wardrobe (The Summer House)* Waris - Hussein (BBC)
L'Absence Peter Handke
1993 *A Foreign Field* Charles Sturridge (BBC)
Je m'appelle Victor Guy Jacques
1995 *Par-delà les nuages* Michelangelo Antonioni
I love you... I love you not Billy Hopkins
La Propriétaire Ismaïl Merchant
1997 *Un amour de sorcière* René Manzor
1998 *Ever After* Andy Tennant
1999 *Balzac* Josée Dayan (TV)
2000 *The Prince's Manuscript* Roberto Ando
2001 *Lisa* Pierre Grimblat
2002 *Cet amour là* Josée Dayan
The Will to Resist James Newton

PRINCIPALES DISTINCTIONS

1960 Meilleure interprète féminine : Festival de Cannes (*Moderato Cantabile*)
Grand Prix de l'Office Catholique International du Cinéma (*Dialogue des Carmélites*)
Actrice française de cinéma de l'année : *Figaro/Cinémonde* (*Dialogue des Carmélites*)
1962 Etoile de Cristal (*Jules et Jim*)
Meilleure actrice : festival de Melbourne (*La Notte*)
1964 Grand Prix du Disque
Meilleure actrice : festival de Karlovy Vary (*Le Journal d'une Femme de Chambre*)
1966 Prix Francis-Carco : chanteuse de l'année
1967 Meilleure actrice étrangère : British Film Academy (*Viva Maria !*)

1973	Ordre du Mérite
1975	Chevalier de la Légion d'Honneur
1979	Prix de l'ACIC (Association des Cadres de l'Industrie Cinématographique)
1980	Prix de l'Académie Charles Cros
	Prix Brigadier (*L'Intoxe*)
1985	Commandeur des Arts et des Lettres
1987	Prix de la Critique (*Le Récit de la Servante Zerline*)
1988	Officier de l'Ordre Français du Mérite
	Molière (*Le Récit de la Servante Zerline*)
1990	Fellowship of the British Film Institute
1991	Officier de la Légion d'Honneur
1992	César de la meilleure actrice (*La Vieille qui marchait dans la mer*)
1992	Lion d'or pour l'ensemble de sa carrière : Festival de Venise.
	Fellowship of the British Academy of Film and Television Art
1998	Ours d'or à Berlin
	Rétrospective à l'Académie américaine des Oscars, Hollywood
2001	Membre de l'Académie des Beaux-Arts

Remerciements

Je remercie tous ceux qui ont consacré du temps et de l'énergie à cet ouvrage, et plus particulièrement mon frère Stephen qui n'a pas ménagé sa peine, Jean-Claude Moireau pour son aide généreuse, Tony Crawley, Pamela Godfrey, Janis Finigan, Marcelle Katz et Kevin Wilson pour les documents qu'ils m'ont inlassablement procurés, Judy Olivier et Michael Popham pour leurs commentaires, Cecilia Walters et Marie-Pierre Moine pour leurs traductions, l'Everyman Cinema pour sa saison Jeanne Moreau programmée à point nommé, Peter Adam, Joan Juliet Buck, Isabelle Delmas (Équinoxe), Joan Dupont, Norma Heyman, Patricia Losey, Louis Malle, Florence Malraux, Ismaïl Merchant, Madeleine Morgenstern, Michelle Moreau, Joyce Carol Oates, Armelle Oberlin, Marian Ponnet, Jean-Louis Richard, Micheline Rozan, David Wigg et les nombreux collaborateurs et associés de Jeanne Moreau qui ont accepté de m'assister ; et, bien sûr, Jeanne Moreau elle-même.

Certains faits ou citations figurant dans ce livre reposent sur des publications antérieures. Je remercie sincèrement *Time, Time Out, The Sunday Times*, l'*Observer*, le *New York Time, Vogue US, Interview,* le *Guardian,* le *New Yorker,* le *LA Times,* le *Daily Mirror, Cosmopolitan,* les *Evening News*, l'*Evening Standard, Cinema, Paris Match, Les Cahiers du Cinéma, Le Monde,* le *Sunday Express, LA Magazine, Look, Variety,* le *Christian Science Monitor*. Je dois beaucoup également au superbe livre de Jean-Claude Moireau, *Jeanne Moreau* (éditions Ramsay).

Bibliographie

Baroche, Jacques, *Vedettes au microscope* (Contacts Éditions, 1961)

Buñuel, Luís, *Mon dernier soupir* (R. Laffont, 2000)

Ciment, Michel, *Le Livre de Losey* (Ramsay, 1999)

Fallaci, Orianna, *Limelighters* (Michael Joseph, 1967)

Graham, Peter, *The New Wave* (Doubleday, 1968)

Marais, Jean, *Histoire de ma vie* (Albin Michel, 1975)

Milne, Tom, éd., *Losey on Losey* (Cinema OneSeries n° 2, 1967).

Moireau, Jean-Claude, *Jeanne Moreau*, (Ramsay, 1988).

Redgrave, Vanessa, *Vanessa Redgrave*, (Hutchinson, 1991).

Richardson, Tony, *Long Distance Runner*, (Faber & Faber, 1993).

Segaloff, Nat, *Hurricane Billy* , (William Morrow, 1990)

Trevelyan, John, *What the Censor Saw* (Michael Joseph, 1973).

Truffaut, François, *Le Cinéma selon F. Truffaut* (Flammarion, 1992)

Vadim, Roger, *D'une Étoile l'autre* (Éditions numéro 1, 1986)

Villalonga, José Luis de, *Femmes* (Stock, 1975)

Walker, Alexander, *Vivien – The Life of Vivien Leigh* (Weidenfeld and Nicolson, 1987)

Index

Table des Matières

Cet ouvrage a été imprimé par

FIRMIN DIDOT

GROUPE CPI

Mesnil-sur-l'Estrée

pour le compte de Nouveau Monde Éditions
en avril 2003

Imprimé en France
Dépôt légal : mai 2003
N° d'impression : 63800